Les tribulations d'une Gondwanaise

Lakhsara Mint Dié

Les tribulations d'une Gondwanaise

À la recherche des lois perdues

L'Harmattan

5-7, rue de l'Ecole-Polytechnique, 75005 Paris

http://www.editions-harmattan.fr

ISBN : 978-2-343-11045-5
EAN : 9782343110455

Sommaire

Papa

Je ne sais si tu m'entends ? Mais je le souhaite de toutes mes forces. Tu m'as dit un jour, alors que tu étais alité, qu'au travers de mes lettres je t'ai apporté un autre regard sur l'Afrique. Un regard ni blanc ni noir, à la fois blanc et noir, mais certainement pas gris. Tu m'as dit que les Africains méritaient que ce regard soit partagé avec eux. Et tu as insisté sur « l'importance et l'urgence de publier », ce sont tes mots. J'ai eu le sentiment que tu regrettais que je ne l'aie pas fait plus tôt. Entre-temps, tu nous as quittés. Tu as été un Papa hors du commun et malheureusement, je ne l'ai compris que très tard. J'en suis désolée. Mais le plus important c'est que je l'ai compris. Je t'aime très fort et tu me manques beaucoup. Tu manques aussi aux tiens, tout ce monde qui t'aime, qui te chérit, et qui est resté dans ton sillage. Crois-moi, ils souffrent tous de ce grand vide dans lequel tu les as laissés. J'ai essayé de faire mon deuil. C'est un long processus. Cela dit, aujourd'hui, je pense avoir assez de recul pour honorer l'un de tes vœux. J'espère que je serai à la hauteur.

Je suis née sur la branche la plus verte de l'arbre. Je fais donc partie de l'élite africaine, de par mes racines. J'en fais partie aussi parce que, comme beaucoup d'autres heureusement, j'ai eu la chance d'avoir accès à une éducation de qualité grâce à toi. Tu étais un homme moderne et visionnaire mais cela ne t'a pas empêché de rester très conservateur. Tu as toujours mis un point d'honneur, en tant que chef traditionnel, à sauvegarder cette chefferie très ancienne. C'est la raison pour laquelle elle jouit encore d'un grand respect dans notre société, aujourd'hui fragilisée. J'avoue que c'est un héritage très lourd à porter et à honorer. Nous faisons de notre mieux. Maman étant occidentale, je participais de ces métis qui connaissent aussi bien le monde africain traditionnel que le monde occidental moderne. Je les connais sur le bout des doigts, d'autant plus que tu as eu la présence d'esprit de toujours nous maintenir en équilibre, précaire certes, entre ces deux mondes diamétralement opposés. Je me présenterai ici comme une Gondwanaise bêta. J'imagine déjà ton sourire. J'ai toujours le sentiment d'être un caméléon et par conséquent de toujours devoir m'adapter aux circonstances très colorées dans lesquelles j'ai la chance d'évoluer. Être métisse c'est être tout à la fois, et en même temps scindée. Tout dépend des circonstances. Pour illustrer cette complexité, je voudrais te raconter cette anecdote : j'avais une amie française qui me répétait tout le temps que j'étais vraiment une Blanche, comme si elle cherchait à se rassurer quant à mon identité. C'est tout ce qu'il y a de plus naturel. Un jour je l'ai invitée en brousse. Le lendemain, après m'avoir vue communiquer avec les gens du village, elle se retourne vers moi, me regarde droit dans les yeux, et me dit : « Non, finalement tu es une Mauritanienne pure. » Je ne suis donc pas la seule à chercher une identité non répertoriée. Je réalise que cette identité est unique dans sa multiplicité. C'est juste moi. Le lecteur risque d'être désorienté parfois et tant mieux. En effet, en fonction du contexte, il rencontrera la bourge, la baroudeuse, l'aristocrate, la fille du désert, la consultante, la fille du village, la Blanche et la Noire. Et c'est toujours moi. Mais s'il est désorienté, c'est bon signe. C'est cette complexité que tu as comprise à travers mes écrits et qui t'a poussé à me demander pardon lors de l'avant-dernière fête de *Tabaski*[1], quand le pardon est sacré. Pardon de n'avoir réalisé

---

[1] *Tabaski* ou l'*Aïd* al-Adha (« fête » du sacrifice), appelé aussi *Āīd* al-

que très tardivement la complexité et la douleur engendrées par ton union avec une femme blanche. À part le fait que j'étais très gênée que ce soit toi qui me demandes pardon, tu ne peux pas imaginer le bien que cela m'a fait et la force que cela m'a procuré. Je te remercie du fond du cœur d'avoir eu le courage de faire ce *mea culpa* magnifique.

Beaucoup pensent encore que le fait que je sois métisse et en plus de faire partie de l'aristocratie africaine traditionnelle facilite mon existence. C'est tout le contraire. Néanmoins, même si cela a longtemps été un fardeau, c'est à présent devenu une richesse dont j'ai envie de faire profiter le continent tout entier.

Depuis ma plus tendre enfance j'ai grandi avec ton combat quotidien pour une justice juste, ta défense de la cause des femmes et ton désir ardent de vraie démocratie et de développement. Oui, tu avais déjà compris que le développement passait par l'éducation des femmes. J'ai même contribué à l'expression de certains de tes signaux d'alarme au plus haut niveau. Malheureusement, tu es parti déçu par l'évolution des choses, et je le regrette. Tu m'as fait comprendre que l'Afrique souffrait essentiellement de *médiocratie et d'inaptocratie*, freins principaux à son développement. Tu as eu des moments d'espoir qui ont été très vite balayés devant cette régression économique et sociale, et dont les premiers à en payer le prix sont justement les femmes et les enfants pour lesquels tu te battais depuis ton plus jeune âge. Avant-gardiste tu l'étais, et comment !

Kabīr (la « grande fête »), ou encore la « fête » du mouton. Les musulmans sacrifient un mouton ou un bélier, mais aussi d'autres animaux comme des vaches ou des chèvres et parfois même des coqs dans certains pays (pauvreté oblige). L'animal est égorgé, couché sur le flanc gauche et la tête tournée vers La Mecque, après la prière et le sermon de l'*aïd*. C'est la fête la plus importante de l'islam.

Tu as insinué que, de par ma triculture (il ne faut pas oublier les éclaboussures du colonisateur), j'étais en avance sur mon temps. Plus particulièrement le temps africain. Tu me disais que ça pouvait m'ouvrir de grandes portes. Cette phrase me travaille encore. Tu as peut-être raison, même si aujourd'hui j'ai toujours des doutes. Quoi qu'il en soit, au lieu de me faire une place dans un gouvernement, comme tu le souhaitais, j'ai préféré une position qui paraissait plus adaptée à moi : travailler avec les bailleurs de fonds. Position finalement idéale parce qu'elle me permet de travailler pour la cause et le bénéfice des États africains avec, comme bénéficiaire final, le citoyen ordinaire, celui dont la situation te préoccupait tous les jours. Donc, si je témoigne aujourd'hui, ce n'est pas du tout le fruit du hasard ! Tu y es sans aucun doute pour quelque chose !

Mais, pas facile de te suivre. Avec le travail que je fais, j'ai la prétention de penser que ma contribution, aussi minime soit-elle, me permet de marcher dans tes pas. Et même si je n'interviens pas directement, je participe à ce long processus qui consiste à donner sa vraie place au genre féminin, à travers l'accès aux lois et sans lequel aucun développement n'est possible. Je suis bien consciente que l'accès aux lois ne règle pas les problèmes. Mais sans cet accès aux lois, nous n'avons aucune chance de construire une justice juste dans des pays où la justice n'est décidément pas juste comme le terme « justice » le voudrait par définition. Nous avons encore moins de chance de construire une société cohérente et de permettre son développement économique. Ce qui est étrange, c'est que les bailleurs de fonds acceptent de travailler et de financer des projets sans se soucier de l'absence d'un cadre législatif et réglementaire. Eux qui, par ailleurs, ne peuvent pas respirer sans l'appui d'une loi. C'est une contradiction qui me sidère, mais qui cache sans aucun doute des intérêts économiques et politiques très complexes. D'un côté on se bat pour les droits de la femme et de l'enfant, droit à l'éducation, à la santé, et de l'autre on fait comme si de rien n'était, on ignore totalement l'essentiel. Et je n'ai pas non plus l'impression que ce soit le souci premier de l'élite africaine qui semble avoir d'autres préoccupations... C'est dire combien nous sommes démunis. Tu étais le premier à le crier haut et fort, tout en restant patient et optimiste. Je sais que tu me diras : « calme-toi, calme-toi, il y a l'art et la manière de faire les choses… » J'essaie, je te le promets. Mais contrairement à toi, ma patience et mon optimisme sont mis à rude épreuve. Est-ce une question de culture ? De génération ? De tempérament ?

Toujours est-il que les conséquences de cette situation sont désastreuses. Mais dis-moi Papa, en vertu de quoi devons-nous accepter un tel désastre ? Il y a beaucoup de conséquences certes, l'une d'elles, et non des moindres, est la fuite des cerveaux. Je la mentionne parce que cela a été ta hantise pendant de longues années. Tu craignais que tes enfants ne reviennent pas et pour cause. Je t'ai toujours menacé d'aller en Chine s'il le fallait, plutôt que de remettre les pieds en Afrique. Erreur de jeunesse ? Finalement, nous sommes rentrés au compte-gouttes mais nous sommes rentrés. Qu'en est-il des autres ? Certains sont rentrés après leurs études avec beaucoup d'espoir et la volonté de changer les choses. Seulement voilà, ils sont exigeants et très regardants sur le travail. Ils deviennent gênants, et n'ont donc plus leur place. D'autres s'intègrent dans le système, parce qu'ils n'ont pas le choix, et acceptent les règles locales au détriment de leur belle idéologie. Les rescapés qui ont la chance d'être recrutés par les bailleurs de fonds ont ainsi la possibilité de vivre dignement. Et enfin il y a ceux qui choisissent de rester dans les pays développés qui ont su, contrairement aux dirigeants de leur pays d'origine, les détecter et profiter de leur potentiel. Avec une telle configuration, la pauvreté augmente et la lutte menée soi-disant contre, devient une utopie. Comme tu avais l'habitude de le dire : « Quel dommage ! » Et le développement des mouvements terroristes, n'est-ce pas une des conséquences de cette gestion éclopée de notre patrimoine ? Je tiens à l'évoquer parce le terrorisme touche de très près notre famille. Pourtant nous n'en parlons jamais. Pourquoi ? Avons-nous honte ? Ou est-ce devenu un sujet tabou ? Ou avons-nous tout simplement adopté la politique de l'autruche ? J'ai plutôt le sentiment que nous avons peur. Peur d'être stigmatisés. Toutes les personnes auxquelles j'ai dit que j'avais l'intention de traiter ce sujet dans ce témoignage ont eu la même réaction. Elles m'ont mise en garde. C'est un sujet trop dangereux, il vaut mieux laisser les spécialistes faire. Et ce qui m'a frappée c'est que beaucoup ne font pas le lien avec la pauvreté. J'ai décidé de briser la glace et de rester terre à terre. C'est facile puisque c'est ma nature. Et puis, il faut bien avoir le courage de ses opinions, c'est toi qui me l'as appris. Je la brise d'autant plus que, régulièrement, je vois ton petit neveu, mon arrière-petit-cousin, qui tourne en boucle à la télévision sur France 24, brandissant une arme avec son sourire magnifique de jeune homme. Ce sourire qui est en contradiction avec cette arme. Ce sourire que je connais si bien parce que c'est le tien. Il te ressemble comme une goutte d'eau. Et ma peine n'en est que redoublée. Comment en est-il arrivé là ? J'ai mon idée.

Je déplore que nous ne prenions pas nos problèmes à bras le corps. Nous les Africains, toutes catégories confondues, nous avons tendance à nous débarrasser de nos responsabilités en rejetant la faute sur les autres. C'est la culpabilité accusatoire. C'est tellement plus facile. Combien de fois m'as-tu répété que *« les colons sont partis trop tôt ? Et que quelques décennies de plus en leur compagnie nous auraient fait le plus grand bien. Nous leur devons au moins la reconnaissance de notre éducation. Cela dit, ils n'ont pas apporté que du bonheur mais…* ». La génération actuelle aura peut-être plus de mal à le comprendre et c'est normal. C'est une génération qui baigne dans la pauvreté et qui n'a comme modèle de société que celui qui lui est offert aujourd'hui. C'est-à-dire aucune ouverture, aucune projection possible dans l'avenir et dans un monde où la loi fait uniquement acte de présence et où la corruption et le terrorisme se sont banalisés. Pas très reluisant, c'est le moins que l'on puisse dire.

Tout comme toi qui as réussi, sans aucun doute, à mettre à profit la présence coloniale sans jamais dévier de tes convictions, j'essaie, moi aussi, tout naturellement, de par ma position et en tant que métisse, entre bailleurs de fonds et Africains, de fonctionner dans le même esprit, à ma manière.

Le thème de la quête des lois peut vite devenir très lourd à relater. Ce n'est pas toi qui me dirais le contraire. Chaque fois que je tentais de t'expliquer la teneur de mes missions de consultante en développement, soit tu détournais le regard, soit tu somnolais. Ou alors, tu étais content, il me semble, que quelqu'un vienne nous interrompre. Je ne t'en veux pas. C'était plutôt drôle. J'ai donc choisi de témoigner de cette situation à travers mes expériences et mon vécu sur le terrain. Tout est authentique. Le décor en fait intimement partie puisqu'à l'image de notre réalité actuelle. Planter ce décor est donc un support essentiel pour à la fois décrire le cadre et alléger cet imbroglio de constats très pesants d'une législation qui n'a pas sa place, et ne peut donc jouer son rôle. La pauvreté continue son chemin et la démocratie de façade n'est pas inquiétée. En conséquence, nous sommes menacés chaque jour davantage par cette épée de Damoclès suspendue au-dessus de nos têtes.

Je ne prétends pas que ce témoignage change quoi que ce soit dans l'immédiat. Cependant, en dépit d'un système juridique défaillant, j'aurai fait mon devoir de citoyenne. Ce devoir auquel tu tenais tant. Quant à mes droits, on verra plus tard... En attendant, j'espère que j'arriverai à transmettre aux Africaines et Africains, toutes classes confondues, ce que je suis parvenue à te transmettre. Mais au-delà de ça, j'espère de tout mon cœur que tu ne seras pas déçu. Et si c'est le cas, je sais que tu me feras signe de là où tu es.

En attendant et pour finir, je voudrais te dire merci pour les magnifiques traces que tu as laissées après ton passage. C'est un héritage majestueux et noble que l'HISTOIRE se souviendra de ne pas oublier. Je te le promets.

Ta fille qui t'aime profondément.

Glossaire

Accomplir les coutumes : faire les cérémonies traditionnelles.
Au moince : au moins.
Bien-bon : très bien.
Bienfaiteurs de fonds : institutions internationales de développement, toutes confondues.
Ça peut aller : c'est pas terrible, mais ça pourrait être pire… On fait avec puisque c'est comme ça. Le fatalisme quoi !
Cadre logique : planification façon-Blanc = vague idée façon-gondwanaise.
Carte d'endité : carte d'identité.
Chose-là ou **choge-là** : le truc-là**…,** marque l'hésitation lorsque l'on a un trou de mémoire, qu'on cherche à trouver ses mots.
Dè : interjection, comme *cong* dans le sud de la *France.*
Débrouiller-débrouiller : formule signifiant qu'on va négocier une sorte d'accord à l'amiable, qu'on va chercher un terrain d'entente.
Démocrature : terme local désignant une dictature légitimée par la fraude électorale.
Depuis-depuis : depuis très très longtemps.
Djibiterie : boucher local (facilement reconnaissable aux mouches qui forment un nuage au-dessus de lui).
Ekié ou Aakié : interjection qui marque l'étonnement, la stupéfaction, la surprise, parfois l'indignation ou le soulagement : ça alors ! Eh bien !
Enflammation : fait de dégénérer.

Entouka : en tous les cas, de toute manière… Bon qu'est-ce que tu veux faire !
Façon Blanc : beaucoup de précisions, de détails et d'exactitude dans tout ce qu'il fait.
Façon-façon : approximativement, à peu près = précision gondwanaise.
Fatigué : usé, vieux et aussi jusqu'à n'en plus pouvoir.
France-au-revoir / arrivage : pièces détachées d'occasion ou de grande occasion venant d'Europe.
Gences : gens.
Gondwana : république imaginaire (et toute ressemblance avec une république quelconque existante n'est que pur hasard…).
Gondwanais bêta : métissage Gondwanais + Blanc.
Gondwanais lambda : Gondwanais pur.
Gouvernance : c'est la gestion efficace de l'État (façon Blanc) ou alors c'est le président-à-vie qui prend les décisions, point barre (façon gondwanaise).
Hamdoulillah : Dieu soit loué.
Kay : se dit à tout bout de champ. Exprime le renforcement d'une idée, l'insistance.
Manger : s'enrichir de manière très officieuse (vous voyez ce que je veux dire…).
Maquis : lieu de restauration très populaire au Gondwana. C'est aussi un lieu de rencontres, d'échanges et de défoulements, où l'on propose des plats et des boissons à des prix très-moins-cher (voir glossaire).
Médiocratie : système politique qui encourage les médiocres et fait la promotion de l'incompétence.
On dit (que) quoi ? : que dit-on ?
On est ensemble : même loin des yeux on est ensemble, on se soutient, on est dans la même galère.
On fait comment ? : bon ok ! – c'est comme ça, qu'est-ce que tu veux ? – ou alors une demande discrète de bakchich.

Or que : alors que.
Palabres : discussions avec *enflammation* possible.
Pardon : dans une phrase, exprime « permettez-moi », tout en s'imposant gentiment, façon gondwanaise.
Petit Blanc : un Blanc qui vient chercher fortune au Gondwana.
Petite pluie des mangues : correspond à la première pluie avant la saison des pluies.
Plombier international : expert employé dans une institution internationale de développement.
Plombier local : expert local.
Plus-moins : encore moins, beaucoup moins.
Président-à-vie : parce qu'après on fait quoi ?
Quitte-là-bas : dégage ou fiche-moi la paix ou encore, va te faire foutre.
Quoi-quoi-quoi : etc.
S'agencer : s'organiser, s'entendre sur une organisation.
Taximan : chauffeur de taxi (taximans au pluriel).
Termes de référence : planification détaillée des activités et du travail du consultant-plombier.
Tout-tout-tout : etc.
Très-moins-cher : à des prix défiant toute concurrence.
Un peu-un peu : très peu.
Vi : participe passé de voir = (vu).
Vous êtes invité : joignez-vous à nous, faites comme nous (lorsque les gens chez qui vous allez sont attablés).
Ouallay : au nom de Dieu, je vous le jure, je vous assure.
Y a foye : y a rien.
Y'a pas de problème : exprime le fatalisme, on verra, on se débrouillera même si les problèmes persistent ! On fera avec de toute manière.
Y'a quoi ? : qu'est-ce qu'il y a ? Qu'est-ce que tu veux ?

Le Gondwana-*là*, c'est comment ?

Si vous allez sur Wikipédia, vous trouverez plusieurs théories à ce sujet. J'ai choisi de vous simplifier la vie en faisant un raccourci. Avant, le monde était un supercontinent qu'on surnommait la Pangée, supercontinent (un tiers des continents actuels) qui se serait formé voici 600 millions d'années. Il a été nommé ainsi par Eduard Suess[2] à partir du nom d'une région indienne, Gondwâna, qui abrite encore aujourd'hui des traces de son existence. Dans un premier temps, ce supercontinent s'est divisé en Laurasia au nord et Gondwana au sud. Après, tout a bougé avec la tectonique des plaques. Le Gondwana, lui, se retrouve tout seul, ou presque, au milieu.

– Mais alors, le Gondwana-*là*, c'est comment ?

– *Ekié* ! C'est une bonne *quéchion* dè ! *Ouay*, c'est beaucoup de pays qui sont tous démocratiques *façon-façon*. Ce sont tous des États de droit !

– Hum… État de droit ?

– Oui ! Quoi ? Y a problème ? Il faut pas charrier *kay*, c'est leur droit le plus absolu !

– Mais toi-là, tu fais quoi de la souveraineté ? Il faut la respecter, toi aussi ! Les *gences*-là ne t'ont pas enseigné ça à l'école ?

---

[2] Eduard Suess (1831-1914), géologue autrichien spécialiste des Alpes. Il découvre deux des traits géographiques majeurs de la Terre dans l'un de ses états antérieurs : le supercontinent Gondwana et l'ancien domaine marin de la mer Téthys. Il est l'auteur du célèbre livre *La face de la TERRE* (1883).

– Non… Pourtant j'ai gagné mon bac.

– Même à l'école-là, on n'apprend plus rien ?

– *Ouallay*… Tu as raison, à l'école-là c'est trop… Tu vois non !

Alors il y a d'abord, la Respectable-Très-Très-Démocratique République du Gondwana que vous connaissez tous puisque c'est le pays dont parle beaucoup le journaliste Mamane sur RFI[3]. Normal non ! C'est son pays.

Et puis il y a les voisins proches, dont je fais partie…, qui ont un dénominateur commun : la démocratie.

Il y a la République de la démocrature[4]-classique, où le président est régulièrement élu démocratiquement à 99 % des suffrages, et même quand il est mort et enterré, il organise des élections et est élu à 99 % des suffrages. Il y a aussi la République À-Peu-Près-Démocratique, celle-ci est tranquille, l'*agencement façon-façon* y est discret et les citoyens très polis, *y'a pas* de problème et on fait avec ! Il y a la République-Islamique-Mais-En-Quelque-Sorte-Démocratique. Elle l'est quand elle le veut bien, hein ! Ah, j'oubliais, c'est ceux-là que vous n'arrivez plus à sortir des bars lorsqu'ils sont en mission dans une république alcoolisée démocratiquement ! Il y a la République Abonnée-Aux-Coups-d'État-Mais-Finalement-Démocratique. Une vraie drogue. À tel point que le citoyen lambda est en manque, il souffre de spasmes, ne tient plus en place en période de paix. En fait, il attend avec impatience, entre

---

[3] Mamane sur Radio France Internationale, très écouté par les auditeurs gondwanais : « Il regarde l'actualité de biais, d'en haut, d'en bas, de côté ; il la retourne dans tous les sens, la soupèse et nous la rend complètement décalée, tordue et tellement tordante. » (http://www.rfi.fr/).

[4] Terme local désignant une dictature légitimée par la fraude électorale.

deux élections, le coup d'État semestriel. Eh oui, il attend les changements non ? Ou encore, la République Démocratique-Modèle-Fondée-Sur-La-Soft-Radio : république modèle démocratique, là où il suffit d'aller à la radio pour prendre le pouvoir afin de restaurer la démocratie si nécessaire. Vous l'aurez compris : silence radio égale changement ou revirement de situation sans préavis. Soudain quoi ! Avant, pendant, après, c'est pareil. Pourquoi se masturber les neurones ? On règle les affaires une bonne fois pour toutes et on n'en parle plus ! Attention, un bon conseil : il vaut mieux surveiller vos radios nationales de près, sinon… Aïe, la démocratie risque d'être restaurée *façon-façon, bien-bon !* Et puis même RFI doit faire attention, parce que dans la précipitation, on pourrait se tromper de radio ! Peut-être que quelques bérets démocrates, et quelle que soit la couleur du béret, pourraient sauver la chose nationale. Mais bon, *ça n'dépend…* Et puis il y a la République Démocratique-Médiocratique-Chronique que tous les cerveaux fuient et où finalement tout va bien ! Mais attention, entre toutes ces républiques, il y a quand même la République Génétiquement-Démocratique-et-Durable. C'est une équation que même les mathématiciens n'arrivent pas à comprendre car dans cette république 1 + 1 n'est plus égal à 2 mais égale 1, mais l'avantage c'est que dans la république on est vraiment soudé, c'est-à-dire toujours ensemble quel que soit X ! Celle-ci est très appréciée par les bienfaiteurs de fonds. C'est durable, non ?

Et enfin, il y a la crème de la crème : la République Qui-Ne-Peut-Pas-Faire-Autrement-Que-d'Être-Démocratique, sinon le plombier, le bienfaiteur de fonds quoi, lui, il coupe l'eau et n'y met plus les pieds. Et à ce moment-là, on fait comment avec l'économie du pays ? Dans ces conditions il vaut mieux se démocratiser vite fait bien fait, en plus ce n'est qu'une formalité et ça n'engage en rien ! On est ensemble n'est-ce pas ? Et puis et puis et puis… Bon passe… Ce sont ces pays-là, *ouallay* s'il te prend le malheur de vouloir être réglo, de respecter *tout-tout-tout*, tu vas en voir de toutes les couleurs ! Je t'avertis *dè*, il ne faut même pas essayer ! Il faut juste suivre le mouvement. Une fois à droite, une fois à gauche et parfois, en période de crise d'épilepsie et ça ne dure pas, tout droit. Du moment que c'est pour le bien du peuple, il ne faut pas se plaindre !

Et avec l'avènement des démocraties nouvelles, ont été créés ce que l'on appelle des parlements. Vous savez, il s'agit des lieux de l'expression démocratique *façon-façon*. Et quand enfin une opposition se crée, elle boycotte. Parce que parfois il y a des gens qui ne sont pas contents, qui cherchent le changement et surtout qui veulent le dire haut et fort. Quoi de mieux que ce lieu de l'expression démocratique ? Sauf que quand on ne les écoute pas, ils se fâchent trop ! Et quand ils se fâchent, ils adoptent une politique très spéciale… *chose-là*… celle de la chaise vide. *Ouallay,* et là, *y a foye*[5] *!* De toute manière, les parlementaires qui se présentent au parlement pour la plupart ne peuvent rien dire au Premier ministre ni au gouvernement. Ce qui fait que le gouvernement, aussi démocratique soit-il, ne leur rend pas compte. Du coup, *y a* aucune raison de discuter quoi que ce soit. *Ekié* ! La politique de la chaise vide c'est *plu-mieux* car finalement les parlementaires ne légifèrent que sur les détails façon gondwanaise. Ils ne discutent pas la politique étrangère et ils n'ont pas leur mot à dire ni sur les affectations ni sur les nominations. Bref, ils n'ont rien à dire, ou pas grand-chose quoi. L'essentiel-*là* se fait par ordonnance sur ordre du Président-à-vie. Donc à quoi bon être là ? *Ouay*, il fait trop

---

[5] Y a rien.

chaud au Gondwana pour perdre son temps. S'il te plaît, donne-moi un verre d'eau… j'ai soif.

– *Ekié* ! Pourquoi on a des parlements alors ?

– Pour exprimer la volonté du peuple !

– Mais qui les a élus ?

– En principe le peuple, mais parfois c'est le gouvernement qui choisit, chose-*là*, discrètement… Ça *n'dépend.*

– Mais au fait ! Les parlementaires-*là*, est-ce qu'ils ont accès aux lois ?

– Non pas toujours. Et certains ne savent ni lire ni même écrire !

– Comment, chose-*là*, ils font pour voter nos lois ?

– On leur explique et ils votent seulement !

– Donc au fond ils ne savent pas la loi-*là*, elle dit que quoi ?

– Ta *quéchion*-là, elle est bête *kay* ! Est-ce que moi je sais ?

– Mais dans ce cas c'était *plu-mieux* de conserver notre parlement traditionnel !

– Lequel ?

– Toi aussi, tu as oublié ? L'arbre à palabres bien sûr ! Là où les décisions sont prises avec les hommes du village et parfois les femmes et, qui plus est, sont respectées.

– *Ouallay* c'est vrai, mais l'élite gondwanaise a oublié tout ça. Mais nous on veut être high-tech comme le Blanc. Et puis on a coupé tous les arbres-là, et sous les buissons il fait trop chaud.

– Mais avant de critiquer comme ça-là gratuitement, est-ce que tu sais les Gondwanais-là, c'est qui ?

– *Ouallay*, ça c'est facile ! Le Gondwanais, c'est un homme bien ! *Y'a quoi ?*

– Bon écoute-moi bien : les Gondwanais, ce sont ces *gences*-là qui en guise de salutations se font la bise non pas sur les joues, mais tempe à tempe. C'est chez eux que les hommes peuvent se promener la main dans la main sans qu'il y ait le moindre soupçon quant à leurs tendances sexuelles. Par contre l'homosexualité, ça-là, *ouallay*, ils n'aiment pas *dè* ! C'est un crime contre la communauté ! Tu risques même la prison à vie avec ça ! On a beau avoir la liberté *d'expréchion*[6], la liberté de regroupement, la liberté *quoi-quoi-quoi*. Mais, l'homosexualité-*là*, ça rigole pas ! C'est chose-*là*… *constituchionnalisé*[7]. Faut même pas essayer ! C'est aussi chez eux qu'il y a des sens interdits non signalés et que tout le monde est supposé connaître même vous qui êtes sur les lieux depuis moins de 24 heures. Aïe, là les policiers ils ont gagné leur journée et surtout avant les fêtes, c'est déjà la fête pour eux. Ce sont ces *gences*-là qui se débrouillent toujours pour traverser la rue au milieu d'un carrefour. Tu vois non ? Juste au niveau du point et de la trajectoire les plus dangereux. Et s'il y a un passage clouté, et je vous rassure, il n'y en a pas beaucoup, ils l'évitent comme la peste. Ce sont aussi ces *gences*-là qui ont souvent un poulailler devant chez eux au quartier. Des coqs, des poules, des poussins et autres créatures qui ont toujours ce besoin cinglant et urgent de traverser la rue quand ils vous voient arriver en voiture. J'ai essayé de comprendre la psychologie du coq et de sa famille, et ce quelle que soit la démocratie ou *démocrature* dans laquelle il vit. Pas moyen de comprendre. Ce sont encore ces *gences*-là qui ont des adresses mobiles, genre un tas de bois devant le portail ; un mouton ou deux attachés devant une maison ; un âne avec les pattes avant entravées par une corde pour

---

[6] D'expression.
[7] Constitutionnalisé.

l'empêcher de circuler mais qui circule quand même ; un pneu ou deux abandonnés à un croisement ou devant une porte ou alors une boutique de quartier avant qu'elle ne fasse faillite et ne disparaisse. Alors, si vous avez un jour un rancard avec un Gondwanais lambda chez lui, et pour éviter toute mauvaise surprise, je vous suggère de l'appeler quelques minutes avant de partir. Pourquoi ? Pour vous assurer que les repères qu'il vous a donnés sont toujours d'actualité. Ce serait pas mal quand même ! Parce qu'au Gondwana-*là*, je te le jure sur la tête de mon père, tout peut changer d'un jour à l'autre, d'une minute à l'autre, et même d'une seconde à l'autre.

– Ah oui, tu te rappelles du projet-*là* sur les noms des rues ?

– Oui ! Pour remédier à cette situation, les dirigeants en complicité avec le bienfaiteur de fonds, ou l'inverse, ont imaginé un projet pour le développement des noms des rues et des maisons. Ils ont investi des sommes colossales. Résultat des courses : personne, pas même les intellectuels, ne connaît ni le nom de sa rue ni le numéro de sa maison. Bon, pardon ! Comment voulez-vous que les populations retiennent un numéro 1.215.6 alors que la rue suivante c'est 5.492.3. Et idem pour les maisons : 334 pour ma maison et 645 pour celle de mon voisin direct. La logique-*là*, elle a comme un petit problème ! *Ouallay* ça c'est trop ! Donc les Gondwanais gardent leur méthode traditionnelle de positionnement ou de repérage. Et, c'est *plu-mieux* parce que c'est gratuit et ça marche. Bon, *entouka*, même si parfois ça coûte un coup de fil parce que le point GPS-là il a bougé un peu, chose-*là*… le mouton il s'est déplacé vers la gauche, ou le pneu a été volé, *ouallay*, c'est mieux. L'essentiel c'est d'arriver à destination. Non ?

– Et puis, ce sont ces *gences*-là qui aiment beaucoup la musique, trop même ! Dans certaines républiques gondwanaises et quelle que soit leur démocratie ou *démocrature*, on écoute la musique 24 h/24. Et à part vous-même, ça ne dérange personne. Si vous avez un rendez-vous important, le lendemain matin, une réunion ou autre, c'est votre problème. La fête, elle, continue. Et puis quoi ? Vous avez un problème avec ça ? Même si vous allez chez le ministre, lui aussi, il écoute la musique à fond la caisse dans son bureau, heureusement dans certaines républiques, pas toutes. Et dans certaines administrations, les fonctionnaires lambda ne peuvent pas survivre à la journée sans écouter une chanson. Je dis bien une seule. Une chanson du style « Titanic » de Céline Dion, et ce, en boucle et, s'il vous plaît, toute la journée ! Si vos tendons et ligaments nerveux ne sont pas solides, mieux vaut trouver une excuse en béton et partir poliment. Sinon, *ouallay*, c'est la crise de nerfs garantie !

– C'est aussi les *gences*-là qui ont un besoin pénible de vous gazer en brûlant les ordures – plastiques, brindilles, papiers, etc. – tous les soirs au crépuscule juste derrière votre mur et votre terrasse. Adieu les trips je mange bio, j'arrête de fumer et de boire, ma santé avant tout. Ici ce n'est même pas la peine ! Il vaut mieux s'éclater une bonne fois pour toutes, car quoi que vous fassiez, vous allez être intoxiqué et drogué gratuitement et en toute légalité. Avouez quand même que c'est un privilège qui n'est pas donné à tout le monde ! Chouette hein ? Disons que c'est là où la liberté de l'un ne s'arrête pas vraiment là où celle de l'autre commence. Non, ce n'est pas l'impératif de Kant mais celui du Gondwanais !

– Toi-là, il ne faut pas critiquer les Gondwanais comme ça

– *Ouay*, tais-toi, laisse-moi parler, il ne faut pas m'interrompre toi aussi quand je fais un effort *d'explicachion*[8] ! Je disais donc que ce sont ces vélotistes-*là* sans freins et sans lumière, qui évitent de freiner à tout prix, et qui dans l'urgence usent de leurs pieds. Parfois ça marche, mais parfois… *ouay* ! Et le soir, il faut être très méfiant, car ils déboulent comme ça, d'un coup devant vous. Ils n'ont pas de lumière. Attention, même si vous leur avez sauvé la vie parce que vous avez eu le bon réflexe de freiner, ils vous regardent de travers, ils sont très fâchés : « *Ouay*, tu n'aurais pas pu deviner que j'étais là ? *Ekié*, toi aussi il fallait t'arranger pour installer un signal lumineux ! » Et si vous les écrasez…, non, ça ne se fait pas *dè* ! Il y aussi les *mobylettistes* qui ne serrent jamais leur droite. Mais eux au moins ils ont des freins. Par contre, pas le moindre soupçon de clignotant. Et en plus, avec eux, il faut être patient. Ne vous fiez pas au signal manuel, attendez de savoir vraiment où ils vont tourner pour prendre votre décision finale de conducteur averti ! Il faut aussi avoir la même réaction avec les *automobilistes* quand ils font signe qu'ils vont tourner avec la main. La seule chose dont vous pouvez être sûr, c'est que la vitre de la portière gauche est baissée. Et les heures de pointe dis donc, c'est quelque chose ! Ils déferlent tous d'un coup. Et si ça continue comme ça, un jour on risque d'assister à un tsunami. Ce ne sera pas forcément une vague telle que vous la concevez, mais un raz-de-marée de vélotistes, de mobylettistes et autres automobiletistes. Et cette grande marée n'attend ni la pleine lune, ni la nouvelle lune, ni même la lune tout court, et encore moins les équinoxes, *dè* ! Elle monte chaque jour aux heures de pointe et redescend à l'heure du repas, c'est-à-dire l'heure de la débauche. Et là, entre les gaz des pots d'échappement, la fumée des popotes du soir, cuisinées au feu de bois par une grande partie des ménagères, et les feux des ordures de fin de

---

[8] Explication.

journée, vous êtes vraiment mal barré. Vous l'êtes d'autant plus qu'une chape de chaleur s'assure du maintien de cette fumée à hauteur des narines. Pas d'échappatoire possible ! Mais Dieu est grand, on s'habitue ! Et mieux encore, malgré toutes ces fumées, si vous avez le malheur d'avoir envie d'allumer votre cigarette de relaxation de fin de journée, et qu'en plus on vous prend pour un étranger, on vous fustige du regard. En tout cas, on vous fait savoir, par tous les moyens, que vous dérangez. Et oui, parce que le racisme ça existe aussi au Gondwana. On est comme tout le monde ! Et entre les Gondwanais du Nord, du Sud, de l'Est, de l'Ouest, du Centre, en somme de partout, *ouallay* ça peut faire palabres. Difficile d'imaginer qu'un Noir puisse être raciste vis-à-vis d'un Noir ou d'un Blanc[9] ou encore d'un Gondwanais couleur chair ! L'avantage au *moince*, c'est que ça reste discret, entre nous Gondwanais.

– Désolée, j'ai failli oublier la caractéristique la plus importante du Gondwanais : le recyclage. Le Gondwanais lambda est un champion du recyclage. Pendant que le Blanc-là se torturait l'esprit pour trouver un moyen de faire du bon recyclage, le Gondwanais lambda, lui, avait déjà inventé la technique *depuis-depuis*. Parce que lui il ramasse tout ce qui se trouve sur son passage et il recycle pour revendre sur le marché. Eh oui, pauvreté oblige ! Il ramasse les boîtes de conserve, les pièces détachées de voitures ou de motos qu'il transforme en marmites, casseroles, louches, saladiers, voiturettes et *quoi-quoi-quoi*. Avec toute cette ferraille, il fabrique aussi des meubles ou encore des œuvres d'art. Pour ce qui est des voiturettes, les enfants s'amusent très bien avec ces jouets. *Ekié*, nous-là

---

[9] Aux âmes sensibles ou susceptibles, je précise que je persiste à utiliser le terme « Blanc » pour désigner les Occidentaux puisque ce terme est d'usage courant chez le Gondwanais. Après tout, ça dépend du ton…

on n'est pas esclaves de « Toys "R" Us » pour distraire nos enfants ! Les boîtes de conserve transformées en voiturettes font l'affaire ! Et le recyclage est loin d'être terminé. Le Gondwanais reconstitue aussi des voitures gondwanaises de la marque « Épavmobile ». Ce sont des carcasses de voitures et de camions de toutes les marques. Elles sont raccommodées, non pas avec des boîtes de conserve, mais grâce aux pièces détachées arrivées tout droit de la casse européenne. Disons que ce sont des voitures qui ne sont « pas d'origine ». Ah, au Gondwana, quand un objet est de mauvaise qualité ou rafistolé, on dit qu'il n'est pas d'origine. Et tout le monde comprend. Encore du recyclage connu sous le nom d'« Arrivage » ou de « France-au-revoir ». Vous ne connaissiez pas ? Ah c'est pas bien ça ! Nous on connaît Voltaire, Montesquieu, Victor Hugo, et vous, vous ne connaissez même pas « France-au-revoir » ? Votre culture générale-*là* laisse à désirer ! Figurez-vous que grâce aux pièces détachées des épaves des Blancs, le Gondwanais fabrique des épaves *pimpant-neuves* qui dans le pire des cas nous servent entre autres de taxis. Ces taxis qui auront peut-être l'honneur de vous transporter de l'aéroport à votre hôtel un jour, si vous venez gouter à l'exotisme du Gondwana. *Entouka,* bonne arrivée ! Ces taxis gondwanais sont un peu moins confortables que les anciens modèles de voitures du style « Trabant », « Lada » ou « Skoda » fabriqués en Europe de l'Est. Ce sont plutôt des tas de ferraille mobiles qui ne roulent que sur l'asphalte. Ils sont dans un tel état de délabrement qu'ils ne peuvent tourner ni à gauche ni à droite ! C'est pour cela qu'on les appelle les « taxis-tout-droit ». D'ailleurs, le plus souvent, elles roulent en crabe. C'est juste *quéchion* de rééquilibrage de châssis quoi ! Mais le plus important, c'est que ça coûte *plus-moins* cher et surtout, ça dépanne les populations. Après tout c'est un moyen de transport comme un autre !

– Et, depuis les années 1980, on retrouve aussi une autre forme de capacité de recyclage. Le Gondwanais fait dans la friperie. Il en existe plusieurs qualités : « premier choix » – articles neufs provenant de fins de série –, qui correspond au haut de gamme, « deuxième choix », « troisième choix », des vêtements de seconde main, et enfin les rebus qui sont destinés aux paysans très très pauvres. On y trouve de tout, du string à la combinaison de ski, en passant par les jeans, les chemises, les chaussures, les couvertures, les chaussettes, les bonnets, *tout-tout-tout*. Et même les Blancs les achètent... Ces vêtements en ballots qui représentent plus d'un quart des vêtements vendus au Gondwana viennent de chez les Blancs. À l'origine c'était l'aumône. Cette aumône a tourné en commerce très lucratif, parce que l'aumône a été bloquée par le coût de transport. Mais le commerçant-là, il ne s'est pas attardé sur ça. Il a flairé la bonne affaire et a donc pris les choses en main. C'est devenu tellement lucratif que l'on attend même plus l'aumône. On va directement les chercher dans les décharges publiques en Occident. En fait, c'est gagnant-gagnant ! Le Blanc, ça le débarrasse, et nous, ça nous dépanne. Une chose est garantie, le vêtement sera porté jusqu'à son dernier souffle. Et ça, si *c'est* pas du recyclage *dè* ? C'est quoi ?

– Tu as raison, finalement on joue un rôle important dans le recyclage !

– Ah oui, mais on ne peut pas parler des Gondwanais sans mentionner l'aventure du téléphone mobile *dè* ! Extraordinaire ! Sans précédent ! C'est un réseau qui s'est développé à une vitesse vertigineuse. Tout le monde a un téléphone mobile, voire deux ou même trois. C'est *plus-moins* cher ! Lettré, illettré ? Pas de différence. Même les illettrés savent utiliser un téléphone. Ne me demandez pas de vous expliquer, c'est inexplicable. Même si vous allez au fin fond de la brousse, dans un bled perdu, vous allez pouvoir acheter des unités. La téléphonie mobile est devenue un commerce très lucratif.

– Mais pourquoi ?

– Ben... c'est très simple. Parce que les règles sont claires. C'est comme les lois, si elles sont adaptées au contexte ça marche et sinon *c'est* pas la peine. *Ouay*, avec des unités tu peux téléphoner. Pas d'unités, tu ne peux pas. C'est clair non ! Cela dit, le réseau n'est pas toujours bon. Mais on fait avec. Et dans ce domaine, vous trouverez aussi bien des épaves et du France-au-revoir. Aucun téléphone ne va à la poubelle. Il y a toujours une pièce qui pourra être utilisée, réutilisée. Si ça *c'est* pas du recyclage ? On a même des spécialistes de la réparation du téléphone, dans la rue. Et puis on a aussi le dernier cri, et à *plus-moins* cher. On est à la pointe. Bon, pour une fois que quelque chose marche… faut bien le dire ! Pour ce qui est de la grande disparité au niveau du pouvoir d'achat, les Gondwanais ont un contrat. Une espèce d'entente tacite. Ceux qui ont un niveau de vie très bas biperont ceux qui ont un niveau de vie un peu plus élevé. Et dans la grande majorité des cas, ces derniers rappelleront. Vous pouvez donc mesurer le pourcentage du chômage au nombre de *bipeurs*. *C'est* pas une bonne idée ça ?

– *Entouka*, comme c'est la crise-*là*, ce sera *plus-moins* cher que d'envoyer des experts touristiques-*là* ! Non ?

– *Ekié*, il ne faut pas oublier le recyclage du matériel médical. Même dans la rue tu trouves les lits d'hôpitaux, les cliniques dentaires, les consommables, les faux médicaments premier choix et *tout-tout-tout*. Tout ça-*là* en vente à *plus-moins* cher…, matériel posé à même le sol. Au fait, elle dit *que-quoi* la loi-*là* sur l'hygiène ?

– Hey, il ne faut pas nous chauffer avec la loi *kay* ! Leurs histoires d'environnement-*là* et de changements climatiques ça nous fatigue.

– N'aie crainte ! Il faut envoyer seulement et nous on va recycler. Et même, s'ils veulent on fait affaire avec eux et après on leur revend tout ça ! Commerce équitable ou bien ?

– Et s'ils ne veulent pas ?

– *Noooon*, ça c'est pas sérieux ! Tout moyen pour lutter contre la pauvreté est bienvenu... *Ouallay*, il faut qu'ils reconsidèrent eux aussi... !

– Bon mais jusque-là, ça passe. Le pire c'est quand les industries occidentales, pour des raisons de législation très contraignante, viennent déverser leurs déchets hautement toxiques et dangereux au Gondwana. Et le Gondwana, lui, qu'est-ce qu'il fait ? Il les accepte, dit-on, à cause de la crise économique ambiante et ambulante. Et même là, le Gondwanais trouve le moyen d'aller récupérer ce qui est récupérable, par exemple sur les équipements informatiques et électroniques pour recyclage. Je vous le disais, la lutte contre la pauvreté échoue... L'extrême pauvreté, le chômage et l'ignorance de la dangerosité de ce type de décharges ne font qu'aggraver cette situation.

– Et je te dis hein, même averti, ce même Gondwanais lambda pauvre, est-ce qu'il va arrêter *d'abord* ? Je pense que le recyclage-*là*, c'est inné !

– Bien sûr que non. Mais toi aussi, attends un peu avec tes commentaires-*là*, je n'ai pas fini. Donc je disais que ce sont aussi ces *gences-là* très démocrates et qui sont amplement autosuffisants à ce niveau. La démocratie est même devenue un rituel culturel et ce, quelle qu'elle soit. Le citoyen gondwanais, lui, veut pouvoir aller aux urnes coûte que coûte. Même s'il ne sait pas pourquoi, il y va quand même. Il fait des kilomètres à dos d'âne, à dos de chameau, en *taxi-tout-droit*, à mobylette s'il le faut. Mais il y va. Et attention ! S'il découvre subitement que son candidat n'a pas fait du bon travail ? Ah là, ça risque de chauffer et même de surchauffer ! Et pourtant, ce même candidat a été élu, réélu plusieurs fois et pendant des décennies. Mais peu importe. C'est trop tard. Il n'y a plus qu'une seule solution : un bon petit coup d'État. De préférence militaire pour restaurer la démocratie. Il faut restaurer ! Je dis bien, restaurer.

– Donc si je comprends bien, la restauration de la démocratie sous-entend que celle d'avant était biaisée. Non ? Ah, là mon frère, *ouallay,* je ne comprends plus rien.

– Oui, et cette solution est d'autant plus renversante qu'elle intervient quelques semaines avant les nouvelles élections présidentielles dont la date a déjà été fixée *depuis-depuis-depuis-depuis…*, ou mieux : quelques jours avant le deuxième tour des élections. Tu comprends mon frère, il faut agir vite. Et pour une fois que nous y parvenons et que nous avons le réflexe d'agir vite, il faut profiter ! Bon du coup, tout ce que nous avons construit s'émiette et s'écroule. Et puis quelqu'un-là a-t-il pensé au coût économique et social de ce genre d'opération de sauvetage ?

– Mais, toi aussi, c'est pas très grave ! Vous, les Gondwanais bêta, vous êtes trop compliqués, vous pensez trop à tout, *trop même*. Comme tout le monde est complaisant, finalement, tout devient normal. Et puis, *il faut* avoir la foi. Avec la grâce de Dieu, ça va aller !

– Bon, en fin de compte, le Gondwana ce sont ces *gences-là* qui se sont remarquablement bien acclimatés à la pauvreté et qui jonglent de façon quotidienne avec le système. Ce système D dont ils ne peuvent plus se passer. Et à force, ils sont devenus de vrais « professionnels de la survie ». Et malgré tout ça, ils n'ont pas perdu un gramme de joie de vivre et pas une once de légèreté de l'être, et avec très peu de choses ils sont capables parfois de faire des miracles.

– Bon, il y a aussi les Gondwanais bêta, ce sont les métis comme la consultante-*là*.

– *Ouay*, ça c'est qui encore ? Tu vas nous inventer quoi maintenant ?

– Ah ça c'est une autre affaire mon frère. Les bêta, c'est les *gences* comme elle.

– La consultante ? Et pourquoi bêta ?

– Parce que les Gondwanaises et Gondwanais bêta ne sont ni Blancs, ni Noirs, mais ils sont quand même blancs et noirs.

– *Ekié !* On fait comment ?

– Ce sont ces *gences-là* qui ont une fausse peau de Gondwanais. En fait, eux-mêmes ne comprennent pas. Ils sont entre les deux et finalement on ne sait jamais où ils sont. Et ça *kay*, c'est un problème pour nous les Gondwanais lambda. Quand ça les arrange ils sont Blancs et quand *ça ne les arrange* pas, ils sont Noirs. On ne peut pas les caser.

– Et café au lait ? Ça marche pas ?

– Pas du tout. Alors parfois aussi *ils nous portent à confusion*. Il m'est arrivé de discuter avec elle et de croire qu'elle était blanche et puis d'un coup, elle est devenue noire. Je te dis, c'est très frustrant parce qu'on ne comprend plus rien. Et puis même ça l'a vexée. Elle a dit qu'elle se sentait incomprise. On fait comment ? L'être humain, il a besoin de caser tout le monde. S'il rencontre un inconnu, il va essayer de savoir son nom, sa nationalité, sa profession et *tout-tout-tout*. Et puis il va ranger ça dans un tiroir de sa tête et dormir tranquille. Mais avec un Gondwanais bêta, même si tu as toutes ces informations, au moment où tu veux ranger ça dans un des tiroirs de ta tête, tu ne trouves pas le tiroir, parce qu'il n'y a pas de tiroir qui correspond. Et donc tu ne dors pas tranquille. Et ça *dè,* ça complique les choses.

– Mais tu veux que quoi ?

– Non rien. Je veux juste faire le ménage dans ma tête. Il y a les Gondwanais bêta qui deviennent des Blancs de par leur éducation et on peut les caser, ça va un peu. Mais il y a l'espèce-*là*, plus rare, qui s'intègre très bien dans les deux milieux et parlent toutes les langues. *Eux-là*, *ouallay* ils n'en ont pas l'air, mais ils sont *hasardeux*. C'est un attrape-nigaud ! Il faut nous pardonner, *c'est* pas simple de vous comprendre *dè !*

– Pourquoi, *chose-là*, la consultante-là, elle vient nous décortiquer nous et nos lois maintenant ?

– C'est très simple mon frère, parce que même si c'est une Gondwanaise bêta, ou schizophrène, je te dis, c'est une Gondwanaise comme nous ! La preuve c'est qu'elle a des cousins proches dans le groupe terroriste-*là*… l'Anguille-Qui-Marine-Impunément.

– *Entouka*, tu as raison. Si ça c'est pas une preuve, c'est quoi une preuve ? Eh dis donc mon frère, la loi-*là*, elle dit que quoi ?

Nul n'est censé ignorer la loi

Nul n'est censé ignorer la loi ? N'est-ce pas ? Vous êtes bien d'accord avec moi ? Jusque-là, tout va bien. Eh bien, au Gondwana, quelle que soit sa démocratie ou *démocrature*, c'est pareil ! Ça vous étonne ? Nous aussi nous avons des lois auxquelles nous devons obéir au doigt et à l'œil. Sauf qu'elles sont tellement nombreuses et désorganisées que nous ne savons plus où elles sont. Du coup, elles disparaissent. Et donc toi le citoyen lambda tu n'es même pas au courant de ce qui se passe. Mais ne t'inquiète pas ! Même les juges ne sont pas au courant ! Et pire encore, même ceux qui les font ne les connaissent pas. *Ouallay*, le pire c'est que ce n'est même pas une blague, c'est véridique. Et réflexion faite, elles ne nous intéressent probablement pas trop. Enfin si ! De temps en temps tout de même ! Lorsqu'elles peuvent nous être utiles. Il faut bien manger… Dieu est grand !

Avant l'arrivée du Blanc, nous avions, nous aussi, un système pour nous contrôler, nous guider, nous canaliser, voire même nous illuminer. Ce sont les coutumes et la religion. Eh oui, il ne faut pas croire ! À vrai dire, nous nous en accommodions très bien jusqu'à présent. Bon, on peut encore ajuster et moderniser tout cela, mais pourquoi se fatiguer ? Il fait tellement chaud au Gondwana ! Les Blancs nous apportent un système moderne qui ne correspond à rien, nous ça ne nous gêne pas et eux ça les rassure. Que veut le peuple ? Et puis, c'est le Blanc qui paye, enfin c'est ce que le citoyen lambda croit. Donc nous avons plutôt intérêt à suivre, nous les Gondwanais, surtout avec la vitesse et la rapidité à laquelle les choses évoluent chez eux là-bas. Notre peuple, enfin l'élite gondwanaise, n'a pas envie d'être dépassé par leurs gadgets (jeux vidéo, téléphones portables dernier cri, ordinateurs – premier et dernier cri –, iPod super cri, voitures automatiques et systématiques avec siège éjectable pour madame, parfums, « néfaste-food » et *tout-tout-tout*). Vous comprenez ? Et puis c'est normal d'être récompensé *d'abord* puisqu'on travaille pour le bien-être et le confort du peuple gondwanais.

La vérité, si vous permettez, c'est que la législation gondwanaise est fondée principalement sur la tradition juridique d'avant l'indépendance. 90 % de nos textes fondateurs et régulateurs sont empruntés et n'ont pas été harmonisés à notre façon gondwanaise ; ça arrive mais seulement *un peu-un peu*, par-ci ou par-là, selon les besoins du moment mais pas de manière cohérente, *façon Blanc*. Je vous dis ! Par exemple, le Code civil français de 1958 ! Vous voyez non ? Et en plus, la plupart ne savent même pas. Par conséquent, l'adoption de ces textes par les citoyens lambda reste très limitée. Je vous rappelle qu'une loi n'est que le résumé d'une culture définie, de ses valeurs, de son code de l'honneur et de ses croyances religieuses. Ce qui actuellement est loin, très loin d'être le cas au Gondwana.

Mais alors, lorsque l'on fait du copier-coller ça colle encore moins bien, non pas parce qu'il fait chaud – parce que la chaleur torride au Gondwana, c'est vrai, peut influer sur notre capacité à réfléchir sans compter les coupures d'électricité nombreuses par moment – mais parce qu'il n'est pas rare que certains législateurs gondwanais, en complicité avec les politiques et pour gagner du temps, croient très judicieux de récupérer un texte de chez les Blancs et d'y apporter quelques modifications de chez les Gondwanais, et ce quelle que soit notre démocratie ou *démocrature*, *façon-façon*. Avec la grande rigueur dont nous sommes capables, je ne vous décris même pas le résultat. Il est parfois plus proche du sketch que de notre pauvre réalité. Pour ceux qui ne seraient pas d'accord, ou qui auraient des doutes, ne vous fatiguez pas, j'ai des preuves. Faites-moi confiance ; comme je me suis spécialisée dans la recherche des lois, il m'arrive de tomber sur des textes qui relèvent de la science-fiction… N'hésitez pas à me contacter au besoin, je suis *très très* démocratique !

Nous sommes donc sérieusement en panne *depuis-depuis* ! Mais ça n'a pas l'air d'inquiéter grand monde… Et lorsque nous faisons appel au bienfaiteur de fonds, le plus souvent c'est lui qui nous appelle à faire appel à lui, il a généralement une approche mécanique. C'est un peu comme un plombier qui détecte une panne et qui essaie de la réparer. Il a sa méthode, non ? Mais, notre plombier international dépêché sur place oublie souvent que tout le système sous-jacent, la tuyauterie et les vannes, autrement dit les valeurs, les besoins et les objectifs, n'est pas partagé par tous de la même manière et comme lui le conçoit. Et comme nous sommes des citoyens lambda gondwanais très polis, surtout notre élite, et que nous ne voulons pas trop contrarier le plombier international qui a fait un long voyage pour nous rendre visite par amitié – parce que notre plombier local n'a pas su nous débrouiller la situation –, nous acceptons sa méthode puisqu'au fond elle ne dérange pas. Après tout, ça peut aller. Loi ou pas loi, on s'en contrefiche car ça ne change rien à notre existence.

Sur la recherche des lois, je pourrais vous entretenir pendant des heures. Mais je vais résumer. Enfin, je vais essayer. Malgré les apparences, quelle que soit sa démocratie ou *démocrature*, la République du Gondwana qui est la nôtre repose sur des bases juridiques pas très solides. Un peu comme une maison construite sur des fondations bancales. Je le dis pour attirer l'attention de notre Président-à-vie. Nous avons le choix entre trop de systèmes juridiques différents – chrétien, islamique, coutumier, traditionnel, moderne et imposé ou exigé – tout dépend en fait de notre humeur du moment. Comme je l'ai déjà mentionné, les lois dans notre pays, quelle que soit sa démocratie ou *démocrature*, sont très nombreuses. Ce n'est pas ça qui manque, sauf que pour des raisons diverses elles sont cachées. C'est là que tout le monde me saute dessus et me demande : « Et pourquoi ? Et pourquoi ? » Mais je n'en sais rien moi ! Cependant, à force de les chercher, je commence à me faire une petite idée…

Bon, voyons voir. Je vais commencer par vous livrer un secret de Polichinelle : la loi-*là*, elle, peut parfois être à double tranchant, et ça, ça dérange le Gondwanais. Je vais vous dire pourquoi. Parfois la loi *elle arrange*, mais souvent *elle n'arrange* pas. Alors tout est en fonction du bénéfice qu'on peut en tirer. Si c'est *gros-gros*, ça peut aller. Mais si c'est *petit-petit*, j'avoue qu'on préfère nos traditions, qu'on connaît mieux et qui sont plus adaptées. C'est plus facile de faire avec. Et sinon, parfois on se *fooooooorce* à appliquer la loi – enfin, celle qu'on a sous la main – et très vite on comprend que quelque chose ne colle pas. Mais vous savez, la complaisance de tous, je dis bien tous, fait que bon, ça peut aller… Mais le flou, c'est *plu-mieux* quand même. Et le Gondwanais il entretient ça. Eh oui, le flou ça peut arranger pas mal de monde.

D'ailleurs, ça ressemble aux nouvelles constructions de maisons au Gondwana. Souvent, trop souvent même, les fondations et le reste laissent à désirer. Les murs ne sont pas droits, les fenêtres ne sont pas à la même hauteur, les murs s'effritent parce qu'on a mis plus de sable que de ciment. Eh, les temps sont durs et il faut économiser bien sûr. Et je ne vous raconte même pas pour la plomberie. Pour ceux qui ne me croient pas, je vous invite à venir visiter un chantier au Gondwana. D'entrée de jeu, l'échafaudage interpelle, que dis-je, il angoisse. Rien n'est droit, rien n'est plat, et puis je ne te parle même pas de l'installation de la plomberie, tu ne sauras jamais comment ? Oui, tu ne sauras jamais, parce que ton plombier local citoyen lambda n'a pas fait de plan. Donc *y'a pas* de plan, mais ça va aller… ! Si un tuyau ou une vanne pète, et que s'ensuit une inondation qui détruit tous vos biens non assurés, parce que assurance *y'a pas* non plus, on bouche l'ancien tuyau – si on le trouve – et on en installe un nouveau *façon-façon,* là où on peut. Eh bien pour les lois, c'est la même chose. Tu veux que quoi ? On est ensemble non ?

J'insiste, et je pense que personne ne me dira le contraire, les textes régissant une société ne peuvent pas être imposés de l'extérieur, ils doivent naître de l'intérieur.

Le problème c'est que quand enfin Son-Excellence-Notre-Président-à-Vie s'y met, après avoir fait suivre un traitement intensif et ultravitaminé de renforcement électrophysiologique pour activer spécifiquement les neurones des législateurs – qui, au passage, sont en panne de légitimité, parce que leur élection a été oubliée ou omise – afin de permettre d'apporter des changements fondamentaux et pertinents dans notre Constitution, le résultat est des plus stupéfiants. Je ne citerai qu'un exemple car c'est le dernier en date : l'idée géniale, et vous en conviendrez, de compléter un grand flou juridique dans notre Constitution, n'est-ce pas ? Il s'agit ni plus ni moins que de compléter cette dernière par l'interdiction et la criminalisation des coups d'État ! Comme si le gars qui fomente un coup d'État, écœuré par le système en place et qui, ne l'oublions pas, est arrivé lui-même par un coup d'État, allait remettre en question son plan de peur que celui-ci soit anticonstitutionnel. Je l'imagine déjà souffrant d'insomnies chroniques parce que très soucieux de la réglementation en vigueur. Du style il oscille entre « J'y vais ? J'y vais pas ?

J'ose ? J'ose pas ? », ou d'un genre plus cérébral : « De quel type de violation s'agit-il au juste ? Infraction ou crime ? Très grave, grave, plus ou moins grave, moins grave, acceptable, tolérée, voire même encouragée par le peuple… ? Qu'est-ce que je risque réellement ? Quelles sont les sanctions applicables ? » Et puis : « Qu'est-ce j'encoure comme sanction ? Deux mois…, trois ans de prison…, perpète…, exil… ou guillotine… ? Non, j'ai trop peur, ça ne vaut pas le coup de fomenter un coup d'État *dè* ! *Ouallay*, tant pis pour les changements, je laisse tomber. » C'est comme ça que Son-Excellence-le-Président-à-Vie protège et sauve notre République quelle que soit sa démocratie ou *démocrature*. Sauf que ce faisant, il donne des idées à certains, et pour cause. De tels changements sont si burlesques. Ils passent forcément à la radio, même sur Radio France Internationale. Vous imaginez ? Tout le monde est éberlué, mais ce même « tout le monde » ne dit rien car celui qui parle risque de rester en garde à vue pour quelques mois. Non, ce n'est pas *constituchionnel*, mais disons que c'est faisable. Du coup, je l'admets, il y a comme un problème au niveau de mon raisonnement : les résultats qui viennent de l'intérieur ne sont *paaaaaaas* toujours les meilleurs non plus.

– Ah là, ma sœur, on est vraiment en panne ! *Ouallay,* même s'il fait chaud au Gondwana, c'est *plumieux* de se ressaisir ! Mais la saison la plus fraîche est trop courte… On va faire comment ?

– Donc si je devais parler au plombier international, je lui dirais : « Surtout ne t'inquiète pas, tu le vois bien, on a encore besoin de toi. Nous trouverons toujours le moyen de nous *agencer façon-façon*. Parce que sans toi-*là*, *ça va* pas aller bien loin. Comme tu peux le constater, nous avons toujours besoin de toi pour que tu nous débrouilles, par exemple en matière de rigueur. Et toi, n'oublie pas que tu as besoin de notre sous-sol hé hé ! » Mais les Chinois et les Indiens ne sont pas loin *Dé* ! Leur aide au développement est moins mystérieuse que celle des bienfaiteurs de fonds blancs. C'est du concret. *Entouka*, c'est comme ça qu'ils sont perçus par le Gondwanais. Disons qu'elle se résume à. « Tu me laisses te dépouiller de tes ressources naturelles et en échange je te donne un stade olympique au 31 décembre ou un hôpital au nom de Son-Excellence-le-Président-à-Vie ou, de préférence, celui de son épouse. » Et mieux encore, la chinoiserie se développe à vue d'œil chez nous et c'est *plus-moins* cher ! Donc tiens-toi bien ! Sinon… Et en plus, quand tu seras à court d'air respirable parce que tu auras trop consommé, on sera ensemble ! Nous, on te débrouillera une solution en échange de quelque chose… *Y'a* pas de problème ! On s'arrangera d'une manière ou d'une autre.

– D'ailleurs, en parlant de chinoiserie, pourquoi est-elle arrivée à se développer alors que « l'europenoiserie » n'est pas arrivée à s'implanter ? Je suis sûre qu'elle aurait été de meilleure qualité. *Entouka !*

Donc on a bien compris que les lois ne sont connues de personne, même pas du législateur, qui les adopte au Parlement sans vraiment se soucier des textes précédents. De toute façon, on ne sait pas où sont les lois. Les chercher, c'est compliqué, et ça peut nous obliger à voir les choses en face, style *pyssychothérapie*, ce qui peut faire très mal – imaginez les législateurs, en pleine session parlementaire, en dépression profonde en train de pleurer à chaudes larmes… Mais des fois, par hasard, les textes ont un lien. Oui, parfois on annule un texte parce qu'il n'est plus d'actualité et on le remplace – ou non –, c'est tout à fait normal. Parfois on complète – c'est le cas de l'initiative de la criminalisation des coups d'État –, et parfois on corrige parce qu'on se rend compte que l'on peut faire mieux. L'erreur est humaine ! Personne n'est à l'abri d'un passage à vide ou d'un manque d'inspiration.

– Bon disons que y a beaucoup de raisons, faut pas me fatiguer !

– Hé quitte-là-bas !

Les changements quels qu'ils soient, c'est bien beau, mais il faut les connaître. Donc déjà si tu ne connais pas la loi initiale, comment vas-tu faire pour connaître la nouvelle version ? Eh bien grâce au hasard qui fait toujours bien les choses paraît-il. Bon, on peut parfois être informé par le biais de la radio nationale, si par chance on peut la capter. Mais le moyen le plus sûr d'en être informé, c'est de les subir… Soit dans la rue, parce que le policier, pour justifier sa contravention, vous informe que c'est le nouveau règlement et comme par hasard, ça correspond pile-poil à l'infraction que vous avez soi-disant commise. Soit à l'aéroport, au contrôle phytosanitaire. Sauf que vous voyagez avec votre animal domestique, mais peu importe, vous qui pensiez que c'était plutôt les plantes, les semences ou les graines qui étaient concernées… Et là, on vous dit que c'est la nouvelle loi. Soit aux impôts, où vous apprenez la nouvelle parce que l'agent lambda est fauché (la Tabaski ou Noël approche) et que ça l'arrange bien ce jour-là. Et encore une fois, si vous lui demandez à voir le texte il vous répondra : *y'a pas* !

Et vous ! Vous ne demandez qu'à voir, mais vous n'essayez même pas de peur de vous heurter à un mur derrière lequel tout ça est si bien caché. En définitive, le citoyen lambda ne se plaint pas car il a autre chose à faire, puisqu'il est déjà occupé par ailleurs de survivre. Il préfère s'accommoder du système dont il est tributaire, plutôt que de se casser le nez contre ce mur bâti semble-t-il sur des fondations, pour une fois, très solides – *façon Blanc*.

– Et les incohérences ?

– Ah ça il y en a beaucoup mais ce n'est pas grave. Je te donne un exemple. Il arrive par moment qu'une de nos républiques gondwanaises décide de moderniser le contrôle de la circulation, notamment le respect de la limitation de vitesse dans les grandes agglomérations. Cela s'apparente à de la prévention puisque la guérison pour l'instant on n'y arrive pas. Il suffit de voir l'état des hôpitaux sur place. Bref ! Le Blanc est donc mis à contribution avec l'apport de radars dernier cri. Sauf que, à aucun moment, le citoyen lambda n'a accès à des panneaux de signalisation les informant de la vitesse maximale autorisée dans les agglomérations. Encore mieux, aucun panneau ne vous signale que vous êtes entrés ou sortis de l'agglomération.

– *Ouay*, on fait comment ?

– Bon c'est très simple, il faut attendre de te faire prendre pour savoir. Et à force de te faire choper par les flics, tu finiras bien par comprendre où commencent et où fini l'agglomération et la vitesse autorisée.

– Mais moi, j'ai pris les devants. Je me suis arrêté là où les flics étaient postés pour faire leur contrôle et j'ai demandé.

– Ils ont dit que quoi ?

– Ils ont dit qu'il faut voir le Code de la route français. Mais ils ont précisé que ça n'dépend des circonstances aussi. C'est lié à la circulation ou à la proximité des fêtes.

– Mais, le Code-*là* de la route français il dit beaucoup de choses qu'on ne respecte pas ici. Par exemple ici, sur les ronds-points, la priorité est à droite, ce qui n'est pas le cas en France.

– Exact, mais ça ce n'est vraiment pas grave, c'est à toi de trier.

– Mais pourquoi ils ne font pas tout simplement un code adapté à nos routes et à notre contexte ?

– Je te dis, il fait trop chaud ici. Mais, *toi-là* on dirait que tu n'es pas d'ici ?

– Donc, c'est comme les sens interdits qui ne sont plus pourvus de panneaux ?

– C'est ça ! Comme les panneaux datent de l'indépendance, depuis le temps, ils ont pour une raison ou une autre disparu. Ton devoir c'est de les connaître, c'est tout.

– Mais je fais comment pour les connaître ?

– Bon, ça c'est le destin. Tu passes plusieurs fois jusqu'au jour où tu te fais gauler par un flic qui est dans le besoin… Mais bon, de toute façon, les usagers des routes gondwanaises ont déjà créé des codes.

– Comment ça ?

– *Ouay*, tu veux que quoi ? Ils sont obligés sinon ils risquent encore plus leur vie sur la route. Tu n'as pas vu les conditions du trafic routier gondwanais ? Obscurité, coupeurs de route, voitures sans phares ni feux arrière, pas de clignotant pour certains, les moutons, les chameaux et *tout-tout-tout*. Le hasard quoi ! Mais l'avantage de ce code tacite c'est que tous les conducteurs le respectent avec assiduité.

– Ah oui c'est vrai ! Quand quelqu'un est en panne sur la route, il y éparpille des branches d'arbre pour avertir les automobilistes et ça marche *dè*. Mais il y a aussi le système du clignotant ou de lumières clignotantes pour les camions.

– Pourquoi ils font ça ?

– Toi aussi ! C'est pour délimiter les quatre coins de la voiture dans l'obscurité car souvent les phares-*là* ça pose problème. Ça ne marche pas toujours et comme ça coûte cher, bon, on attend un peu...

– Ah oui, c'est vrai. Je vois… c'est quand les camions ressemblent à des sapins de Noël. Hum, je me suis toujours posé la question ! Non, finalement le peuple-*là*, il n'est pas si bête *dé* !

– Mais toi tu comprends toujours les choses à retardement. *Kay*, si le constructeur automobile était un Gondwanais, il prévoirait un système spécial phare gondwanais.

– Hum…, la souveraineté-*là* c'est pas facile *dè* !

Et puis alors, pour ceux qui prétendent pouvoir harmoniser nos textes fondateurs et régulateurs que nous arrivons, avec un peu de chance, à dénicher parfois, ou encore améliorer l'administration de nos tribunaux tout en ignorant notre contexte gondwanais magnifique, vous allez droit dans le mur aussi – c'est le même ! Vous ne le saviez peut-être pas, mais même les élites gondwanaises instruites – bien qu'elles applaudissent officiellement un tel effort – considèrent intuitivement cette initiative comme une perte de temps, le cœur n'y est pas. Les citoyens gondwanais, à commencer par cette même élite, ne respectent pas nos textes parce qu'ils ne représentent pas nos valeurs. Plus clair tu meurs ! Ce n'est quand même pas le diable à comprendre ? *Ekié* !

De plus, certains textes sont adoptés uniquement pour faire plaisir aux Blancs. Par exemple, les conventions : les droits de l'homme, de l'enfant, du chien et du coq. En parlant du coq, des poulets et de tout ce bazar, elle est où Brigitte Bardot ? Ici on en a besoin d'urgence… Pour comprendre, il suffit de voir comment on les trimbale à mobylette à 45 km/h en plein cagnard, les pattes accrochées au guidon ou au porte-bagages et le regard totalement affolé, genre elle est où Brigitte ? Et puis, le droit de la femme, les vieux taudis classés – ce que le Blanc appelle les monuments historiques – tous ces vieux trucs-là, qui ne servent plus à rien et que le Blanc conserve et tient coûte que coûte à classer. C'est ce qu'il appelle monument historique. Tu vois un peu ? Du style les plantes, le sable, etc. Elles sont ratifiées parce que le Blanc a demandé ça, ou alors parce que c'est à la mode et que ça peut nous permettre de manger ! Les changements climatiques, au fond, n'inquiètent que le Blanc. Comme je viens de le mentionner, le Gondwanais lambda, lui, il a autre chose à faire, par exemple survivre. Vous comprenez bien que ça ne peut pas être sa préoccupation première. Mais ce que nous avons oublié, c'est qu'une fois qu'on ratifie une convention, nous les Gondwanais on doit obligatoirement harmoniser toutes les anciennes lois en fonction des besoins de la convention. Eh, oui, c'est *juridiquement-obligatoirement-parlant* dans la convention. Pour ceux qui ne le savent pas, une convention internationale, une fois qu'on l'a signée, prime sur nos lois. Si on la ratifie, on est foutu ! Et pourquoi on est foutu ? Parce qu'on ne trouve pas les lois ! On va *faire comment* pour harmoniser les lois si on ne trouve pas les lois ? Et si les bienfaiteurs de fonds voulaient bien faire quelque chose, ils nous aideraient à les trouver ces satanées lois. Et puis ça nous fatigue ! Parce que nous on se fatigue vite dès qu'il s'agit de choses sérieuses. Il fait chaud ici *dè* ! Et comme ça nous fatigue, la motivation dégringole des deux côtés. Mais alors, en plus, quand ils ratifient ou signent, ou je ne sais trop ce qu'ils *agencent*, ils ne nous demandent pas notre avis ! Comme dirait un de mes taximans :

– Les droits de l'homme-*là* c'est de la foutaise. *Un jour que la veille* il s'était fait agresser par son compatriote gondwanais, aussi démocratique que lui, et que par chance lui et ses collègues ont réussi à attraper le malfaiteur, ils l'ont tabassé *bien-bon*. Oui, parce qu'ils étaient persuadés que la police n'allait pas faire son travail. L'expérience quoi ! Le taximan et ses collègues voulaient donner une leçon au malfaiteur avant de l'amener à la police pour le livrer. Et tenez-vous bien, la police n'a pas trouvé mieux que d'arrêter tout le monde. Il est où le droit de l'homme ? Et le droit de la victime ? Parce que la police-*là*, on n'a pas confiance. Maintenant, ils disent les droits de l'agresseur ! C'est comme les droits de l'enfant, les droits de l'enfant… ? Quel enfant ? Et puis, maintenant tu n'as plus le droit de taper ton enfant ? Alors l'enfant, il peut t'insulter comme il veut et toi tu ne peux pas bouger. Il est où le droit du parent ? Si tu peux plus taper ton enfant, on fait comment ? Maintenant c'est les enfants qui vont taper leurs parents ? Les enfants c'est plus des enfants, et ça-*là*, *c'est pas bon*, ça ne donne pas des hommes. Les *gences*-là *y* font du n'import' quoi… et nous on suit. Or qu'eux-mêmes-*là* qui parlent des droits de l'enfant, eux-mêmes ils tapent leurs enfants ! Si ça *c'est* pas du cinéma ! *Ekié* ! Le Gondwanais-*là*, du moment où il devine l'argent au loin... Le Blanc, lui, suggère une loi et il signe tout simplement. Il ne cherche même pas à comprendre. Ça c'est mauvais *kay* ! Même si on adopte les conventions-*là*, on va faire comment avec les moyens pour appliquer ? Et puis attention, si on t'attrape la police peut te garder en garde à vue pendant six mois. Et la loi-*là*, elle dit quoi ? Moi je croyais que c'était 48 heures ou 72 heures ! Bon s'ils veulent même 96 heures, c'est pas grave, mais six mois ? C'est suffisant pour se faire oublier de tous. Et puis en plus on t'accuse, mais ni toi ni ton avocat ni le procureur ni la police ne savent de quoi ? Après, c'est une question de chance… et juste à côté de ton lieu de détention, il y a les bureaux du *chose-là*… Haut-Commissariat aux droits de l'homme. Ils font quoi ? Après on dit « droits de l'homme » ? Quels droits de l'homme ? C'est le droit du plus fort, c'est tout. Il ne faut pas nous fatiguer. Le droit de l'homme c'est l'argent. Tu as l'argent, c'est bon, ça peut marcher. Tu n'as pas, *y'a pas* de droits. Tu vois non ?

Bon, blague à part, même si c'est très sérieux, il faut reconnaître que ces derniers temps on a un peu lâché du lest. On a fait une rechute au niveau de la rigueur dans l'organisation et la conservation de nos archives. En fait, ce n'est pas une notion innée chez le Gondwanais lambda, même bêta, parce que les métisses de métissage *extra-Gondwanais* ça existe aussi, hein ?! Bref, plus personne ne sait où se trouve quoi. Eh oui, on a vraiment d'autres chats à fouetter ! Tout le monde doit manger, boire, se vêtir, se dévêtir et se divertir et accomplir les coutumes. On doit vivre, quoi ! En plus, on doit suivre les avancées technologiques de ce monde qui vont vite, très vite et même trop vite pour les Gondwanais. Excusez-moi de l'expression, mais nous avons le cul entre deux chaises. Notre dignité est en jeu parce qu'on veut faire comme les Blancs mais en même temps rester fidèles à nous-mêmes. La souveraineté personnelle quoi ! Donc les lois-*là, ce n'est* pas tout à fait encore notre problème.

– Et puis ce n'est pas une *quéchion* de manque de juristes. Là où tu vas au Gondwana tu trouves au moins une, sinon deux facs de droit. Les rues grouillent de juristes gondwanais et malgré ça rien n'a changé. Ça *kay* c'est pas normal.

Cela fait trente ans qu'on lutte contre la pauvreté avec tous les mots-clés qui y sont relatifs (ajustement structurel, CSLP[10], DSRP[11], etc.), mais jusqu'à ce jour je n'ai pas constaté de changements. Peut-être sont-ils cachés eux aussi ? Mais, *on dit que quoi* ? Il va bien falloir mettre fin à la lutte contre la pauvreté personnelle au Gondwana ; et un jour mettre en œuvre ce fameux cadre de lutte contre la pauvreté des pauvres, qui a bénéficié entre-temps d'un

[10] CSLP : cadre stratégique de lutte contre la pauvreté.
[11] DSRP : document stratégique de réduction de la pauvreté.

nouvel emballage : il a changé de nom. Et cela a été l'échec pendant des années et, à ma connaissance, personne n'a encore réussi à éradiquer ce fléau. En tout cas, dans mon quartier je n'ai pas encore vu d'améliorations significatives. Mais ça ira *inch'allah* ! Dieu est grand !

Cela dit, il faut espérer que ce nouvel emballage avec ces termes à connotation économique et scientifique change quelque chose. Eh oui, tous ces termes qui font très professionnels du style croissance économique et développement durable, ça fait bien. Et même si ces termes ô combien scientifiques n'ont pas connu ne serait-ce que le moindre changement fondamental, peut-être qu'ils auront plus d'influence sur l'éradication de la pauvreté qui nous fatigue *depuis-depuis*. Sauf que ça ne suffit pas. Il faudra penser à construire une cohésion sociale pour favoriser un vrai développement économique susceptible de toucher enfin les pauvres. Mais comment voulez-vous y parvenir sans un système juridique clair et une justice juste, comme son nom l'indique si bien ? Ce n'est quand même pas si difficile à comprendre ? Un plus un égale deux non ? Pardon, une seconde, je vais juste expliquer au plombier : c'est simple, quand tu installes la conduite d'eau dans les bas-fonds n'oublie pas *de la brancher* au liquide. En d'autres termes, prends la justice comme deuxième pilier de développement, et pitié, n'oublie pas de le brancher au premier pilier, à savoir l'éducation ! Ça peut vraiment nous arranger quoi !

Toutefois, les règles et les institutions pour faire appliquer et respecter tout ça doivent aussi suivre, et c'est là notre grand souci. Mais, en fait, pourquoi toujours chercher midi à quatorze heures alors que midi c'est midi, *non* ? Il suffit juste de suivre nos convictions gondwano-gondwanaises.

Par exemple, pourquoi obliger un *cadi*[12] ou un chef traditionnel à s'asseoir sur un fauteuil de bureau alors qu'il n'a jamais travaillé autrement qu'assis sur une natte ou sur un matelas ? Et du coup il a tendance à essayer de s'allonger dans son fauteuil du mieux qu'il peut. Pas très esthétique à voir et pas très professionnel *façon Blanc. Façon gondwanaise, y'a pas de problème* ! Et même ceux qui le consultent n'ont pas l'habitude de s'asseoir sur des chaises. Ils ne connaissent que la position « détente ». Pourquoi les stresser inutilement alors qu'ils sont déjà stressés vu qu'ils sont forcément en litige ? Eh oui, s'ils sont là, c'est qu'ils ont un problème !

– Mais vous-*là*, vous n'avez pas de notions de *pyssykologie* ou bien !

Alors, comme ces textes nous arrivent soit de l'extérieur pour diverses raisons, soit de l'intérieur grâce à des initiatives personnelles, sporadiques et par moments burlesques, forcément, ils ne nous intéressent que moyennement. La conséquence, c'est qu'ils finissent on ne sait où et avec le temps qui passe on les perd de vue. Ne restent que les traces de leur passage parmi nous et encore ! Il faut savoir que les lois qui sont *a priori* publiques, lorsqu'elles sont détenues par un heureux propriétaire, deviennent une collection personnelle qui avec le temps prend de la valeur. Si vous entrez dans le labyrinthe de la recherche des textes, vous allez vite comprendre que certaines personnes acquièrent involontairement une notoriété de gardien des textes. En effet, ceux qui ont la chance d'avoir une information de ce type la cachent scrupuleusement dans le fin fond de leur dernier tiroir. Ils vous prêteront généreuse-

[12] Juge islamique traditionnel, un sage.

ment un roman, une encyclopédie, un rapport aussi précieux soit-il, mais *jamais de chez jamais* un texte de loi sur lequel ils ont réussi à mettre le grappin. Ils ne sont pas fous ! Et puis il y a un cas très particulier. Le cas de celui qui est en possession d'une « loi unique ». Et là ça devient plus sérieux, on ne rigole plus. Je vous explique : c'est une loi qui de manière générale n'intéresse personne au quotidien jusqu'au jour où elle intéresse quand même quelqu'un. Ce détenteur de cette « loi unique » vous jurera sur toutes les têtes de ses aïeux que c'est la dernière loi publiée à ce jour. Sauf que, comme vous êtes une chercheuse invétérée, vous comprendrez assez rapidement qu'il y en a trois autres qui ont été publiées la même année. Du coup la loi unique n'a plus la valeur qui aurait dû être la sienne. Mais peu importe puisqu'elle est introuvable, c'est une copie unique et ça lui donne une valeur singulière.

Je vais même pousser l'analyse plus loin car c'est une question de temps. Ces textes de loi deviennent des denrées tellement rares que si ça continue comme ça, ne soyez pas surpris. Un matin, certains d'entre eux trouveront leur place chez Christie's pour une vente aux enchères. Une transaction qui risque d'ailleurs d'être très fructueuse au même titre que les tableaux de Picasso ou de Monet. Et là, accrochez-vous ! Et comme elles sont déjà cotées dans les tiroirs, ça ne m'étonnerait pas qu'elles le soient très prochainement à la bourse de New York ! Les textes fondateurs et régulateurs gondwanais vont bientôt pouvoir fricoter avec les actions de Facebook ? On est trop fort ! Savez-vous à combien les actions Facebook sont en train d'être négociées ? Ça me donne carrément le vertige ! Vous l'avez bien compris j'espère, si vous tombez par hasard sur un texte gondwanais, surtout gardez-le bien au chaud dans votre tiroir le plus secret. Il vaut probablement une fortune. Moi à votre place, je ne m'en séparerais sous aucun prétexte… Je ne raterais pas l'occasion de m'enrichir légalement et sans me fatiguer ! N'oubliez pas qu'il fait très chaud au Gondwana et que cela peut avoir un effet sur notre efficacité !

Heureusement, il y a parfois des personnes légèrement déraisonnables qui s'intéressent tout de même à ce sujet épineux. J'en fais partie. Mais je vous assure, si j'avais su où ça allait me mener, je ne sais pas si j'aurais accepté. Parce qu'il m'est arrivé à plusieurs reprises d'être sur le point d'abandonner. Mais bon, Satan[13] est toujours là près de moi et il ne me quitte pas d'une semelle. Il m'encourage dans cette voie. Et puis, moi aussi, parfois j'ai la tête dure. Donc, avec son soutien je me suis lancée dans un travail qui consiste, dans un premier temps, à aider mes compatriotes gondwanais quel que soit leur type de démocratie à retrouver les textes fondateurs et régulateurs. Et ce n'est pas une mince affaire. Et quand on a trouvé, parce que parfois on trouve tout de même, je contribue à les organiser autant que faire se peut et à les mettre à la disposition de ceux qui pourraient éventuellement s'y intéresser. Tiens, les juges par exemple ! Car savez-vous qu'il arrive que les lois soient tellement bien cachées que les juges, sans le savoir, prennent parfois des décisions sur la base d'une loi déjà abrogée ? J'en ai même rencontré, dans les tribunaux de certaines régions reculées du Gondwana, qui ont comme seul outil de travail leurs souvenirs d'étudiant. Mais est-ce que vous en avez entendu parler ? Non, jamais ! Eh oui, ça ne dérange personne. La décision a été motivée. Sur quelle base ? Elle se réfère à quelle loi ? Cela n'a aucune espèce d'importance. L'essentiel c'est que la décision a été prise. Ah j'oubliais, pour finir, il faut savoir que certains tribunaux ont une

---

[13] Le terme arabe qui renvoie à Satan est « Shaitane » qui désigne une certaine catégorie de créatures tentatrices. Il insuffle le mal.

bibliothèque à leur disposition. Le seul hic c'est que ces bibliothèques sont souvent vides.

– *Ouay*, il faut pas exagérer toi aussi !

– Je n'exagère pas ! Je décris juste ce que je vois, je donne ma perception des choses.

– Mais tu ne peux pas dire ça. Là où je travaille, chose-là, le tribunal du 5e arrondissement, il y a une bibliothèque.

– Bon d'accord, il y a deux Dalloz et une cinquantaine de JO qui datent de 2007.

– Dalloz ? C'est quoi ça ?

– Qu'est-ce j'en sais moi ? Mais toi-*là* tu as toujours des *quéchions* bêtes ! Bon, je sais que quand ils ont des trous, ils cherchent dans le Dalloz.

– Comment ça des trous ?

– Bon, parfois le législateur, il oublie de légiférer ! Donc la solution c'est Dalloz !

– *Ahhah* ! Là je suis d'accord ! Mais c'est pas gondwanais ça !

– Et puis n'oublie pas qu'il y a les autres qui vont tout simplement se rabattre sur un mélange « souvenirs d'étudiant-lois coutumières ». C'est difficile à concevoir, mais je vous assure que c'est authentique. C'est écrit dans les rapports officiels. Tu peux même vérifier au niveau du bienfaiteur de fonds. Donc, pour moi, la *quéchion* qui se pose, c'est *qu'on* fait comment quand le citoyen lambda-*là*, il réclame justice ? Car sans la loi-*là*, on fait comment avec la justice ? Et sans la justice, on fait comment avec la paix ?

– Bon, peut-être que tu vas un peu loin toi aussi ! Le bienfaiteur de fonds peut résoudre ce problème de fond ? Ou bien ?

– Cela dit, on a de très belles lois, comme les codes de l'environnement, du travail, des impôts, et *quoi-quoi-*

quoi. Ils sont tous copiés *bien-bon* de chez les Blancs. Tout ce qui rapporte de l'argent quoi. Mais après, pour appliquer *chose-là*, les mesures…, il faut de l'argent aussi, et là, ça devient plus dur. D'ailleurs toi-*là*, citoyen lambda ordinaire, est-ce que toi tu peux déclarer ton employé-*là* ?

– Humm, pas du tout ! Avec quoi ? Ça coûte cher *dè* !

– Et tes impôts ? Est-ce que tu les payes ?

– Moi ? Jamais ! Quel impôt ? L'autre il va se construire une maison avec ça ! Je vais avoir quoi ? Si tu tombes malade, on te demande *que de payer*. Si tu mets tes enfants à l'école, on te demande *que de payer* aussi. Tu payes *tout-tout-tout* ! *Y'a pas quéchion*. D'ailleurs, je n'en ai pas les moyens, je suis fonctionnaire. Et toi ? Est-ce que toi tu payes d'abord ?

– Bon toi tu me fatigues avec tes *quéchions* déplacées ! Tu nous mets en danger quoi ! On dirait que tu as avalé des piles Duracell.

– Hé *quitte-là-bas* quoi !

Le temps, le Blanc et le Gondwanais… Dieu est grand quoi !

Oui, on essaye de développer le Gondwana sans la loi-*là*, mais parfois c'est trop ! Donc il faut quand même faire un petit effort. Parce qu'avec ce désordre, les investisseurs étrangers ont trop peur d'investir. Ceux qui osent investir sont en majorité de gros investisseurs, et en cas de pépin, ils sont bien armés et bien protégés parce qu'ils représentent de gros intérêts. Pour les plus petits, ah là, ça peut coincer très vite ! À moins qu'ils s'adaptent au système D.

Pourquoi ne mettons-nous pas en place un système fiable, où tout le monde y trouve son compte ? Ce n'est quand même pas si compliqué ! Il suffit de le vouloir. Traiter ce thème de manière ponctuelle ne résout pas nos problèmes. Donc, ne vous emballez pas trop vite ! Si le bienfaiteur de fonds loue mes services pour chercher les lois cachées, ce n'est pas tant parce qu'il se soucie de cette législation, mais plutôt parce qu'il en a besoin pour une activité spécifique. Cette activité est souvent liée à l'environnement. Je vous l'ai dit, l'environnement, les changements climatiques, l'eau potable et *quoi-quoi-quoi* sont des thèmes à la mode ! Ils permettent de compléter certains aspects du cadre local juridique. Par exemple, on établit toute une stratégie à la demande d'un bienfaiteur de fonds pour s'assurer de la légalité du bois qui est importé du Gondwana vers l'Occident. C'est surtout pour lutter contre la coupe illégale et pour éviter la déforestation. Ou alors, si on a besoin de toutes les lois sur le thème du commerce, on va envoyer un expert international et il va essayer de chercher tout ça. Et s'il ne trouve pas, on *s'agence*... Heureusement, il y a des exceptions, notamment certains acteurs de l'aide au développement qui veulent et parfois même se battent pour que la sécurité juridique soit appréhendée globalement. Malheureusement, à elles seules, ces personnes n'en ont ni la latitude ni le pouvoir. Et puis comme chercher les lois n'est pas un thème à la mode, bof... J'en profite ici pour les remercier de leur courage.

Mais revenons-en à nos moutons. Finalement, le travail fourni sur le système juridique proprement dit, dans la plupart des cas, est surtout associé aux droits de l'homme. Tu vois, les droits de l'homme-*là*, il y en a en veux-tu en voilà ! Et nous, ne sommes-nous pas des hommes ? Mais ce n'est pas tout, ils veulent aussi la bonne gestion de l'État (gouvernance façon Blanc), *ouallay* ! Ils ne sont pas sortis de l'auberge *dè* ! Et puis, y en a qui parlent d'un accès *pyssykologique* aux lois. C'est quoi ça encore ? Mais je te jure, c'est comme ça qu'ils disent. Il suffit de jeter un coup d'œil sur le plan national de la justice. Si j'ai bien compris, cela consiste à vulgariser de-ci de-là aux populations analphabètes certains textes ayant trait aux droits de la famille. Rien de transcendant. Et on fait comment avec les juges ? C'est eux qui ont besoin de la loi-*là*, *ou bien* ?

– Je t'avais dit que la loi-*là*, *c'est* pas leur problème ! Si ça continue comme ça-*là*, on va tous finir en enfer ! Non, là sincèrement, c'est trop !

– Il faut faire quoi pour qu'ils s'intéressent à nos textes ?

– Ton cousin chose-là, le ministre-*là*, il ne peut pas nous aider ?

– Non, non, c'est que bon, il a voulu mettre de l'ordre et suite à ça il a été dégradé de ses fonctions hier...

– *Ouallay*, mais lui aussi-*là*, il n'avait qu'à ne pas compliquer les choses et faire comme tout le monde !

La situation est devenue tellement chaotique que le Blanc fuit ce gouffre comme le diable l'église. Et vous, vous auriez fait comment en pareille situation ? C'est beaucoup plus facile de financer les thèmes à la mode, comme les changements climatiques actuellement et la lutte contre la pauvreté durant les quelques décennies passées. Et puis, le dernier cri, la gestion des conflits et l'assistance post-conflit.

– Dis-moi, changement climatique ou réchauffement de la planète, ça change tout le temps. Ils appellent ça phénomène de mode. Pourquoi ils changent toujours les appellations ?

– Ah ça mon ami, il faut poser la *quéchion* à l'argent. Tout dépend de lui et lui seul peut t'éclairer.

– Bon, *entouka* il paraît qu'il *y'a pas* mal d'argent pour tous ces phénomènes ! C'est normal ça ?

– On crée les conflits et après on cherche des solutions…, où est le mal ? Si tu veux je t'*agence* un projet dans ce cadre. Tu veux ?

– Bon, chose-*là*, il faut faire seulement ! Mais l'argent-*là*, ça vient d'où ?

– L'argent du Blanc-*là* on ne sait pas d'où il vient et on ne sait pas où il va. Et encore moins par où il passe. Il en circule des quantités monstrueuses mais le Gondwanais lambda n'en voit jamais la couleur. Ça reste à l'état de « concept virtuel » ou ça se traduit par des projets de développement.

– Le Blanc, il a forcément beaucoup d'argent même si en ce moment il parle de crise. *Entouka* il est plus riche que le Gondwanais ! Lui en piquer un peu n'est pas perçu comme un délit ou un péché. Ce n'est pas grave. Et d'ailleurs, est-ce qu'il va remarquer même ? Où est le problème ? Ça a été dépensé non ? Et si ça a été dépensé, c'est parfait. C'est fait pour ça l'argent !

– Comme tu dis, si le bienfaiteur-*là* est généreux et qu'il donne, c'est qu'il a de l'argent.

– Mais il suffit d'être logique toi aussi ! Qui va donner quelque chose qu'il n'a pas ? Et en plus accepter que ce soit utilisé, chose-*là*, on ne sait pas comment ? Tu as déjà vu ça toi ?

– Mais il paraît que c'est le contribuable blanc qui paye. C'est vrai ça ?

– Oh, qu'est-ce j'en sais moi ? Toi tu me fatigues encore avec tes *quéchions* bêtes !

Comme je suis légèrement déraisonnable sur les bords, le bienfaiteur de fonds international décide donc de louer mes services pour aller chercher les lois cachées. Il planifie le travail et les résultats qu'il attend de moi. Ces résultats sont accompagnés d'indicateurs qui permettent de contrôler l'avancée et l'impact du travail et surtout d'un calendrier précis bien détaillé et très rigoureux – encore une fois *façon Blanc*. Bref, un contrat qui respecte toutes les normes dans les meilleurs des mondes et surtout des normes qui lui sont propres. Sauf que le meilleur des mondes tel qu'il le conçoit chez lui, c'est-à-dire la précision, l'analyse, la vérification, n'a rien à voir avec le monde *très-moins-cher* dans lequel je serai amenée à travailler. Le temps programmé pour l'obtention de résultats concrets ne correspond pas au rythme local. C'est tout simple, pour dix jours planifiés dans les termes de référence de mon contrat, je travaille systématiquement vingt-cinq jours ou plus. Et encore je suis gentille. Mais comment convaincre le bienfaiteur de fonds ? Même pas dans mes rêves !

Il y a trois facteurs importants à ne jamais perdre de vue : l'espace, le temps et le rythme. Ils sont incontournables. Et malheureusement, ceux-ci sont rarement pris en compte. Il faut bien comprendre que le temps *façon-façon Gondwa-*

nais n'a pas la même valeur que le temps *façon Blanc*. Pour le Gondwanais, le temps n'est pas chronométré, le rythme n'est pas comptabilisé et l'espace il y en a pour tous. *Ekié*, nous on partage *dè* ! Le Gondwanais a tout son temps et remet facilement à demain ; le retard ou l'interruption provisoire d'une activité ne sont pas perçus comme dérangeants et comme il le dit, *ça va aller*, non ? Avez-vous déjà pris un rancard avec un Gondwanais ? C'est une expérience à ne pas rater. Si vous avez un rendez-vous à 9 heures, ne stressez pas. Même si vous vous levez en trombe à 8 h 55, restez zen. Vous avez encore largement le temps de faire le ménage, de faire les courses, de lire un livre, avant de vous rendre au rendez-vous. Si vous avez un employé, ça ne le gênera pas de vous dire « de lui donner la journée[14] » parce qu'il doit *accomplir les coutumes* : soit il va assister à un baptême, soit il va fêter la mort d'un proche. Il faut savoir que les coutumes, c'est parfois un travail à plein temps. À ce sujet, j'avais proposé à mon père une nouveauté : embaucher une femme qui porterait un badge à mon nom pour *accomplir les coutumes* à ma place. Sur quoi mon père avait ri et m'avait fait comprendre que ce ne serait pas possible. Je vous le dis, je suis un peu en avance sur mon temps, et ça, ça ne le fait pas non plus !

Mais pour le Blanc, c'est une autre dimension. Le temps est chronométré parce qu'évalué en « argent », le rythme est planifié et l'espace comptabilisé. Et moi, dans tout ça, je suis coincée entre les deux et je le suis de toute façon *depuis-depuis*. Donc ça ne me fait pas peur et de plus, je sais que je vais m'arranger, moi aussi, en temps voulu, *façon-façon Gondwanais bêta*. Et le Gondwanais est aussi coincé quelque part, il le sait *bien-bon* ! Lui aussi doit

[14] Journée non travaillée mais payée du style : « Aujourd'hui Madame, j'ai autre chose à faire que de venir travailler... »

s'agencer de cet héritage du Blanc qui l'oblige à suivre un rythme qui n'est pas le sien. Un rythme qui est en décalage avec sa nature. Il fait chaud au Gondwana, très chaud même ! Grosso modo, nous ne sommes pas sur la même longueur d'onde dans tout ce qui a trait à la planification. Mais qui dit financement dit planification. Et c'est là que le bât blesse aussi…

Avant d'obtenir un financement il y a quand même quelques épreuves à traverser. Eh oui, le Blanc, lui, il ne veut financer que si le Gondwanais lambda lui tend la main. Le contraire aurait été un peu bizarre, dans le genre : « Eh ! *Ooooh* ! Tu n'as pas besoin de quelque chose ? » Et vous croyez que l'autre va vous répondre quoi ? « *Nooooon*, tout va bien ? » Vous rêvez ou quoi ? Il va bien sûr vous tendre la main aussi vite. Mais attention ! Ça ne sera pas aussi facile qu'il le pense. Le Gondwanais risque d'être déçu car le voyage sera long, *trèèèèèès* long même. Heureusement, il ne le sait pas encore.

Alors, je vous explique. Voici la procédure à suivre : vous devez d'abord faire une demande sur papier. Ensuite, vous devez vous assurer que cette demande, n'est-ce pas, respecte une procédure. Une procédure qui va vous dépasser largement. Mais ne vous en faites pas. Dieu est grand ! Alors voyons voir… Vous devez faire une demande qui suit des règles et procédures très strictes, au risque de voir votre demande échouer. Alors…

Il y a des règles à respecter.

– Règles ? Mais c'est quoi ça ? Ça *dé*, nous on connaît pas ! Une demande orale ça suffit pas ? *Ekié* ! Toi là, tu m'as demandé de te demander. Donc je te demande et toi tu me demandes de te faire une demande sur papier ? *Y'a quoi ?* Vous les Blancs-là, vous êtes un peu trop compliqués *dé* ! Si vous, vous venez demander à notre chef du village quelque chose, il va arranger votre demande comme il faut, sur place et sans papier !

– Non Monsieur ! Désolé, il faut suivre la procédure telle qu'édictée par l'organisme qui va se charger de répondre à votre requête. Pour cela, il nous faut une stratégie élaborée en bonne et due forme, et livrée à une échéance précise. La secrétaire vous enverra un courriel à ce sujet. Il faudra absolument analyser la coopération à l'extérieur et à l'intérieur.

– Houlà, on n'est pas en panne là ?

– Définir la structure de pilotage, le processus pour arriver à l'impact (attention, ouvrez bien les oreilles, c'est de la plus haute importance !) avec leurs indicateurs mesurables s'il vous plaît, et la chaîne de résultats. (*Ekié* !) En outre, il faut tenir compte de l'efficacité et de l'efficience (accrochez-vous pour la nuance) et surtout ne pas oublier d'argumenter en quoi votre projet est pérenne.

– Toi-là, il dit quoi ? Il faut me traduire !

– Bon ! je vais *t'espliquer*, il dit que ça va durer un peu…

– Dis-lui au Blanc-*là*, *que de quitter-là-bas* !

Alors, lorsque vous arrivez enfin à faire tout cela, et ce n'est pas évident, on va vous demander de faire une analyse, genre une analyse d'impact sur l'environnement et la biodiversité, sur les changements climatiques. Tout cela, même s'il s'agit d'un petit mini-projet d'archivage des lois. *Ça va aller* ! Et puis quand vous pensez que ça y est, on vous dit : « Ah Monsieur, le budget là *c'est* pas arrivé, ça coince au niveau de la banque ! » Parce que la banque a aussi ses propres procédures, hum… *Ouallay*, le Blanc il est difficile *dé* ! Tout cela sera bien sûr soutenu par un « *backstopping* » en arrière-plan. Vous savez ce que ça veut dire ça ? Eh bien c'est pareil pour le Gondwanais lambda. Il n'y comprend rien… Grosso modo, si vous n'êtes pas un professionnel du développement, un ami ou parent ou cousin d'un expert dans le développement, vous n'avez aucune chance ! Et attention, tout cela c'est soi-disant destiné aux pauvres bien sûr. Mais le pauvre, lui, *il est* même pas au courant ! Et même s'il était au courant, il ne comprendrait rien à ce charabia ! Alors qu'en principe, tout cela est censé être discuté de manière participative avec lui bien sûr. Je dis bien de manière participative. C'est le groupe cible non ? Il y a à l'évidence comme un petit problème de communication. Et là, la panne elle est très grave chef…

Comme vous avez pu le constater, entre la planification détaillée du bienfaiteur de fonds et la réalité du terrain il y a un décalage monstrueux. Celui-ci commence déjà dans les bureaux de l'organisme international au standard européen comparé au bureau du fonctionnaire lambda qui n'a pas de standard. Vous comprendrez plus tard.

Ce décalage commence déjà par le voyage au sein du Gondwana qui fait partie de la mission super-archi planifiée et dont les résultats dépendent. Vous allez voir que le temps, le rythme et l'espace ont aussi leur mot à dire sur ces fameux résultats attendus parce qu'assujettis au contexte local. Ce voyage vous donnera une idée du cadre dans lequel le Gondwanais vit et fonctionne et tente tant bien que mal de survivre tous les jours. Il vous donnera aussi une idée des nombreuses contradictions qu'il subit tous les jours. Vous comprendrez très vite que quelque chose ne colle pas… C'est peut-être bien la faute de la chaleur et de l'humidité ! Vous savez, les colles-*là* ne sont pas toujours adaptées à notre climat qui est très dur. Mais heureusement, Dieu est grand !

Les préparatifs du voyage

Alors commençons par le commencement. Mon contrat avec le bienfaiteur de fonds est signé et voilà que la mission doit commencer sous peu. Il faut maintenant s'apprêter à découvrir un nouvel environnement de travail. Mais avant tout, il faut se préparer mentalement et psychologiquement à tout, et en particulier à un voyage intergondwanais. Action, le compte à rebours commence !

Il faut acheter le billet. C'est un casse-tête infernal car au Gondwana rien ne coule de source. Il faut avoir la chance de trouver des vols qui correspondent aux dates prévues par le bienfaiteur de fonds. Et croyez-moi ce n'est pas si simple. Après trois jours de recherche, parfois une semaine, aussi bien chez le voyagiste, la compagnie aérienne elle-même que sur Internet quand la connexion le permet, vous réussissez enfin à trouver ce qu'il vous faut. Tout ça pour vous assurer de faire le trajet le plus direct possible, soit trois escales au minimum. Une fois les quatre pages de billet électronique en main, le stress vous gagne, car après tout ça vous n'êtes même pas sûr d'arriver à la destination inscrite sur le billet !

Il faut ensuite faire sa valise avec le strict minimum, sachant que vous arrivez dans des villes que vous ne connaissez pas. Et ayant une petite expérience des services très limités proposés par le système hôtelier local, il faut s'assurer d'apporter avec soi le strict nécessaire pour un minimum de confort. En outre, je dois aussi dans le cadre de ma recherche acharnée des lois non seulement aller fouiller *fatiguée*[15] dans les archives poussiéreuses, mais aussi travailler en collaboration avec les parlementaires, les ministres et parfois la Présidence. D'où la nécessité d'avoir une valise polyvalente pour faire face. Parce qu'il faut savoir que dans certains coins officiels, la rigueur vestimentaire est de mise. C'est vous dire que la rigueur n'est pas une notion abstraite au Gondwana : pas de chaussures ouvertes, ni plates, pas de pantalon. Ça s'appelle être ministrable, en d'autres mots : être présentable au ministère. Une fois, je me suis vue refuser l'entrée tout simplement parce que je me suis présentée dans une tenue de style indien, robe-tunique sur pantalon. Comme le gars avait l'air très déterminé, j'ai eu une idée de génie. Je lui ai proposé d'enlever mon pantalon sur place puisque je portais une robe par-dessus. Ah, là il m'a dit que ce n'était pas vraiment nécessaire et que ça pouvait aller, « que de rentrer... *Ouay* ! ». Une autre fois, alors que j'avais une plaie ouverte au talon et que je n'étais donc pas en mesure de porter des chaussures fermées, je me suis entendue dire : « Madame, les *saussures-là* ce n'est pas autorisé ! » Bon là, je ne pouvais pas lui proposer de me déchausser. J'ai dû mettre ces escarpins maudits et avaler ma douleur jusqu'à la sortie. Tout ça juste pour chercher une loi que je n'ai finalement pas trouvée et de surcroît chez un sous-directeur lambda. Pas très important quoi ! Mais bon, pour une fois qu'on est à cheval sur le règlement, faut pas se plaindre !

Donc, comme vous l'avez bien compris, ce n'est pas un luxe de penser à tout. Il ne faut surtout rien oublier : les médicaments, les draps, le coussin, l'anti-moustiques, la moustiquaire, l'eau déshydratée sous vide – ah ça vous en bouche un coin hein ! Mais ne vous inquiétez pas, ça

---

[15] Fouiller sans relâche jusqu'à obtention d'un résultat ou jusqu'à épuisement.

n'existe pas encore ! Mais j'aurais bien aimé, le café et la crème en poudre déshydratée – et pour le coup ça existe ! –, la tisane, la résistance, la tasse, la théière, la trousse de toilette complète modèle femme – donc deux – et la brosse à dents que j'ai tendance à oublier régulièrement. Les cols roulés et les écharpes sont absolument nécessaires si vous voulez éviter l'angine. Vous comprendrez pourquoi. Il ne faut pas oublier le maillot de bain pour la détente si piscine propre il y a. Pour le petit déjeuner, du nescafé bien sûr, le gros paquet de pains au chocolat longue conservation pour ne pas clamser le matin au travail. Vous comprendrez aussi pourquoi. Pour ce qui est des chaussures, il en faut à talons pour faire chic, plates pour les coups de barre et la sécurité, et des baskets pour le confort. Et au moins une tenue par jour parce que gare au pressing dont les techniques de lavage laissent à désirer. Et enfin, la rallonge kilométrique car souvent les prises sont à l'entrée du balcon de la chambre. La salle de bain étant à l'opposé, se raser ou faire un brushing peut constituer, très tôt le matin, un obstacle. Et les obstacles très tôt le matin, on peut s'en passer surtout sachant qu'il y en aura pas mal dans la journée. Mais effectivement pour ceux-là, il faut peut-être plus qu'une rallonge pour les surmonter. Vous en conviendrez ?

En définitive, pour faire votre valise, il faut bien calculer votre coup, car tout ça doit tenir dans un volume très limité qui ne doit pas dépasser les 23 kilos. Et surtout bien penser à répartir de manière stratégique les affaires dans les deux valises. Il ne faut jamais oublier qu'une valise peut se perdre en route, ou aller voyager dans une direction tout à fait indépendante de la vôtre ou encore perdre du poids. Quand par malheur les deux valises s'y mettent… C'est la catastrophe ! Donc, toujours prévoir un change minimal dans le bagage à main. Je vous conseille de commencer une semaine à l'avance. C'est crucial car il s'agit de s'assurer de ne rien oublier et surtout de pas faire d'erreur dans la mise en œuvre de votre stratégie bagages façon Blanc. Pas toujours facile pour la Gondwanaise bêta que je suis.

Aller à l'aéroport : en fait c'est le plus simple mais le plus dur aussi. Un stress, une espèce d'angoisse vous hante en permanence : c'est l'inquiétude bien fondée que l'avion parte à l'heure de la convocation pour l'enregistrement. C'est assez fréquent pour certaines compagnies. Il faut prendre sa dernière douche, bien se laver et se parfumer sérieusement, car on n'est pas trop rassurée par rapport à l'exactitude de l'itinéraire, bon… et l'expérience nous a montré qu'il faut tout de même se méfier. Le stress continue. Boucler sa valise en espérant que tout est là. S'arracher à son confort mais surtout à sa famille. C'est-à-dire subir les pleurs des enfants comme si vous partiez pour la vie. Saviez-vous qu'au Gondwana il y a une croyance qui dit que les enfants ont un don qui leur est propre ? S'ils pleurent c'est qu'ils ont peut-être eu une vision prémonitoire. Je vous promets, ce n'est pas très rassurant ! Et puis enfin, arrivée à l'aéroport, il faut se battre pour se frayer un passage afin de traverser la foule jusqu'au comptoir d'enregistrement et tenter de trouver une place dans la queue si on peut l'appeler ainsi. C'est plus une foule. En Europe, on appellerait cela plutôt un regroupement de gens en colère, une manif quoi. Cependant, cette fameuse queue désorganisée n'est que le soupçon du début du commencement de votre longue aventure. Fort heureusement, vous n'en savez rien. En attendant, le bienfaiteur de fonds, lui, a les yeux vissés sur la planification et les résultats… *Ekié* !

Le voyage

Je ne vous apprendrai certainement rien de nouveau, mais depuis la nuit des temps, pour traverser le Gondwana, il faut vraiment le vouloir… En quelque sorte, tout comme les fonctionnaires lambda, il faut vraiment une bonne raison : un environnement qui vous stimule et beaucoup de motivation. Je vous ai dit que je suis déraisonnable. Mais heureusement, Dieu est grand !

À l'époque, le citoyen lambda ou bêta se déplaçait à dos d'âne, à dos de chameau, à pied, à cheval, en bateau, en pirogue, en 4 × 4, enfin ancien modèle, mais en tout cas, dans *l'air-là, y avait pas* ! Après l'indépendance, les voyages *à travers l'air* étaient réservés uniquement à une certaine élite gondwanaise. En général les officiels et quelques privilégiés, étudiants, hommes d'affaires, personnes malades dans le cadre d'évacuations sanitaires, etc. Quant au reste du peuple, je m'en rappelle encore, il était plus effrayé qu'attiré par ce monstrueux oiseau inconnu qui fait un boucan effrayant et se détache de la terre. *Wah* c'est surnaturel ! C'est comme les ovnis pour nous aujourd'hui. Certains en ont peur, d'autres n'y croient pas. Enfin, ces avions n'étaient pas trop grands à l'époque car il ne s'agissait encore que du Fokker, du DC3, de la Caravelle et, à la fin de cette belle époque pleine d'espoir, du DC10. Ce n'était pas comparable aux monstres du XXIe siècle, comme l'Airbus A380 ou le Boeing 777. Ces derniers font tout doucement leur entrée sur le territoire gondwanais. Je me rappelle encore d'une passagère qui était assise à côté de moi dans l'avion. Elle tremblait de peur et s'était caché le visage pour ne rien voir. Lorsque nous avons atterri à l'aéroport de notre destination, elle a enfin eu le courage de se retourner vers moi en me demandant si nous allions bientôt décoller ? Et des passagers comme ça, il y en avait beaucoup. Tout cela a bien changé depuis. Pour le transit, c'était simple. Il n'y en avait pas. Je vous rassure, ce n'est pas mieux aujourd'hui. À l'époque, seules les grandes capitales étaient desservies. Pour ceux qui étaient en transit, il n'y avait pas d'autres choix que de se débrouiller avec les moyens locaux disponibles. Notamment à dos d'âne, à dos de chameau, à pied, en charrette, en pirogue, en vieille Land Rover. Exception faite pour certaines rares destinations intérieures desservies par un DC3 ou un DC4.

Aujourd'hui, tout ça est fini. Il suffit de prendre l'avion au Gondwana pour constater que ce ne sont plus uniquement les officiels qui voyagent, mais bel et bien les citoyens lambda. Le peuple. Et là, ça change tout. Ils ne sont plus effrayés par ce gros oiseau bruyant comme ils le furent à l'époque de la colonisation par le Blanc. Aujourd'hui, prendre l'avion c'est comme prendre le bus. Par contre, prendre l'avion signifie payer et payer signifie que le client est roi et qu'il a donc des droits. Et lorsque le Gondwanais comprend cela, accrochez-vous pour le lui enlever. Pour une fois qu'il en a un il ne va tout de même pas le lâcher comme ça ! Que voulez-vous, ce n'est pas tous les jours qu'on a des droits au Gondwana. Je pense par exemple au numéro du siège qui est attribué au passager gondwanais dans l'avion. Eh dis-donc ! Les temps ont bien changé *dé* ! Mais ne perdons pas de temps, faites vous-même l'expérience lors de votre prochain voyage dans un pays du continent Gondwana.

Après l'enregistrement des bagages, passage obligé à la police des frontières, les scanners et les fouilles corporelles, toutes ces formalités importées, et à juste titre, de chez les Occidentaux du fait du développement du terrorisme. Beaucoup de passagers n'ont pas compris qu'ils n'ont pas le droit de transporter des aérosols ou des liquides dans leur bagage à main. Et lorsque l'agent de sécurité leur enlève un déodorant ou un autre produit, le Gondwanais lambda est persuadé que c'est du vol délibéré. C'est une autorité et en l'autorité, personne n'a confiance. Et pour nous autres les habitués, nous sommes juste heureux de ne pas être obligés de vider notre vessie avant d'embarquer. Pour l'instant, un petit strip-tease fait encore l'affaire. Donc, ça peut aller… Mais combien de temps encore ?

Vous voilà dans la salle d'embarquement. Vous vous frayez un chemin vers une place, pas trop proche de la climatisation car vous êtes en sueur, mais pas trop loin non plus. Un écran plasma fixé au mur débite de la musique ou d'autres sons qui ne sont pas très compréhensibles. Peu importe. La tension, qui était au maximum, s'atténue peu à peu, la sueur sèche et vos vêtements aussi. Vous pouvez enfin respirer jusqu'à la prochaine étape. Pour vous occuper, vous sortez votre livre ou votre téléphone. Sinon, vous pouvez vous adonner à une activité très sympathique : regarder dans le vide ou faire un petit somme. Ou alors vous décidez de vous lever pour faire un tour, histoire de vous dégourdir un peu les jambes. Vous pouvez aussi observer les va-et-vient des techniciens sous les avions en position parking sur le tarmac. C'est là qu'un passager lambda vous interpelle et vous ordonne de vous asseoir. Surprise, vous lui demandez pourquoi ? Et curieusement sa réponse sera des plus inattendues : c'est la loi. Mais c'est merveilleux, ça tombe bien. Très bien même, car vous êtes en route à sa recherche. Mais vous êtes sidérée ! Quoi la loi ? Quelle loi ? Vous jetez un coup d'œil furtif pour voir si vous faites obstruction à la vue de quelqu'un derrière vous. Mais non. La configuration de la salle d'embarquement rend cela quasiment impossible. Et finalement, réflexion faite, vous lui dites clairement que ce n'est pas son problème. Et aussi énergiquement qu'il vous a interpellé, il obtempère. Quel rapport entre votre position debout à admirer le tarmac et la loi ? Quelle logique derrière ? Cela demeure un mystère. Et vous vous demanderez encore longtemps pourquoi ce passager a voulu à tout prix que vous vous rasseyiez ? Sur quelles bases et à quelle loi il faisait allusion ? C'est vous dire combien tout est possible ici au Gondwana.

Au moment précis de l'appel pour l'embarquement, les passagers arrivés à la passerelle avec la navette vont se jeter dessus en vrac. Prenez le temps de bien les observer. Ils ont probablement peur que l'Airbus décide de partir sans eux. Ou peur que quelqu'un, ou quelqu'une, leur vole leur place réservée déjà *depuis-depuis*. Et pour cause, cette situation n'a rien d'inhabituel même s'il y a des progrès, il faut être honnête. Alors je ne vous dis pas le souk quand c'est du « free sitting », ce qui pour des raisons inconnues, est souvent le cas. Mais ce n'est pas fini… Une fois tout le monde bien casé dans l'avion, après quelques disputes entre passagers, tous des frères dans la vie normale en principe, et deux ou trois sacs qui vous tombent sur la tête – et pas d'excuses, bien sûr –, le calme revient. L'avion peut alors quitter son stationnement. Quoique parfois le calme ne revient pas et l'avion démarre quand même. À peine assis, beaucoup de passagers exténués s'endorment. Et il y a de quoi… L'enregistrement chaotique, la chaleur et l'humidité, le stress du surplus de bagages ou le stress tout court. Car même si vos papiers sont en règle, que vous n'avez pas de surplus de bagages, que vous êtes propre et présentable, que vous n'avez insulté personne, bref, que tout va bien, il y a quand même toujours un risque. Le risque que vous vous fassiez refouler, chahuter ou même chauffer par un agent de l'aéroport, de la police, des douanes… Tout simplement parce que ce jour-là il n'est peut-être pas de bonne humeur et que votre tête ne lui revient pas vraiment. Peut-être sa femme l'a-t-elle trompé *fatiguée*, ou l'inverse. Peut-être s'est-il tout simplement pris un savon juste avant de prendre le service. Et vous, pauvre abrutie, ça vous tombe dessus. Vous voyez donc bien que le stress tout court, il est bien justifié ! Où est la loi dans tout ça ? Quoi qu'il en soit, le citoyen, lui, n'a pas un gramme de confiance et à juste titre.

Pour la classe *business*, il y a des nuances à connaître. Avec les temps qui courent, les voyages en *business* se font de plus en plus rares pour tous ceux qui travaillent dans le monde de l'aide au développement, crise économique oblige. Alors, si un jour, à votre grande surprise, vous avez la chance d'être surclassé – cela m'est déjà arrivé – profitez-en car une fois n'est pas coutume. L'hôtesse de l'air va vous accompagner avec grâce jusqu'à votre siège à l'avant de l'appareil, sous le regard concupiscent des passagers. Vous les quittez sans trop de difficulté et avec un grand sourire victorieux aux lèvres. Ou alors vous culpabilisez, genre : « Désolée, je n'ai rien fait, *ce n'est* pas de ma faute s'ils m'ont choisie... » Ou alors : « C'est tout à fait normal, ça m'arrive souvent... vous croyez quoi ? » Les hôtesses de l'air sont moins stressées, elles sont souriantes. Quant aux passagers, ils sont un peu plus détendus. Ils vous disent même bonjour. Les sourires sont appliqués sur les visages, les coups de coude se font plus rares, les bagages à main ne vous tombent pas dessus. Et s'il y en a un qui tombe par pur hasard, alors que le propriétaire n'est même pas au courant, il sera accompagné d'un « excusez-moi » très distingué. Disons que c'est une ambiance un peu plus civilisée. *Business* oblige ! Je ne parle même pas du jus d'orange et du champagne qui coulent à flots avant même le décollage. Parfois un peu trop, et certains passagers – style nouveau riche Gondwanais – en abusent jusqu'à ce que l'hôtesse soit obligée de faire face à la réalité. Elle se trouve contrainte de dire : « *Y a plus* ». Bon, il faut dire que ça fait plus de cinq heures que vous êtes en vol, donc vous pouvez imaginer l'état du passager. Et quand il arrive que ce même passager vomisse, ça pue, même en *business*. Et rien à faire, l'eau de Cologne *business* n'y peut rien. Une fois installée, on vous donne une trousse de toilette, genre « faites comme chez vous, mais n'oubliez pas que vous êtes chez nous ». Cette trousse de toilette est l'objet de convoitise. Vous avez beau être en *business*, cette trousse sera discrètement glissée dans le sac. Il en va de même pour les joggings Christian Lacroix distribués en Première lorsqu'elle existait encore. Bref, le calme règne et il ne faut surtout pas déranger les voisins. Tous les passagers sont sur leur petit nuage. C'est ce qu'ils avaient promis dans la pub non ? Le repas, c'est quand vous voulez. Les hôtesses attendent que vous manifestiez votre désir de déjeuner ou de dîner. Et là, vous avez l'impression d'être le roi du monde, mais ce n'est qu'une impression. Vous êtes bien, vous êtes au calme… C'est déjà ça ! Vous avez l'illusion de ne plus être dans le même avion que dix minutes plus tôt, comme si l'avion avait été coupé en deux. Au fond vous savez pertinemment bien qu'il n'y a qu'un simple rideau qui vous sépare du souk ! De la classe économique pardon ! D'ailleurs pourquoi ce nom ? En tout cas, ce n'est pas l'énergie que vous économisez ! Mais, même en l'air, restez sur terre, parce qu'en *business* aussi, s'il y a un problème technique dans le ciel, on est ensemble ! Tout comme en cas de retard. Pour le coup vous êtes tous dans le même avion ! Et vous serez tous dans la même queue et, sauf exception, vous aurez tous besoin de visa. Cela dit, le transit, s'il y a transit forcé, vous sera quand même beaucoup plus agréable. Et vu ce qu'on offre à la classe économique comme hébergement bringuebalant, j'imagine que les « business » doivent être placés dans des hôtels sept étoiles. Histoire de faire la différence quand même. Le nirvana quoi ! Parce que le nirvana au Gondwana ça existe aussi. Enfin, jusqu'à ce que le petit détail qui tue vous tombe dessus. Mais revenons à la situation traditionnelle, la classe économique… le peuple… la réalité…

Avant le décollage, l'équipage a quand même juste le temps d'exécuter les démonstrations de sécurité qui de toute manière n'intéressent personne. La plupart des auditeurs dorment. Pour ceux que la fatigue n'a pas encore réussi à abattre, les consignes de sécurité sont perçues comme une langue étrangère, du charabia quoi. Et pour ceux qui comprennent, ça risque d'éveiller un nouveau stress, la goutte qui fait déborder le vase. Cette goutte dont on n'a vraiment pas besoin à ce moment précis. Il vaut mieux ne pas trop regarder. Et sur certaines compagnies aériennes gondwanaises et pas les mieux loties, un verset du Coran est récité juste avec les consignes de sécurité, du style si jamais il nous arrive quelque chose, la prière est faite et le paradis nous attend. Ne vous inquiétez pas. C'est drôlement rassurant !

Après le décollage, une fois que l'avion a atteint sa vitesse de croisière, tout se passe normalement. Cependant, juste après le décollage, mesdames, si vous avez envie de faire un petit pipi, ou un besoin urgent de faire une petite retouche maquillage, je vous conseille de vous dépêcher d'aller dans la petite cabine d'aisance. Car au bout d'une heure, les toilettes sont immondes et il y a de l'eau partout. C'est normal. Beaucoup ne savent pas utiliser une toilette proprement, c'est le cas de le dire. Le mot toilette est synonyme de saleté ! Non, propreté ! Enfin, c'est là où on vient se débarrasser de la saleté pour devenir propre. Toilette propre ? À quoi bon puisque c'est fait pour la saleté ? Toi-là tu ne comprends rien ! Et puis, il y a l'eau courante que beaucoup n'ont même pas à la maison. Tu veux quoi ? En effet, tout le monde se précipite vers cet endroit magique après une longue attente. Soit on s'est abstenu parce qu'on avait peur de rater l'avion – au Gondwana, un départ précipité et pour des raisons inconnues peut toujours arriver, soit parce que les toilettes de l'aéroport ne sont pas en état d'accueillir les passagers dans le besoin. Vous voyez ce que je veux dire…

Au bout d'une heure de vol, tout le monde est bien sûr affamé. Petit à petit, la cabine se remplit d'une odeur de plats cuisinés, plus ou moins agréable en fonction de votre état de fringale. Le service commence à l'avant de l'appareil. Les hôtesses poussent les chariots d'un rang à l'autre en répétant « viande ou poisson – poisson ou viande ? », et distribuent les plateaux. En général elles sont suivies d'un commando « boissons ». Surtout ne prenez pas les places du fond car le risque est grand de manger sans boire. Et j'en oublierais presque le risque de recevoir des coups de coude supplémentaires. Avec excuses ou non ? Non, toujours pas d'excuses. Parce que pendant ce temps-là, tout le monde a des besoins urgents. Le défilé sera incessant, comme si tous les passagers avaient rendez-vous au fond de la cabine.

Mais alors, et pour finir le repas en beauté, arrive le grand moment du « café-thé ». C'est là que l'hôtesse avec un petit plateau et un thermos à la main avance dans le couloir, confiante et souriante, en murmurant « café, thé… café, thé… café, thé ». Et là, vous répondez spontanément et très poliment : « Café s'il vous plaît. » et à votre grande surprise, elle vous répond : « *Y'a pas !* » Vous êtes médusée. Quelle déception ! Vous n'aurez donc pas ce café qui vous faisait déjà saliver et qui aurait bien contribué à vous faire digérer le mini-repas médiocre que vous venez d'engloutir goulûment tellement vous étiez affamée. Et toujours encore, vous vous demandez : « Mais c'est quoi la logique ? » La réponse est très simple pourtant : *Y en a pas*.

Hormis le risque de vous recevoir un petit coulis de mangue sur la tête parce qu'un passager bienveillant a eu la bonne idée de transporter des mangues bien mûres à offrir à ses hôtes et quelques coups de coude épars, le vol se passe à peu près bien jusqu'à l'atterrissage. Mais attention, à peine l'avion a-t-il effleuré le sol que certains passagers n'ayant pas saisi pourquoi tout ce tralala de sécurité, se dépêchent de se lever. Pas étonnant. Figurez-vous que personne ne leur a jamais expliqué à quoi ça sert tous ces trucs très contraignants des Blancs. Ils se précipitent pour ouvrir les coffres à bagages, récupèrent leurs sacs et leurs *chachets*[16]. Au passage, vous vous en êtes encore pris une sur la tête. L'excuse ne vient toujours pas, et ça c'est la faute à qui ? Allez, en chœur : à l'éducation nationale ! Et pourquoi toute cette précipitation ? Soit pour être sûr d'être le premier à sortir de l'avion. L'aéroport leur est complètement inconnu. Ils n'ont aucune idée de ce qui les attend là-bas devant. Ce n'est pas grave. Soit ils ont peur que l'avion reparte avec eux de force vers une autre destination inconnue et imprévue. Ou encore tout simplement de peur que quelqu'un leur pique le troisième bagage à main qui a été fourré dans l'un des coffres à bagages à l'autre bout de l'avion. Loin, tout au fond là-bas. Résultat des bousculades du « free sitting ».

Autant vous dire qu'arrivé à destination, le passager est à bout de souffle… et ce n'est toujours pas fini, parce qu'il faut sortir maintenant (pour ceux qui sortent), donc rebelote. Mais tous les passagers qui sont en correspondance normale ou forcée restent en transit. Ils doivent attraper un deuxième ou troisième vol pour atteindre leur destination finale. Il faut savoir qu'au Gondwana, les vols directs longues distances-*là* sont très rares. Ce qui oblige à prendre une correspondance, si vous êtes chanceux, deux

---

[16] Sachets.

ou trois si vous l'êtes moins. Mais ça n'a rien d'anormal pour le Gondwanais. À moins de faire une escale chez les Blancs par Paris avec Air France ou Bruxelles avec SN Brussel, ce qui parfois s'avère bien plus commode. Au fond, les vols fonctionnent un peu comme l'aigle qui tourne autour de sa proie avant de piquer droit sur elle pour la capturer. Pour faire 200 km d'une capitale à l'autre, bien souvent il faut avoir fait trois fois le tour du Gondwana avec, bien sûr, une halte dans chaque grande ville. Genre taxi-brousse. Il s'agit de déverser les passagers et d'en embarquer d'autres aussi vite. Chiffre d'affaires oblige. Ce qui vous amène à parcourir environ 8 000 km avant de pouvoir plonger sur votre destination finale. Et puis il y a le problème de la ponctualité gondwanaise, qui très souvent vous contraint à ne pas respecter l'itinéraire pourtant bien imprimé sur votre ticket. Vous qui étiez fermement décidé à le suivre cet itinéraire si difficile à obtenir. C'est une autre grande faiblesse du Gondwana. Les horloges invisibles sont souvent déréglées. Bon, peut-être que les piles sont fatiguées, ou *y'a pas* l'argent pour les changer. Mais en tout état de cause, les vols affichent toujours du retard. À tel point que quand ils sont à l'heure, on est surpris. Même des fois, ça m'est arrivé je le jure, toute ma famille peut en témoigner, l'avion est parti la veille. Si ça, c'est pas un problème d'horloge, c'est quoi ? Il faut m'expliquer. D'ailleurs pour l'anecdote, j'y étais sur ce vol qui est parti la veille. Eh oui, c'est ce même avion qui me ramenait des îles Canaries. Et je me rappelle avoir entendu un passager blanc dire à l'hôtesse de l'air qu'il était censé continuer sur ce même vol pour aller exactement là où je devais aller le lendemain. En outre, il voulait savoir s'il devait descendre pour réenregistrer ses bagages sur cette fameuse destination ? Et la réponse était oui. Donc pour résumer : vous prenez un vol sur une destination précise, une escale est prévue et à cette escale vous devez débarquer, récupérer vos bagages qui sont déjà en soute pour les enregistrer à nouveau. C'est quelle logique ça ? Disons que l'un dans l'autre, tout ça m'a intriguée, m'a mis la puce à l'oreille. Mais cela ne m'a pas alertée plus que ça parce qu'il arrive que les compagnies pendant les périodes de vacances décident de multiplier les vols pour répondre à la demande. Je me suis donc pointée comme prévu sur mon billet le lendemain à 5 h du matin pour découvrir que c'était le calme plat à l'aéroport. Le gardien m'a demandé ce que je faisais là et lorsque je lui ai annoncé que je prenais le vol prévu ce matin-là, il m'a répondu le plus simplement du monde et comme si c'était la chose la plus logique qui soit : « Ah ! L'avion est parti hier après-midi ! » Sauf qu'une erreur de casting de ce style, ça fait mal, surtout financièrement. Oui, j'ai perdu tous mes tickets (nous étions cinq personnes). Mais comme je l'ai déjà dit, j'ai la chance d'être la fille d'une grande notoriété publique très respectée et respectable. Et de ce fait, la compagnie a accédé à mes revendications. Ce qui m'a évité de débourser la modique somme de 2 500 euros juste pour rentrer chez moi. Ah, parce que les vols internes du Gondwana ne sont pas donnés non plus. Il ne faut pas se leurrer. Je ne peux pas m'empêcher d'avoir ici une pensée pour tous ceux qui ont été victimes de ce cafouillage, notamment le Gondwanais lambda qui n'a pas les moyens de faire autrement que d'embarquer sur un camion surchargé de *marssandisses*[17] et de se taper quatre mille kilomètres sous le cagnard, avec tout ce que cela comporte comme désagrément aux frontières, afin de rentrer chez lui. Et *l'indemnisachion* ? Même pas en rêve ! Et puisque nous sommes dans le cafouillage, il y a aussi l'option « l'équipage-est-là-mais-pas-l'avion » ou « l'avion-est-là-mais-pas-l'équipage ». Je

---

[17] Marchandise.

vous rassure, c'est le même prix. Enfin bon, il y a toujours un truc ! Le résultat final c'est que tous les passagers sont cloués sur place. Et ça pour les correspondances, c'est mortel. Mais ça va aller… Bon, quand même, *il faut* pas décourager les investisseurs, il faut être honnête quand même ! Ce n'est pas comme ça tous les jours, enfin je crois. Et certaines compagnies, même si elles sont très rares, font tout de même de grands efforts, je le leur accorde… Des fois, elles font tellement d'efforts qu'elles partent une ou deux heures avant l'heure prévue sur votre ticket et sans vous en avertir bien sûr ! Alors je me demande toujours pourquoi on vous réclame votre numéro de téléphone quand vous faites une réservation. Ça sert à quoi ? Mais qu'à cela ne tienne, au bout du compte, le résultat est le même car vous êtes quand même clouée au sol puisque l'avion est parti. Bon, on fait comment ?

Donc, parce que vous êtes victime comme beaucoup d'autres d'un retard, vous êtes coincée en transit. Surtout, ne sortez pas de l'aéroport. La première chose à faire est de vous présenter au comptoir pour trouver une solution de correspondance sans laquelle vous êtes condamnée. Cette solution va vous guider vers la prise en charge par la compagnie de votre hébergement. Et cette prise en charge vers le visa de transit. On ne sait jamais des fois que vous auriez envie de passer dans la clandestinité au Gondwana ! Certains pays cachent des merveilles… J'avoue que ça ne m'a jamais vraiment tentée.

Excusez-moi, mais je me sens obligée de faire encore une petite digression pour aborder le sujet épineux du visa. Eh oui, les fuites massives des capitaux qui voyagent plutôt vers chez les Blancs n'ont bizarrement pas besoin de visa ni pour entrer ni pour sortir. Ces fuites qui ne font qu'appauvrir le citoyen gondwanais qui n'en voit pas l'ombre. Malheureusement, la création d'une zone de libre-échange et de libre circulation des personnes pour faire du commerce intrarégional n'a pas l'air d'être une priorité pour toutes les républiques gondwanaises, quelle que soit leur démocratie ou leur *démocrature*. Bon, pas de polémique ! Disons que ce n'est pas une réussite. Pourtant ce serait le premier levier de croissance économique et de développement pour le Gondwana. Mais quel rapport avec le visa ? La libre circulation bien sûr. Vous êtes bien Gondwanais non ? Oui, plus ou moins, à peu près, approximativement, *islamiquement*, absolument démocratiquement, mais Gondwanais quand même ! Et logiquement vous devriez pouvoir circuler tranquillement et librement comme les capitaux ! Parce que figurez-vous que les pays du Gondwana sont séparés par des frontières hermétiquement fermées. Ils ne sont pas tous accessibles comme ça hein ! Pour aller chez ton frère, il faut un visa. Le problème c'est qu'ils ne font pas tous l'effort d'avoir une représentation diplomatique mutuelle, c'est donc parfois très difficile d'accéder au visa. Là, on fait comment ? Bonne question. En effet, les gouvernements gondwanais oublient que de nos jours le Gondwanais lambda voyage et circule à la recherche de meilleures conditions de vie. Il fait du petit commerce pour s'en sortir. La débrouille quoi ! Il faut donc être en mesure d'aller vendre ou acheter sa *marSandiSSe*[18]. Et pour ça, il faut soit ouvrir les portes, soit faciliter l'obtention des visas. Logique non ? Et je ne vous dis même pas les tarifs des visas qui ne correspondent parfois à rien. En tout cas pas au portefeuille du pauvre. Il me semble pourtant que nous essayons de lutter contre la pauvreté *depuis-depuis ? Ekié*, on n'a pas vraiment fait le lien, mais vous avez peut-être raison madame ! Comme le citoyen n'a pas bénéficié de ce dont il devait bénéficier, il faut faire un compromis. Au *moince*, ouvrir les frontières ! Sauf que de tout ça dépendent les relations amicales et

[18] Marchandise.

politiques entre les *présidents fondateurs* et *présidents-à-vie* de nos différents pays démocratiques. D'où des accords instables, qui peuvent changer à tout moment au gré de l'humeur des uns et des autres. Bonjour les dégâts pour le citoyen gondwanais. Et parfois même on oublie de transcrire le nouvel accord sur le papier. Mais ce n'est pas grave ! La décision des *présidents-à-vie* en désaccord entre quand même en vigueur à la surprise de ceux qui n'étaient pas informés. Tous ceux qui se retrouvent confrontés à une situation qu'ils n'avaient pas prévue. Ou pire encore. Par négligence, on laisse dans les tiroirs les anciens désaccords ou accords politiques, morts et enterrés *depuis-depuis.* Et on oublie de rétablir la situation qui va finir par porter préjudice au citoyen gondwanais. Mais peu importe, ça va quand même un peu !

Mais revenons à notre transit forcé. Après ce vol de nuit, et grâce au retard accusé et pour des raisons que vous ignorerez le reste de vos jours, vous vous trouvez de nouveau coincée dans une queue désordonnée et interminable. Tous les passagers qui se trouvent dans cette situation désagréable se bousculent pour atteindre l'agent au comptoir n° 1, susceptible de les aider. Je vous rassure, encore une fois il n'y a que trois comptoirs pour mille passagers en détresse. Les passagers se débattent pour se voir accorder une place sur un vol imaginaire du jour. Parce que ne vous fatiguez pas, il n'y a aucune correspondance possible ce jour-là. Et tout le monde le sait. Mais on se bat quand même, on ne sait jamais des fois qu'on vous cacherait un vol ? Eh oui, on est au Gondwana et tout peut arriver ! Tout. Après trois heures d'attente, c'est votre tour. Vous êtes sonnée par le vol de nuit que vous venez d'ingurgiter, vous avez soif, faim et une seule envie : dormir. C'est là que le verdict tombe : « *Y'a pas* de vol avant vendredi. » Et c'est là que vous vous rendez compte qu'on est mardi, et que vous êtes partie lundi…, soit cinq jours de voyage.

Or, votre mission a été planifiée pour dix jours. Et pendant ce temps, le bienfaiteur de fonds, lui, il attend ses résultats. Vous voyez ? Votre stress du billet qui ne vous amène même pas là où c'est écrit est bien justifié ! Parce que maintenant il va falloir attendre cinq jours avant d'arriver à destination. Ou alors refaire le tour du territoire gondwanais pour essayer de gagner deux jours. Heureusement, certaines compagnies gondwanaises hébergent automatiquement, il faut croire que les retards sont automatiques eux-aussi. Tout se passe à peu près correctement. Il faut juste tuer le temps sans votre valise, ni vos affaires de toilette, sans rien. La débrouille. Mais heureusement, c'est la spécialité de tout citoyen gondwanais.

Et puis, pour compléter le tableau et pour votre information, il y a deux cas de figure très particuliers dont il me semble utile de vous faire état ici : la déclaration soit de la faillite de la compagnie, soit sa mise sur liste rouge par l'Union européenne et ce, alors que votre séjour est en cours. Résultat, plus de vol disponible. Ne vous découragez pas ! Vous n'avez plus le choix que de vous payer un autre ticket sur un autre vol. Et le remboursement du ticket ? Ne rêvez pas !

Enfin quand vous arrivez à votre destination finale, trois jours plus tard, c'est le soulagement. Vous ne savez pas ce qu'il advient des autres passagers, mais vous leur souhaitez bon vent. Cependant, il faut repasser à la douane, avec exactement le même stress qu'au départ. Après la présentation du carnet de vaccination, le passeport ou la carte d'identité, l'attente dans une queue sans fin. L'horreur quoi ! Bien sûr, il y a un seul policier pour cent cinquante passagers. Ce dernier prend tout son temps. Il profite bien de ce moment de pouvoir éphémère dans sa petite cabine rikiki. La moiteur, les visages crispés, les déodorants qui ont tourné, y compris le vôtre, la bousculade devant le tapis roulant, tout cela vous achève. Et il y a le stress de ne pas voir sa valise arriver qui prime sur tout. Mais elle arrive quand même, ouf ! Elle arrive en bon état, c'est-à-dire non éventrée et, contrairement à la dernière fois, elle n'est pas dégoulinante d'un liquide nauséabond. Cette fois-ci vous n'êtes pas victime d'une cargaison de poisson congelé qui a décongelé en route. Vous voyez ce que je veux dire ? Avec soulagement, vous récupérez vos bagages et c'est là que le douanier vous demande si vous avez quelque chose de louche à déclarer ? Déclarer quoi ? J'ai quitté le Gondwana-Ouest hier soir et j'arrive au Gondwana-Centre ce matin. *Y'a quoi* ? Mon frère, tu veux que je déclare *que quoi* ? À part la fatigue et la chaleur, y'a rien à déclarer ! Mais ça tu connais bien non ? On est ensemble non ? Et puis méfiez-vous. Vous avez beau aller d'un pays à l'autre du Gondwana, et malgré vos papiers en règle et tous les accords et conventions inter-gondwanais, vous n'êtes jamais sûre qu'on vous laisse vraiment entrer sur le territoire national. Cela peut aussi parfois dépendre de l'état de votre tronche du jour. Dans ces cas-là, c'est vous qui posez la question : « On fait comment ? » Disons que c'est votre ultime recours, au risque de passer des heures, voire des jours, en transit à attendre qu'un vol de retour soit enfin disponible… Sachant que le transit n'est pas tout à fait équipé pour ce genre de situation, au revoir le confort minimum ! Mais nous n'en sommes pas encore là. Il faut en finir avec la douane. Juste avant la sortie finale. Quoi que vous fassiez, tout dépend de votre tête. Elle convient, vous passez. Elle ne convient pas et ça peut ne pas passer. C'est parfois une question de chance. Vous le savez. Encore moins votre parfum qui, après tout ce que vous venez de traverser, devient plus repoussant qu'autre chose. Le douanier vous arrête. Vous allez donc quand même devoir ouvrir vos valises et étaler toute votre intimité en public. Le douanier, lui, il n'en a rien à faire de votre état d'épuisement et de celui de votre intimité. Lui, il cherche. Quoi ? On ne sait pas. Éventuellement une infraction qui se serait introduite malencontreusement et à votre insu dans votre bagage. Pendant ce temps-là, d'autres passagers ont plus de chance. Ils passent à travers les mailles du filet, car là aussi, il n'y a pas assez de douaniers. Bon, il y en a un peu plus qu'au niveau du poste de police de l'air et des frontières. En tout cas, juste assez pour ennuyer un petit paquet de monde. D'après vous, pourquoi ? Eh bien, c'est plus lucratif. C'est aussi là que vous découvrez que la solidarité populaire gondwanaise a ses limites. On dit chez nous que le meilleur moyen de bien connaître ses amis est de voyager avec eux dans le désert. La galère y est garantie et c'est dans la galère qu'on se teste mutuellement. Le passager avec qui vous avez échangé sur tout et rien durant tout le trajet, ah là mon frère, il ne vous connaît plus. Même pas au revoir ! Vous parvenez enfin à sortir, et c'est bien. La foule se disperse petit à petit. Mais pour ce qui vous concerne, ce n'est pas fini. Il faut encore aller à l'hôtel…

C'est un autre voyage. Dans les meilleurs des cas, vous êtes accueillie par un chauffeur, et tout va pour le mieux. Ou alors on vous a oubliée. Là ça devient plus compliqué. Mais il y a les cas extrêmes comme celui du consultant solitaire dont personne ne se soucie et qui doit se débrouiller tout seul. Tant qu'il fait jour ça peut aller. Mais la nuit-*là* ça coince. Ça coince d'autant plus quand vous êtes une femme. Oui, prendre un taxi la nuit, tout le monde vous le dira, y compris les agents de l'aéroport, c'est carrément dangereux et de surcroît dans un pays en ébullition où les rebelles ne sont jamais loin et où rien ne va plus. Disons que des pays à demi en guerre dans lesquels on tente de redresser certaines choses, c'est de plus en plus fréquent au Gondwana. Vous vous dirigez vers le parking prévu pour les taxis. Celui-ci regorge de véhicules déglingués, style *taxi-tout-droit*. Pas la peine de s'attarder sur le choix, ils sont tous plus ou moins très mal-en-point. Mais quand vous n'avez pas le choix et que l'agent public vous ordonne de déguerpir, vous faites quoi ? Vous louez les services d'un autre agent public. Par exemple, celui qui vous a accueillie au guichet des visas. Il peut vous accompagner moyennant une petite somme modique. Une fois dans le taxi, si vous aviez encore un doute, il n'y en a plus. Vous pouvez confirmer que c'est un danger public. Il n'y a pas de ceinture de sécurité, la mousse des sièges arrière sur lesquels vous êtes assise est en état de décomposition avancée, les bitoniaux et poignées de porte ont disparu, les vitres sont coincées. En plus le taxi bringuebale de partout. Ce qui fait beaucoup de tintamarre. Et si vous êtes malchanceux, votre taximan est mélomane et ne travaille qu'accompagné de la sono dernier cri *France-au-revoir* à fond les gamelles. Les grésillements sont garantis ! Ce qui ajoute un vacarme supplémentaire, et surtout vous assure de ne pas passer inaperçus. On est bien loin des normes les plus rudimentaires de sécurité routière de l'Union européenne, ou des recommandations de discrétion prodigués par les Nations unies à tous ces fonctionnaires et consultants, même aux consultants gondwanais bêta.

Durant le trajet que cette épave ambulante effectue, avec vous et vos valises à bord, vous vous rendez compte que vous n'êtes séparée du goudron que par un tapis miteux. *Hey*, le plancher est percé. Mais au point où vous en êtes ça ne vous étonne plus. Même la voiture de votre ambassadeur résident dans une démocratie respectable était dans le même état à peu de choses près. Vous allez vite découvrir que le pot d'échappement, pour une raison qui vous échappe, souffle toute sa fumée à l'intérieur plutôt qu'à l'extérieur. L'éclairage n'est pas complètement assuré par les phares, la pleine lune prend parfois le relais aussi... Vous avez de la chance si le taxi ne bifurque pas d'un coup, à votre grande surprise, parce qu'il est au bord de la panne sèche et doit absolument prendre de l'essence. Au demeurant, il n'hésitera pas à vous demander une avance de l'équivalent de cinq euros parce qu'il n'a pas un rond sur lui. Mais ce soir, vous avez du bol. Enfin, pas tout à fait. Parce que les trous sur le goudron, il y en a en veux-tu en voilà ! Et avec ce qui reste des amortisseurs, vous avez le sentiment que le tas de ferraille va tomber en miettes. Après chaque trou franchi, c'est un « ouf » de soulagement. Vivement le GPS « qui annonce les trous ». Invention géniale de notre chroniqueur gondwanais préféré, Mamane sur RFI. Juste en passant, je signale que cette activité, tout comme celle de la téléphonie mobile, pourrait elle aussi créer beaucoup d'emplois au Gondwana !

À l'approche des carrefours, une seule hantise : rencontrer un autre véhicule qui va obliger votre taximan à freiner, à ralentir ou pire, à s'arrêter. Le risque c'est qu'il n'y ait pas de frein. Ou alors des complications au niveau du redémarrage. Auquel cas, vous risquez de vous retrouver plantée là à un croisement qui n'est pourvu d'aucun panneau de signalisation vous permettant de vous orienter. Et ça au beau milieu de la nuit. Mais non, par miracle, ça redémarre toujours. Comment ? Je ne sais pas et je m'en fous, l'essentiel c'est que le voyage commencé lundi se termine enfin ce soir, vendredi.

Bonne arrivée au Gondwana !

L'hôtellerie au Gondwana

Au Gondwana, dans certains coins, trouver un hôtel avec un bon rapport qualité/prix n'est pas facile ! Figurez-vous que dans certaines capitales il n'y a pas un seul hôtel supportable, y compris les tarifs ! Souvent c'est à l'image de la ville. Des fois, il vous faut dix jours pour accepter psychologiquement ou *pyssykologiquement*, comme vous voudrez, que vous soyez réellement dans une capitale. Et parfois vous êtes dans une ville où la richesse est visible. La pauvreté encore plus. Bon, tout cela c'est pour vous dire que la classe moyenne est soit inexistante, soit moyenne. C'est le même cas de figure pour les hôtels. Il y a un et un seul palace inabordable et le reste est synonyme de catastrophe hôtelière. Mais de manière générale, on trouve de tout et surtout les hôtels *plus-moins-chers*. Et de toute évidence, en matière d'hôtellerie le Gondwana n'excelle pas niveau rapport qualité/prix. Les palaces sont hors de prix et les hôtels moins cinq étoiles aussi. On fait comment ? Il faut se méfier des apparences. On soigne *un peu-un peu* le hall d'entrée, les cages d'escaliers et le jardin histoire de cacher les tares qui sont de toute façon difficiles à cacher, tout comme les lois qui sont cachées elles aussi avec la seule différence que ces dernières sont bien cachées. Il y a là peut-être quelque chose à apprendre ? Et puis, il faut aussi se méfier des hôtels flambant neuf car la nouveauté au Gondwana n'est pas forcément un critère de qualité. C'est plutôt le contraire, surtout en matière de construction de bâtiment, de plomberie et d'architecture mais aussi dans la gestion. Ne jamais s'y fier. C'est dire que si l'hôtel est neuf cette année, l'année prochaine c'est une épave ou presque. C'est le Gondwana qui se veut moderne mais en dépensant le moins possible. En parlant de modernité, certains hôtels de luxe ont une page web comme il se doit. Nickel ! Vous essayez à plusieurs reprises de faire une réservation par Internet. Pas moyen. La page ne marche pas. Vous notez le numéro de téléphone affiché sur la page et vous appelez. Là aussi macache. C'est dingue. Vous finissez par utiliser le système D. Et ça marche. Mais je vous donne une astuce : toujours demander s'il n'y a pas un vieux Blanc, un énergumène assez fou quelque part pour proposer des services hôteliers. Parce que parfois, on tombe sur des merveilles cachées elles aussi et à un prix inégalable. J'ai eu cette chance-là une fois. Effectivement, je confirme qu'il faut de tout pour faire un monde. Et le Gondwana n'échappe *un-peu-trop* pas à cette règle. Parce qu'un hôtel digne de ce nom, dans certains endroits, vous n'y pensez même pas dans vos rêves les plus fous. Et parfois, surprise. Il y en a bien un. « Un ancien » vous dit-on pour vous dissuader. C'est *plumieux* de prendre une chambre dans le nouvel hôtel au centre-ville. Il faut trancher. L'ancien, vous le voulez. Après trois heures de traversée d'un lac splendide dans un bateau-boîte-de-conserve, vous découvrez un hôtel. Un hôtel au bord d'une falaise surplombant ce lac que vous venez de traverser. Bien sûr, il est inaccessible par la berge. Mais qu'à cela ne tienne, l'hôtel est un paradis sur terre. Stupéfiant ! Le nirvana dans le fin fond du diable du Gondwana. Vous n'en croyez pas vos yeux. Vaisselle blanche, serveur et maître d'hôtel en blanc, service très classe, terrasse avec vue sur le lac, menu très alléchant et varié, clientèle de toutes les couleurs dont des Gondwanais, y compris vous-même. Tout pour être heureux sur terre quoi ! Vous avez l'impression d'être un figurant dans un film aux côtés de Katherine Hepburn et Humphrey Bogart dans « African Queen » ou encore Meryl Streep et

Robert Redford dans *Out of Africa*. Mais c'est juste une impression. Cependant pour accéder à l'hôtel c'est une autre paire de manches. Il faut traverser la ville en empruntant des chemins tortueux et boueux. Décidément, cet hôtel il fallait le gagner et le mériter. Dieu récompense bien ses consultants parfois. Merci l'Univers ! J'aurais essayé d'organiser un tel voyage avec un tel parcours dans sa minutie, je n'en aurais pas été capable. Vous voyez non ?

Et puis sinon, si vous tombez mal, ce qui est le plus souvent le cas, il peut vous arriver d'être presque logé le près d'un dépôt de munitions. Pas facile de faire équipe avec tout un tas d'outillages militaires. En particulier les obus et les chars d'assaut. Pas mal comme compagnons de mission ! Vous ne savez pas quand est-ce que ça va exploser. Tout ce que vous pouvez faire c'est espérer que ce soit le plus tard possible et de préférence après votre départ. Normal non ? C'est humain… Mais… Hum… J'ai eu la chance d'assister à des élections présidentielles inédites. Bien sûr, cet événement était appuyé par des observateurs étrangers qui sont venus en masse. Parce que la transparence c'est super important ! Il n'y a pas les lois, mais c'est quand même super important. J'imagine la tête du rapport des observateurs envoyés pour observer les lois ! Ça me plairait bien ça quand même ! Mais restons dignes. Je disais donc que cet événement avait attiré un nombre incroyable d'observateurs qu'il fallait bien loger. Comme nous les Gondwanais nous sommes très disciplinés, la rigueur et le temps nous importent beaucoup, ma mission a été organisée à la dernière minute. Donc, pour moi, hôtel, macache ! Je me suis résignée à séjourner un peu ici, un peu là-bas comme les nomades, sauf que moi je devais être ministrable…, pas facile ! J'ai donc dû séjourner dans au moins une dizaine d'hôtels, tous plus ou moins acceptables et ce pendant trois semaines. Un jour ici, trois jours là-bas, cinq ailleurs. En face des chambres de l'un des hôtels que je connaissais déjà depuis quatre ans, il y avait une épave de char d'assaut totalement rouillée. Une vraie de vraie. Vous savez, c'est sous ce genre de climat où, si vous jetez un manche à balai dans un coin, quelques jours plus tard, il germe. Du coup le char a germé aussi. Et pourtant il était bien en acier. Il était tout moussu, herbu, fleuri, rien ne le prédestinait à se mouvoir. Ce qui était très rassurant et puis de toute manière, je m'étais faite à ce pot de fleurs géant pour l'avoir fréquenté plusieurs fois sur plusieurs années. Il participait du décor. Le jour des élections approchait et tout était calme, contrairement aux rumeurs qui allaient bon train. Un matin, j'entends un bruit sourd, rouillé, grinçant, comme si quelqu'un essayait de démarrer une gigantesque tondeuse, mais vraiment gigantesque ! Là, je me dis *aïe*, et je cours à ma fenêtre. Et que vois-je ? Le pot de fleurs qui démarre. Je n'en croyais ni mes oreilles ni mes yeux ! Ce char d'assaut-épave a été suivi par deux autres. Les vitres, les murs, les portes, les sanitaires et moi-même en tremblons encore. Il faut dire que je me remettais à peine d'autres situations semblables et tout cela dans une ambiance très tendue ; parce que les élections au Gondwana c'est souvent, très souvent, synonyme de tension. Entre autres, j'ai fait un séjour dans un autre petit hôtel tranquille. Un séjour que j'aurais dû renouveler dans ce même hôtel, mais qui n'a pas pu m'accueillir à ma grande déception. La chambre que je devais occuper souffrait de contusions multiples. Elle avait été touchée par un obus durant la nuit. Dieu est grand ! Ce n'était pas mon jour. Résultat des courses, je me suis vue dans l'obligation de bourlinguer avec ma valise et mes sacs toute la journée pour trouver une piaule. Néanmoins, je n'ai jamais perdu de vue que le bienfaiteur de fonds, lui, gardait un œil très ferme sur les résultats du projet.

Pour ce qui est du confort général des hôtels au Gondwana, il y a ceux qui font avec parce qu'ils sont atteints de pragmatisme chronique, et ça les amuse. Je respecte. Cela dit, moi ça m'amuse moins mais je fais avec. Ai-je vraiment le choix ?

Oui, oui, je sais. Certains diront : « Mais c'est une bourge, celle-là ! » « Qu'est-ce qu'elle veut ? » J'aurais tendance à répondre : « Non, je suis une aristocrate schizophrène, et alors ? » Et encore mieux, je n'ai pas honte de l'être. Et puisque je le suis, je l'assume pleinement. Y a-t-il un problème ? Cela dit, bourge ou pas bourge, y aurait-il des restrictions, des critères quant à avoir le droit de demander, voire même d'exiger, des hôtels plus corrects ? Plus vivables ? Plus propres ? Avec moins de moisissure ? Avec un service de meilleure qualité ? Avec des repas mangeables ? Des cafés buvables ? Avec de l'eau potable disponible 24 h/24 ? Il fut un temps, dans les années 1960-70, où les hôtels étaient aussi bas de gamme soient-ils, étaient propres et proposaient un vrai service, aussi minimal soit-il lui aussi. Mais c'était un service qui avait l'avantage de tenir la route. Ce n'est plus le cas aujourd'hui. Les hôtels pullulent, ne respectent aucune norme et exercent des tarifs exorbitants comparés au standing qu'ils offrent. Pour ma part, j'estime qu'en tant que Gondwanais, nous sommes en droit d'exiger mieux. Ce genre de situation montre bien la difficulté qu'ont les gouvernements à mettre en application leur propre législation. Mais comment le faire alors qu'ils n'en ont ni les moyens ni les capacités ? Et puis, qui les connaît les lois ? Et quand bien même on y a accès, on a vite fait de comprendre qu'elles sont loin d'être adaptées au contexte gondwanais. Encore une fois, c'est du copier-coller du vieux continent.

Moi la Gondwanaise qui a, pardonnez-moi l'expression, le cul entre deux chaises, je refuse de me contenter de faire avec. Je veux mieux. J'exige mieux. Parce qu'on a prouvé qu'on pouvait faire mieux ! Je veux le beurre, l'argent du beurre et le confort. Est-ce trop demander ? Quand on est sur la route neuf mois sur douze et que l'on subit les conditions dans lesquelles je travaille – qui ne sont pas les meilleures du monde, loin de là – il n'y a rien d'extraordinaire à exiger un minimum de confort. Confort ? Que dis-je ? Un minimum tout simplement.

Souvent je suis étonnée de voir que certains Blancs qui débarquent au Gondwana trouvent tout à fait normal ce genre de conditions. Peut-être ne s'attendent-ils pas à mieux ? Ou alors ils s'attendent à pire ? Ils sont donc très heureux de voir qu'il y a un hôtel, un lit, une climatisation et une douche qui les attendent ? Enfin, je ne sais pas. Peut-être que c'est l'exotisme pour eux et qu'ils découvrent autre chose ? Sont prêts à accepter les conditions les plus médiocres. Oui, on est au Gondwana et ça peut effectivement être très exotique ! Mais je suis certaine que la plupart n'accepteraient pas de payer le même prix pour les mêmes conditions chez eux.

Revenons-en au voyage. Vous arrivez donc à l'hôtel, le meilleur de la place[19]. C'est là qu'on vous regarde avec une mine pincée et endormie – genre, vous nous dérangez à cette heure-ci, vous n'auriez pas pu arriver plus tôt ? Tout le monde dort ! On vous demande de remplir la énième et dernière fiche du voyage. À moins qu'il ne vous connaisse déjà d'un séjour précédent durant lequel vous avez été généreux, ce que je vous conseille vivement, dans ce cas c'est un sourire radieux qui vous accueille. Malgré

[19] Soit c'est le meilleur de la place, donc il n'y a pas d'autre choix, soit c'est juste en-dessous du meilleur de la place, parce que le meilleur de la place est hors budget. La plupart des bienfaiteurs ne trouve pas justifié, pour un consultant lambda, ou bêta, d'offrir des conditions de vie acceptables, sauf un, il se reconnaîtra.

le sommeil, le réceptionniste a quand même la présence d'esprit de vous poser la question : « On fait comment avec l'avance ? » Si vous n'avez rien sur vous, ou pas assez pour avancer la somme exigée, vous proposez votre carte de crédit. Méfiez-vous car certains hôtels affichent qu'ils les prennent mais souvent leur appareil est hors de fonction. En fait, c'est resté à l'état de projet. Il est 2 heures du matin et vous êtes achevée par le voyage. De toute manière, avant lundi, ce ne sera pas possible. Mais il y a toujours une solution. On finit toujours par s'arranger. Ça, c'est un des grands avantages du Gondwana.

Cependant, dans certains pays du Gondwana, s'approvisionner en monnaie locale n'est pas toujours évident. Parfois il y a deux monnaies qui circulent, le dollar et la monnaie locale, ou alors uniquement la monnaie locale mais elle est tellement dévaluée qu'il faudrait une brouette tout entière de billets pour s'acquitter ne serait-ce que d'une nuit d'hôtel. Comme beaucoup de pays mettent des restrictions quant au montant autorisé à passer la frontière, il est difficile de trouver les devises étrangères sur le territoire national. Ça devient un vrai casse-tête. En outre, il faut savoir que dans certains pays, même si de manière générale il y a une nette amélioration, les distributeurs automatiques sont inexistants. Ou s'ils existent, le montant est limité ou, au pire des cas, la machine est hors de service. Votre carte Visa ou MasterCard, ou autre, n'a ainsi aucune valeur. On peut toujours s'en sortir avec le change au noir. Encore faut-il réussir à trouver des devises de là où on vient, les faire entrer là où on va. Sinon, il y a les transferts par Western Union ou MoneyGram. Mais cette option est onéreuse.

Cela dit, une fois cette sacrée fiche remplie et ce problème d'avance réglé ou non, le chauffeur de taxi, le veilleur de nuit, le réceptionniste, enfin tout ce qui traîne dans le hall à l'affût d'un éventuel pourboire vous propose son aide.

Une personne par valise. Ils vous accompagnent dans votre chambre du deuxième étage sans ascenseur. Vous portez vous même votre ordinateur et votre sac à main. Vous êtes contente de ne pas avoir choisi une chambre au treizième étage avec ascenseur. Et s'il était hors service ? Une fois toute cette équipe récompensée et repartie, la tension chute et la déprime s'installe. Vous vous demandez ce que vous faites là à cette heure de la nuit ? Le but, l'objectif, l'intérêt, les raisons qui vous ont réellement poussée à accepter une telle galère. Surtout dans certains hôtels où la chambre est irrespirable à cause de la moquette et des murs colonisés, c'est le cas de le dire, par la moisissure. Mais aussi par l'odeur de renfermé. Le remugle douceâtre, si je puis dire, que vous ne manquerez pas de détecter tôt ou tard et parfois immédiatement, vous enveloppe. Vous le repérerez soit déjà dans le hall de l'hôtel et là dites-vous bien que les fondations du bâtiment sont atteintes, soit dans la chambre au 2e étage et là je n'ai aucune explication. Bonjour les acariens… Les moustiques vous guettent. Et parfois, vous n'avez pas d'autre choix que d'ouvrir la fenêtre, sinon vous risquez de mourir par asphyxie. Et puis avec la chaleur, c'est même recommandé. De toute façon, la probabilité qu'il y ait une coupure d'électricité est très grande. Et forcément, la climatisation s'arrêtera. Saperlipopette, vous serez condamnée à ouvrir. Vous allez tenter de vous convaincre que tout va pour le mieux – à supposer que ce soit encore possible. Et la coupure, vous le savez, sera au rendez-vous ! Pour une fois que les rendez-vous sont respectés ! Et oui, au Gondwana, les coupures sont plus ponctuelles que les avions ! Il n'y a plus qu'à asperger les draps, les rideaux, le petit canapé sur lequel vous n'osez même pas vous asseoir – c'est juste bon pour la valisette –, le pyjama avec l'antimoustiques et surtout ne négligez pas le corps. Sans oublier d'allumer la spirale sur le balcon. Cette spirale qui va éloigner les moustiques et au détour vous asphyxier aussi.

À ce sujet, voici ce que j'écris à ma sœur pour lui annoncer que je suis bien arrivée à destination et que tout va pour le mieux :

Salut,

L'internet marche alors je me dépêche de t'écrire car on ne sait jamais ce qui peut arriver. C'est un coup de bol, une chance énorme.

Juste un petit mot pour t'informer que je suis bien arrivée cette nuit. Et ça n'a pas loupé : malgré le fait que je viens pour la énième fois, même scénario ; le réceptionniste m'a demandé la fameuse avance à 3 h 30 du matin et cash s'il vous plaît. Exprès, je lui ai proposé ma carte de crédit. Pas possible. Distributeur ? Y'a pas non plus. On s'est expliqué un peu et on s'est mis d'accord sur le fait que ça va aller. Depuis le temps il me connaît !

Sinon, tout va bien. J'ai passé la nuit sans électricité mais en bonne compagnie : les moustiques. C'est trop top ! La chambre ne coûte que la bagatelle de 74 € par jour. Pas d'eau chaude parce que le robinet ne fonctionne plus, c'est normal il est là depuis l'indépendance et voudrait peut-être prendre sa retraite anticipée. Et je ne te parle même pas de l'état du rideau de douche ; il est très fatigué lui aussi et la moisissure a fait son chemin. Là, cette fois-ci je leur ai demandé de l'enlever. C'est carrément dégoûtant.

J'ai en plus l'honneur d'avoir un frigidaire qui marche semble-t-il. Je n'ai pas osé l'essayer. Ce matin, expérimentée et avertie comme je suis, à force je connais assez bien les lieux, j'ai posé la question à la réception de savoir si le frigo nécessitait un supplément. Et la réponse fut OUI. Là j'ai dit NON. Il faut enlever le frigo, je n'en ai pas besoin. Et là la réponse fut la suivante : ce n'est pas la peine, vous pouvez l'utiliser, il n'y aura pas de frais. Tu vois, il suffit juste de poser la question. Sauf que le réceptionniste n'a pas transmis à ses collègues. Je préfère me débarrasser de ce frigo au plus vite car le risque de devenir source de problème est grand, surtout le jour où la facture me sera présentée. Tu sais je me méfie car la parole n'a plus aucune valeur de nos jours. Le Gondwanais, pour trois francs six sous, n'hésitera pas...

La nouveauté depuis mon dernier séjour, c'est que les toilettes sont bringuebalantes. Il faut faire très attention de ne pas tomber lorsque l'on s'assoit dessus. J'ai du mal à m'y faire alors à chaque fois j'ai une petite frayeur. Et puis le suspense à petites doses ça peut faire du bien aussi ! Il y a aussi eu une fuite d'eau qui n'a pas été soignée à temps et ça a un peu changé la couleur de la cuvette qui était, je suppose, blanche au départ. Maintenant c'est ocre. Tendance quoi ! Pas mal non ?! Ma grande hantise c'est qu'il pleuve. Et là je vais encore avoir droit à cette odeur âpre qui s'incruste dans la gorge et dans le palais et la chambre sera irrespirable pendant 24 h. Grosso modo, disons que pour l'instant ça va. Bref, j'ai déjà hâte de rentrer.

Je t'embrasse.

Ta jumelle.

Il ne vous reste plus qu'à vous coucher sur votre super lit. Avec un peu de chance, vous tombez sur un matelas à ressorts de plus ou moins bonne qualité, et votre séjour est sauvé. Mais en général, c'est un matelas en mousse qui va absorber aussi bien la forme de votre corps que la chaleur que vous pouvez dégager. Bonjour les migraines et le mal de dos ! Au bout de quelques jours, le matelas a vraiment le pli, mais vous-*là*, non ! Alors il y a des astuces qui consistent à partager vos nuits entre le côté gauche et le côté droit du matelas. En dernier recours, demandez à la femme de chambre de retourner le matelas, ça peut vous aider. Et sinon, prendre de l'ibuprofène et alterner avec du paracétamol. En cas d'aggravation, consultez votre médecin traitant, qui se trouve à l'autre bout du Gondwana. Et oui, les consultations par téléphone ça existe mais ça coûte cher !

Bref, une fois ce passage à vide franchi, parce que de toute manière vous n'avez pas le choix, et que vous n'avez aucune envie dans l'immédiat de refaire le chemin à l'envers, vous vous rendez compte que vous êtes totalement déshydratée. Parce que la soif, ça peut très vite devenir insupportable ! Pire qu'un moustique qui s'est malencontreusement introduit dans votre moustiquaire ! Vous pensez très naïvement qu'il suffit d'appeler la réception. Elle est là pour ça non ? Vous demandez qu'on vous fasse monter deux bouteilles d'eau. Eh non, *y'a pas* ! Fort heureusement, au Gondwana il y a toujours des volontaires. Je vous donne le tuyau : redescendre au rez-de-chaussée, réveiller le réceptionniste. Non surtout pas ! Ni la première fois, ni jamais ! Réveillez plutôt le veilleur de nuit. Celui-ci vous trouvera une bonne âme, en général une péripatéticienne qui traîne par là. Moyennant quelques billets, elle vous trouvera de l'eau. Cela dit, il faut être patient car, dans certains pays du Gondwana, trouver une boutique ouverte à cette heure-là n'est pas chose aisée. Parfois ça frôle le miracle.

En parlant des péripatéticiennes qui me dépannent tard la nuit, je me permets une petite parenthèse. Juste une petite pensée pour elles. Elles sont aussi connues sous le nom de « l'amour qui passe ». Ne soyez pas étonnée si un jour dans un hôtel quelqu'un tape à votre porte et vous dit : « C'est l'amour qui passe ! » C'est une péripatéticienne qui cherche du travail. Il suffit de répondre : « Non merci. » Et elle disparaîtra, surtout si elle entend une voix de femme. Pour les hommes, elle insistera un peu… Cela dit, elles finissent par me tenir compagnie lors de mon séjour. Ce sont des femmes qui aiment boire de la bière et fumer une cigarette, ce qui n'est pas commun pour une Gondwanaise. En général, les femmes préfèrent les boissons gazeuses non alcoolisées et ne fument pas. Elles vont, autour d'un verre qu'elles m'auront gentiment demandé de leur offrir, agrémenter mes moments de solitude et m'apporter beaucoup de légèreté de l'être. Elles sont bien renseignées, n'hésitent pas à vous raconter leurs rencontres nocturnes et ne sont pas avares en détails. Une vraie mine d'or. Avec ça, je vous garantis des soirées très gaies. Attention les mecs ! Quand je suis dans les parages, il vaut mieux vous tenir tranquilles… Sinon ! Le plus dur, c'est quand elles vous confient qu'elles ont été maltraitées toute la nuit par un client. Un client que vous avez de grandes chances de croiser dans les couloirs de l'hôtel... Il faut savoir que dans la plupart des pays, la loi sur l'hôtellerie interdit la présence de ces prostituées dans les hôtels. Mais bon, comme d'habitude, la loi ne fait peur à personne. Et puisqu'elles paient leur droit d'entrée à l'hôtel et que nous sommes en plein dans la « win-win » situation, il est où le problème ? Oui, une partie de leurs gains de la nuit va donc directement dans les poches soit des vigiles qui sont là pour la sécurité et le respect du règlement, soit des réceptionnistes. Enfin toutes ces personnes qui sont de service la nuit. C'est une sorte de réseau, avec des règles très claires, tacites, disons un échange de bons procédés. Pendant que le vigile dort sur sa chaise, « l'autre » travaille. Je vous le rappelle, il fait chaud au Gondwana ! Il ne faut pas perdre de vue que toutes les catégories ici énoncées – prostituées, vigiles et réceptionnistes – sont dans le besoin. Les unes n'ont pas de revenu, les autres gagnent à tout casser un euro par mois. Enfin, c'est tout ce que je trouve à dire pour accepter cette situation inacceptable. Leurs récits sur leurs propres vies sont très émouvants. Ils en disent long sur le système et sur l'échec de la lutte contre la pauvreté, le réchauffement de la planète. D'ailleurs, à ce stade on n'en a rien à faire de tout ça. Ce sont des femmes comme vous et moi, mais simplement victimes, elles aussi, d'un système qui n'offre même plus le minimum décent. Et pourtant des milliards de dollars passent chaque année pour ce développement social et économique et notamment l'égalité des sexes. Vous avez entendu ? Social et économique et égalité des sexes. J'admets qu'il n'y a rien de mal à se battre contre vents et marées pour survivre. C'est même nécessaire. D'ailleurs, ont-elles le choix de ne pas le faire ? Oui, de ne rien faire, autrement dit de se laisser mourir. À mes yeux elles ont beaucoup de mérite. Il faut les supporter les clients de tous bords. Cela ne doit pas être marrant. Aujourd'hui, mon regard sur elles a bien changé. J'espère que j'ai réussi à changer le vôtre aussi. Cet état de fait est plutôt rageant. Eh ! Toi-*là* aussi, pourquoi tu es *ragée* ? *Chose-là, il faut* pas compliquer… Saviez-vous qu'il y a plus de 1 000 ans, Averroès[20], philosophe, médecin et mathématicien du XIIe siècle, a osé parler de l'égalité des sexes ? Selon lui, « la capacité des femmes n'est pas connue parce qu'elles sont reléguées aux tâches de la procréation, contraintes de donner le sein et d'élever les enfants ». Il a souligné que le fait de traiter les femmes

---

[20] 1126–1198.

comme un fardeau pour les hommes est une des causes de la pauvreté[21]. Cette liberté de penser lui a coûté très cher. C'est peut-être pour ça que ça n'a pas changé ? La seule différence aujourd'hui c'est qu'en plus de la procréation et *quoi-quoi-quoi*, il y a eu le congé de maternité pour celles qui travaillent. La femme-*là*, elle gagne un bébé et elle gagne son salaire ! *Y'a quoi* ? Ça peut aller, non ? Et d'après vous, finalement, qui est un fardeau pour qui ? On en est toujours au point mort. Bon d'accord, il y a quelques petits progrès, mais trop petits pour être mirobolants. Il suffit de regarder les codes de la famille, quand il y en a un, pour voir que nous n'en sommes qu'aux balbutiements de quelque chose. Et quand il n'y en a pas, c'est le code de la famille non seulement de l'ancien colonisateur mais de son époque qui est en vigueur. En fin de compte ça revient au même car ce code n'est adapté ni à l'époque actuelle ni au contexte culturel et donc encore moins aux valeurs et aux besoins. Alors que tout le monde s'accorde à dire que le développement passe par les femmes. Les rapports à ce sujet sont très nombreux. Il suffit de cliquer sur Google et vous allez être inondée d'informations sur ce thème. Ah mais madame, la connexion-*là*, ça ne marche pas bien *dè* ! Les plus défavorisés parmi les pauvres sont les femmes et les enfants. Comme les pauvres ne manquent pas au Gondwana, je vous laisse faire l'équation… Je serai très heureuse le jour où l'on m'annoncera la bonne nouvelle que des distributeurs d'eau potable ont été installés dans les hôtels et ailleurs. Je serai aussi très heureuse le jour où l'on me dira que les prostituées qui sont là le sont par choix et non par nécessité. Oui, aussi choquant que cela paraisse et même si c'est rare, il y en a qui choisissent tout simplement de l'être.

[21] Alim Manji, *The Trouble With Islam*, 2003.

Bon ne rêvons pas. En effet, je risque d'attendre longtemps au rythme où ça avance !

C'est là que mon histoire d'eau déshydratée sous vide prend tout son sens, hein ! L'eau déshydratée ? Oui, pourquoi pas ? Tout le monde me rit au nez, mais moi je ne désespère pas ! Vous savez cette eau en poudre, emballée sous vide, qui a le mérite d'être non seulement potable, mais légère et donc facilement transportable dans une valise. Le rêve. Tout le monde me demande avec quoi je vais la reconstituer cette eau déshydratée ? Je ne sais pas, mais ça viendra. J'ai l'espoir qu'un jour je n'aurai plus besoin de mourir de soif dans une chambre d'hôtel dans un bled perdu du Gondwana, tout ça parce que la seule erreur commise serait d'être arrivée après 22 h à l'hôtel. Je ne sais pas pourquoi, mais j'ai comme l'impression que les compagnies gondwanaises ont une préférence pour les arrivées nocturnes. Comme le dit ma copine, peut-être que ça leur coûte *plus-moins* cher de survoler le territoire national gondwanais la nuit ? Bon, je n'en sais trop rien, mais *entouka*, il doit y avoir une raison.

Une fois installée, il faut le temps de récupérer. Sauf que près de la moitié du temps prévu pour la mission s'est déjà écoulée. Et le bienfaiteur de fonds, lui, il attend toujours son résultat dont dépend son indicateur. Et le temps, lui aussi, il n'attend pas. Alors, vous vous ressaisissez. Vous oubliez autant que faire se peut la fatigue. Vous évitez de vous poser des *quéchions existenchielles*[22] et vous vous pointez le matin très tôt au travail. Encore endormie, éreintée, sonnée, les yeux bouffis, la tête là où il ne faut pas, vous débarquez souriante dans les bureaux. Tout le monde vous attend de pied ferme.

---

[22] Questions existentielles.

Mais avant de me présenter au Ministère, je voudrais quand même avertir les clients. Dans les hôtels, le client doit éviter de dépasser un certain nombre de jours. Il risque de voir la qualité du service – c'est un grand mot j'avoue, c'est plus une perception – s'ébranler. Et pire encore, le client pourrait subir le même sort que le mobilier, c'est-à-dire être oublié. Eh oui, parce que les services *c'est* pas encore ça au Gondwana ! Nous ne sommes pas les champions encore. À moins de filer au personnel de chambre, et au reste du personnel d'ailleurs (réception, lingerie, veilleurs de nuit, etc.), tous les jours, et je dis bien tous les jours, un pourboire conséquent. Sans quoi le client n'existe plus du tout. Et gare à lui s'il revient un jour... Un dernier conseil : surtout évitez d'être une femme car au Gondwana, un homme inspire toujours encore plus de considération. Vous voyez, y a du boulot ! Le chômage-*là*, c'est des histoires.

Je voudrais aussi vous faire remarquer que malgré l'exotisme réel du Gondwana et à part quelques destinations bien ciblées, ça ne regorge pas de touristes. C'est là que vous commencez à vous demander à quoi sert le ministère du Tourisme gondwanais ? Et pourquoi il n'y a pas de touristes d'après vous ? *Y'a pas* les lois ! Et le touriste, lui, il ne peut pas respirer sans. Et puis s'il y a un accident ? On fait comment avec l'accès à des urgences dignes de ce nom ? Le touriste, lui, a plus de chances de mourir à cause des urgences que de l'accident ! Celui qui vient au Gondwana-*là*, il prend beaucoup de risques *dè* ! C'est un héros ! Eh bien, le ministère fonctionne *façon-façon*, comme tout le reste, pas étonnant ! Il fait lui aussi partie de ces ministères délaissés, parce que probablement il ne ramène rien dans les caisses de l'État. Et s'il ne ramène rien dans les caisses de l'État, c'est tout simplement parce qu'il est délaissé. On ne lui accorde pas deux milligrammes d'attention, ces deux milligrammes d'attention qui pourraient contribuer à faire la différence. Ne serait-ce que sur la gestion et le respect de la réglementation de l'hôtellerie, aussi minime soit-elle. Et puis, qui dit tourisme dit commerce, et qui dit commerce dit investissement, et qui dit investissement dit sécurité juridique.

Mais elle est où la loi-*là* ? Et puis si on la trouve, elle va dire *que quoi* ?

Et le tourisme au Gondwana ?

En parlant de tourisme, mes tribulations m'ont donné l'occasion de visiter des lieux insolites au Gondwana. Des paysages multiples et variés, aussi fabuleux les uns que les autres. Une autre planète.

Des lacs féériques bordés de falaises et de collines recouvertes d'une végétation dense. Elles semblent se fondre dans l'eau qui reflète leur image, comme dans un miroir. Avec un sommet à peine voilé par les nuages qui jouent à cache-cache avec beaucoup de grâce. Cela crée un jeu de lumières envoûtant, que vous soyez sur les rives ou sur le lac. Et toute cette magnificence est parsemée d'une vie rurale dont la pauvreté extrême interrompt votre escapade. Elle vous rappelle à l'ordre immédiatement. À n'y rien comprendre. Et la beauté est telle que l'envie peut vous prendre de faire un petit plongeon. Néanmoins, je décline toute responsabilité ! La faune n'étant pas ma tasse de thé, je n'ai pas pris le temps de l'étudier. Au fond, je préfère ne pas savoir, histoire de ne pas gâcher cette magie du paysage. De même, ne jamais esquiver la cruelle réalité : guérillas, rebelles, armées, enfants soldats, bref tout ce foutoir qui n'est pas très loin et qui vous guette. Vous n'êtes pas à l'abri d'un viol organisé… Mais cette beauté vous happe de nouveau. Elle continue malgré tout lorsque vous arrivez dans les régions montagneuses, riches en diversité. Si vous avez de la chance, elles vont vous offrir une vue exceptionnelle sur les nombreuses chutes d'eau du coin. Grandes, moyennes ou petites, elles sont toutes aussi grandioses les unes que les autres. Ou alors, vous pouvez être catapultée par votre mission dans un bled perdu. Mais quel bled ! Au menu, une vue immense sur un volcan ardent. Un volcan qui va éclairer vos nuits, jusqu'à vous faire oublier à quel point sa lave peut réduire toute une ville au silence et cela en quelques heures. Une petite ville que vous allez découvrir tôt le matin. Des quartiers complètement noircis et noyés dans une coulée de lave récente. Vous êtes dans la rue, mais en réalité, comme l'attestent les restes des façades des immeubles à moitié ensevelis, vous êtes au deuxième étage de cette rue. Ou au troisième. Cette ville toute noire, cette obscurité, ce volcan en activité qui crache des flammes grandioses, créent une atmosphère apocalyptique. C'est d'une beauté étrange à vous couper le souffle. Et vous êtes là, bien là, pour témoigner de ce spectacle. C'est là que vous vous dites qu'il y a tout de même un avantage à rechercher les lois perdues… Et dans ce coin, je verrai très vite que les institutions administratives et judiciaires sont complètement isolées et démunies. Démunies au point que les salaires ont été oubliés depuis des années… Je ne mentionnerai même pas les lois… D'ailleurs, elles sont où ?

C'est aussi là que vous trouverez le meilleur café du monde. Dans un hôtel labyrinthe, cahin-caha, qui ne paye pas de mine. Un hôtel qui incarne la tristesse et dont les vibrations sont tellement basses que vous n'avez qu'une envie c'est de repartir aussi vite. Heureusement, la nature qui borde ce bâtiment offre un jardin magnifique qui ne nécessite aucune imagination, aucun design, aucun entretien particulier. C'est un cadeau de la nature. Comme si, décidément, cette nature venait compenser cette imposture qui fait tache. Elle vous réconcilie avec l'endroit qui vous propose une terrasse naturelle avec vue sur le lac parsemé de petits îlots et des montagnes à l'infini et un café. C'est un moment aussi unique qu'inattendu. Ce sera le meilleur café que vous ayez bu de votre vie. Un café d'une finesse indescriptible, qui fond presque dans la bouche. Il vous embaume de son parfum très doux. Il est d'une saveur aussi insolite que le paysage qui l'entoure. Un conte de fées. Très surprise de la qualité de ce café, et qui plus est dans un bled perdu, vous vous renseignez. Vous apprenez que ce café est issu de la culture locale et qu'il est vendu chez tous les petits épiciers dépanneurs du coin. Et si vous ne l'achetez pas vous allez le regretter ! Mais trois paquets ne suffisent pas ! Et le voyage ne vous permet pas d'en stocker plus dans vos bagages. Malheureusement, encore un produit qui pourrait faire fureur dans le cadre d'un commerce équitable et qui n'a toujours pas vu le jour. Quel manque à gagner ! Elle *dit que quoi* la lutte contre la pauvreté ?

C'est aussi, entre autres, des déserts de sable apparemment infinis qui n'auront de cesse de vous surprendre par des rencontres inattendues, des oasis qui jaillissent du sol au détour d'une dune. Verdure accidentelle qui fait presque tache dans le décor. Elles sont d'autant plus inattendues qu'elles sont bordées de palmiers-dattiers qui longent le berceau de l'oued. Un vrai havre de paix. Une fois l'oasis dépassée, si vous ne retrouvez pas les dunes, vous pouvez tomber sur des surfaces caillouteuses, à perte de vue. Et tout cela dans un silence assourdissant : vous êtes sur la lune. Cependant, si vous pensez que vous êtes sur la lune, et que vous avez du mal à vous en dissuader, arrêtez-vous un instant pour un petit moment d'intimité. Vous allez vite comprendre que ce n'est qu'une impression. Un nomade va surgir de nulle part. Vous n'êtes pas seul au monde et ça marche à tous les coups ! Dans ce silence qui vous confronte à vos battements de cœur, à vous-même, la seule chose qui peut vous ramener à la réalité, c'est la présence de vie humaine. Un hameau muet, *a priori* abandonné mais qui ne l'est pas. Un puits solitaire, indiquant forcément la présence de vie humaine. Quelques petites tornades qui font irruption çà et là comme si des esprits voulaient vous signifier leur présence. Le passage d'un nomade accompagné de son chameau, qui avance majestueusement vers vous ne savez où. Le nomade, lui, a l'air sûr de son chemin invisible. Si vous avez tendance à vous fuir vous-même, faites un petit *trekking* dans le désert, vous allez vous retrouver *bien-bon* face à vous-même. Et pas moyen de fuir. Rien de tel pour une thérapie. Et si vous étiez athée, il y a de fortes chances que vous vous posiez des questions, la force de cette nature tout aussi inhospitalière que fascinante vous y obligera. Et le plus extraordinaire dans tout cela, c'est que malgré toute cette austérité, les nomades n'en demeurent pas moins des gens accueillants et hospitaliers, prêts à tout partager jusqu'à leur dernier vivre. Au crépuscule, la chaleur accablante s'essouffle délicatement comme par enchantement. Elle laisse la place à la fraîcheur. Le ciel est envahi d'étoiles à perte de vue tel un écran de cinéma géant. Juste le temps de vous laisser un petit moment de répit ; le temps pour vous de rêver ; le temps pour vous de souffler, de reprendre des forces pour affronter le lendemain. Qui sait ce que vous réserve l'avenir proche ? Un vent de sable ? Un harmattan ? Le silence s'enfonce tout doucement dans le silence…

Ce même désert va finir par rejoindre la mer. Il va traverser le sable blanc strié de noir, pour faire une entrée somptueuse dans les vagues. Ces vagues qui, au gré des marées, montent et redescendent, s'élèvent et se retirent à des heures variables dictées par les caprices de la lune. Tout cela pour céder place à un littoral plat, coincé entre les dunes et l'eau. Ce littoral qui servira d'autoroute sur des centaines de kilomètres à tous ceux qui voudront joindre l'utile à l'agréable. Ou ceux qui voudront tout simplement se promener et prendre l'air. Une autoroute temporaire, qui peut parfois réserver des surprises telles que les rochers ou des petites mares d'eau salée. Mais aussi des accumulations d'algues parsemées d'œufs de tortues marines rouge framboise. Un chef-d'œuvre de la nature. Ou encore d'énormes vertèbres de baleines mortes on ne sait comment. Et puis malheureusement parfois aussi, toute cette splendeur peut être fracassée par les déchets balancés par les marins par-dessus bord et rejetés par l'océan. Quant à la mer, avec la marée basse, elle se transformera par moment en bassin qui fera office de piscine à 37 °C, parfois plus. Un délice. Une piscine séparée de la pleine mer par une bande de sable plus connue sous le nom de barre. Cette barre qui disparaît, elle aussi, selon la volonté des marées, quand la marée décide de souffler un peu, de délivrer l'âme de ceux qui vivent sur le continent. Souffle suite auquel le vent va tourner et rafraîchir le continent considérablement. À la tombée de la nuit, et toujours au gré des fantaisies de la lune, les vagues chargées d'algues fluorescentes s'abattront sur la plage. Un spectacle hors du commun. Non, je dirais psychédélique. Il n'y a pas d'autres mots. Cependant, attention aux vices cachés : le courant marin peut vous emporter loin, très loin, assez loin pour que l'issue soit fatale. Mais ceci n'est rien en comparaison du désastre tant économique qu'écologique engendré par la pêche industrielle faite dans ces eaux par les pays développés. Ces derniers, sans état d'âme aucun, envoient de grands bateaux qui viennent la nuit tombée piller les fonds marins gondwanais. Tout cela, bien sûr, se fait en complicité avec les gouvernements qui n'hésitent pas à distribuer des licences de pêche « en veux-tu en voilà » en échange d'un pot-de-vin bien épicé. Ah, il faut bien que tout le monde en profite même au détriment de ces peuples qui souffrent. Et pour bien édulcorer cela, lors de vos promenades sur le bord de mer, il n'est pas rare de tomber sur une ou deux montagnes de poissons morts ; du style des requins dépourvus de leurs ailerons. Ailerons qui sont exportés droit vers les pays pour lesquels c'est une délicatesse et qui se vendent à prix d'or. Et pour finir, viennent s'ajouter à cela deux nouveautés, conséquence de toute cette gabegie : la criminalité et le terrorisme. Quel gâchis !

Mais le Gondwana, c'est aussi des régions de brousse, hostiles. Une brousse qui vous offre en guise de bienvenue une chaleur torride, insupportable. Pas une goutte d'eau à perte de vue. De quoi avoir soif pendant des années ! Mais quel contraste si un jour vous avez la chance d'y revenir après la saison des pluies. Elle vous offrira un paysage extraordinaire, à vous demander si vous êtes vraiment au même endroit. Cette hostilité a laissé place à la verdure, à la vie. C'est miraculeux jusqu'au premier serpent qui va onduler à vos pieds. Néanmoins, il ne faut pas confondre avec les régions forestières d'une verdure qui, vue d'en haut, s'apparente à une immense pelouse sans frontières. Avez-vous déjà fait un tour dans une telle forêt ? Moi oui, juste aux abords et ça m'a suffi très largement. Je n'en demande pas plus ! Je conçois très bien que l'on ait envie de voir les Pygmées. Je vous rassure ils sont comme vous et moi, juste un peu plus petits avec un inconvénient en plus, ils sont victimes de discrimination et de déforestation.

Des régions qui, en plus de leur beauté époustouflante, sont d'une richesse sans précédent. Saviez-vous que dans certains terroirs du Gondwana, vous pouvez ramasser des pierres précieuses et semi-précieuses à la pelle ? Mon collègue et ami avait un petit terrain cultivé dans sa région natale. Un jour, il m'interpelle pour me montrer des pierres précieuses qu'il me dit avoir trouvées dans son petit champ de culture. Inutile de vous dire que j'étais sidérée. Il m'explique que c'est monnaie courante et qu'il suffit de chercher dans son champ. Le jardin de sa maison peut se montrer très riche aussi. Sur quoi, il me propose d'en ramener chez moi en guise de souvenir. Cette situation qui suscitait en moi de l'hébétude semblait être tout ce qu'il y a de plus ordinaire pour lui. J'ai accepté sa proposition. C'est ainsi que je me suis retrouvée avec des sacs en plastique remplis de pierres précieuses et semi-précieuses. Une variété d'améthystes, de zircons et de tourmalines ainsi que deux mouchoirs contenant quelques saphirs et des rubis. Mon idée était de faire des cadeaux à mon entourage en souvenir de cette contrée d'une beauté rare et d'une richesse abracadabrante. Il ne faut pas perdre de vue que ces pierres à l'état brut n'ont pas de valeur outre mesure. Je n'ai jamais cherché à en faire tailler parce que des tailleries nationales il n'y en a pas ou il n'y en a plus. J'avais entendu parler d'une taillerie nationale gondwanaise. J'étais convaincue qu'un jour j'allais d'une manière ou d'une autre atterrir dans ce bled. Et effectivement, c'est arrivé. Seulement voilà, événement curieux, j'ai retrouvé la loi relative à la création de cette taillerie mais pas la taillerie. Elle n'existe plus. Ce qu'il faut retenir de cela, et je vais vraiment le réaliser sur place, c'est que toute la valeur ajoutée de ces pierres ne profite pas aux locaux. Malheureusement, ces pierres précieuses ou semi-précieuses brutes finissent entre les mains de diamantaires étrangers. Eux au moins savent exactement la valeur de ce qu'ils ont entre les doigts, et quoi en faire. Et des diamantaires étrangers, il y en avait beaucoup, tout comme les comptoirs de diamants. Pour l'anecdote, la première personne qui m'a abordée dans la rue lors de mon premier séjour en était un. J'étais à la recherche d'un cybercafé soigneusement recommandé par un réceptionniste. Très simple, cette adresse n'existait plus. Ce diamantaire, voyant que j'avais un aspect « étranger », s'est permis de me déconseiller de circuler dans ce quartier très dangereux. En passant, je le remercie encore aujourd'hui parce que sans lui, je ne l'aurais jamais su. Ou alors, je l'aurais su au prix d'une agression ou d'un enlèvement par des hommes déguisés en militaires. C'est ce qu'il m'a dit. Information que j'ai pu vérifier. Il vaut mieux que je n'y pense pas. Il faudrait être plus pragmatique quand même ! Les pouvoirs publics devraient penser à mettre des panneaux de signalisation d'insécurité : « Attention, quartier méchant ! » Ou : « Attention, ici guerre des rues ! » C'est la moindre des choses quand même ! Vous ne trouvez pas ?

Voilà encore une bonne raison de témoigner : je ne peux pas être indifférente, et personne d'ailleurs, devant un tel mépris et un tel manque de cohérence face à cette richesse. Non ! À elle seule, elle pourrait nourrir, assurer l'éducation et maintenir un système de santé respectable pour tout le Gondwana. Cette situation est tellement aberrante. Toi-*là*, il faut faire avec, comme tout le monde. *Y'a quoi* ? Il y a un côté loufoque, caricatural, contradictoire, hallucinant, enfin, comme vous voudrez. J'ai beaucoup de mal à accepter cette énorme pauvreté qui fait bon ménage avec une richesse abondante. Elle est à portée de main, mais localement personne n'en profite véritablement. Quel gâchis ! Et pourtant, nous en sommes là, et cela a même tendance à se banaliser. Mais c'est peut-être ça le charme du Gondwana ! Cela dit, il semblerait qu'une nouvelle législation soit venue compléter l'ancienne en matière de commercialisation et de taxation de ces pierres précieuses. Cependant, cette nouvelle législation ne résout que très partiellement le cœur du problème. En tout état de cause, elle ne fait pas avancer d'un iota le schmilblick de la pauvreté.

Comme vous le savez déjà, les visas sont des denrées rares au Gondwana. Il faut vraiment s'accrocher pour les obtenir. Les conditions d'hébergement sont plus ou moins difficiles selon les pays gondwanais, le système de santé n'est pas à la hauteur, c'est le moins qu'on puisse dire. Alors les pépins dans ce domaine sont à éviter absolument. De plus, les transports ne sont pas des plus aisés, et l'insécurité ne fait qu'augmenter. Alors d'après vous, avec une telle configuration, qu'est-ce qui peut attirer les touristes ? Rien. Les investisseurs étrangers peut-être ? Même pas ! D'ailleurs, où sont-ils ? Avec une sécurité juridique accessoire, ils ont le droit d'être frileux, même à 45 °C à l'ombre.

– Toi-*là*, tu veux quoi ? Il ne faut pas nous faire une mauvaise publicité *dè* !

– Mais non, je suis juste réaliste ! Paaaardon mon frère, j'ai le droit d'aspirer à mieux !

– *Ekié*, c'est la loi qui dit ça ?

Regardons en face ce que nous n'avons pas vraiment envie de voir !

Suite du commencement... Lorsque j'arrive sur place, j'ai principalement affaire à un service public complètement délaissé – ce n'est fort probablement pas le fait du hasard. Tout dépend des ministères. Dans la plupart des républiques, si vous faites le tour, vous allez très vite constater que certains ministères (pétrole – toutes couleurs confondues – finances, mines, primature, et dans certains cas affaires étrangères) sont toujours bien mieux lotis que les autres. C'est facilement mesurable. Certains grands experts spécialisés internationaux me diront : « Madame, sur quoi vous êtes-vous basée pour faire ce constat ? Vous ne pouvez pas vous le permettre : il faut des critères mesurables, scientifiques, techniques, technologiques, informatiques, pathologiques, endémiques, et *quoi-quoi-quoi.* » *Faut pas* m'embêter, tout ça-*là*, c'est trop cher. Après tout, c'est la crise. Je vous assure, mes critères-*là* sont imbattables. Ça coûte juste la course du taxi pour faire le tour. C'est *plus-moins* cher ! Ou encore bien *plus-moins* cher, le minibus avec trente personnes dedans et une humidité au maximum ! Gare à celui qui est vêtu tout de blanc...

Bon, comme ma recherche des textes de loi ne m'amène pas dans un ministère privilégié ou parfois *ça n'dépend.* Toujours est-il que je me retrouve dans une direction totalement abandonnée et parfois même oubliée. Oui, je dis bien OUBLIÉE ! Tout est à reconstruire ou pire, à construire. Mais en fait, ça ne surprend pas puisqu'il s'agit, entre autres, de directions dont la tâche officielle est de publier et de conserver les textes fondateurs et régulateurs de notre république quelle que soit sa démocratie ou sa *démocrature*. Eh bien, c'est la Constitution qui l'a dit ! Que voulez-vous, ça donne un avant-goût de l'intérêt porté aux archives de ce type... Délaissées au point que je ne sais pas par où commencer ? Eh oui, je me trouve, dans certaines contrées du Gondwana, face à une infrastructure totalement vétuste et délabrée. Le bâtiment est dans un état *je-ne-vous-raconte-même-pas*. Le système électrique est complètement nase. Il y a parfois une seule prise électrique pour tout un bâtiment ! L'Internet est encore un projet, et plus souvent un mythe. Si on a beaucoup de chance, l'Internet existe sauf que ça marche tellement bien qu'il faut presque du courage pour l'utiliser. Disons que dans certains cas, ça ne marche que pendant les heures de repos. La plomberie fonctionne avec l'eau courante qui ne court plus, et je vous laisse imaginer l'état des toilettes ! D'ailleurs, il vaut mieux ne pas avoir la courante à ce moment-là. Ah oui, j'oubliais, boire deux litres d'eau par jour tel que recommandé est à éviter absolument… À ce sujet, il m'est arrivé, dans les cas de force majeure, de faire appel à la voiture des bienfaiteurs de fonds. J'avais besoin de profiter des toilettes d'un café. J'aime autant vous dire que les critères de choix de l'établissement étaient non pas le café mais plutôt les toilettes. Mais de toute façon au Gondwana ça va de pair. Le plus souvent, je me résigne à attendre la pause de midi. Ou la fin de la journée. Bonjour la concentration et la formation ! Mais je ne suis pas la seule. Combien de fois ai-je entendu mes collègues me dire : « Madame, nous les femmes on souffre dans les ministères, les hommes ils peuvent aller derrière un arbre, mais nous ? On fait comment ? » Mais il y a aussi des femmes haut placées qui me confient : « Quand je vais à un cocktail, je suis de préférence à jeun de peur de devoir aller là où il ne faut pas ! » Tout cela pour vous dire que je ne suis pas la seule à avoir ces problèmes d'ordre personnel. Désolée de vous faire part d'anecdotes pareilles, mais ça occupe une grande place dans la réalité et l'actualité gondwanaises.

Mais revenons à nos moutons. Je disais donc que les bâtiments sont dans un état de dégradation avancée, les portes et les fenêtres déprimées, la toiture agonisante et les toilettes crient à l'aide. Dans certains services publics, le sol est fait d'un ciment inégal avec des creux qui se sont formés. Talons à éviter ! Un bric-à-brac de mobilier de bureau vous accueille en silence même si certains meubles, je l'avoue, essaient tout de même de rester dignes. Il faut bien admettre que la maintenance des bâtiments, mais pas uniquement, n'est d'aucune manière notre point fort.

Permettez-moi une petite parenthèse. Durant une de mes nombreuses missions, je me suis trouvée dans une situation usante et édifiante. Je travaillais dans un service qui était à peu près vivable. Bon, tout est relatif. Il n'y avait pas de vraies fenêtres, mais uniquement un bandeau de grandes vitres en hauteur. Donc aucune sortie d'air à part la porte qui était en permanence fermée à cause de la climatisation. Les bureaux étaient divisés tant bien que mal avec des cloisons, ce qui ne laissait qu'un espace très limité pour le mobilier. Les archives étaient empilées sur des étagères et à même le sol. Inutile de vous préciser qu'il était difficile non seulement de faire le ménage mais aussi de se déplacer. En plus de mes collègues, nous avions aussi la compagnie de gros rats gris foncé. Houlà ! Il ne fallait pas que j'y pense car cela m'horrifiait. J'étais la risée de tous mes collègues pour qui un rat est un rat. C'est même un plat national. Il se trouve que chez moi, ça ne l'est pas vraiment. Les goûts et les couleurs ne se discutent pas, n'est-ce pas ? À chaque passage de ces monstres, je sautais sur ma chaise. Comme j'étais installée face au couloir, ces pauvres rats fonçaient droit sur moi. Mes collègues n'étaient visiblement pas dérangés par leur présence. J'ignore comment vous auriez réagi, mais moi, je ne me suis jamais vraiment fait à ces compagnons de mission. Lors d'autres missions dans cette même direction, une des climatisations principales est tombée en panne. Vu le climat humide et chaud à l'extérieur et le fait que l'on puisse ouvrir seulement la seule et unique porte donnant sur l'extérieur, l'ambiance est vite devenue irrespirable. Même vos lunettes transpirent. Climat tropical à l'extérieur et climat tropical à l'intérieur. D'après vous ça donne quoi ? Dans ces conditions, et à ma demande, cette panne a été signalée très rapidement. Un technicien s'est présenté le jour même. C'était le début de mon séjour. Il a fait naître en moi l'espoir de ne plus transpirer à grosses gouttes et ainsi de pouvoir mieux me concentrer. Ce que je ne savais pas, c'est que le technicien en question allait faire trente-six-mille allers-retours durant la première semaine. Il farfouillait je ne sais trop quoi dans le climatiseur. Et vas-y que je te démonte. Et vas-y que je te remonte. Pour faire quoi ? Je ne le saurai jamais. Ce cirque a continué pendant trois semaines durant lesquelles la chaleur devenait de plus en plus intenable. Un vrai calvaire d'aller au travail tous les jours ! Les rats, eux, ne semblaient pas souffrir de cette situation. Ils étaient présents chaque matin comme si eux aussi avaient un contrat et un délai à respecter… Mais il fallait se résoudre à travailler puisqu'il ne faut jamais perdre de vue que le bienfaiteur, lui, attend ses résultats. J'avais beau demander régulièrement au technicien ce qui se passait, sa réponse accompagnée d'un sourire peu convaincu restait invariable : « Ça va aller madame… ! » Le dernier jour de la mission, la clim était en panne comme au premier jour à une différence près : elle était juste un peu plus cabossée à force d'être démontée tous les matins, pour rien. C'est là que j'ai réalisé combien j'étais heureuse que ce technicien et ses pairs ne soient pas responsables de la maintenance des avions. Parce qu'alors-là, je ne risquais pas de partir de sitôt. Ou plus exactement, je risquais d'y perdre la vie. Disons que c'est beaucoup moins drôle. Réflexion que j'ai partagée avec le technicien lui-même, qui m'a fait un sourire en disant : « Ça va aller madame… »

Mais ce qu'il y a de plus cocasse et stupéfiant en même temps, ce sont les paradoxes du sous-développement. Dans certaines régions gondwanaises *très très* sous-développées, ne vous y trompez pas, c'est l'abondance ! Les fonctionnaires peuvent se permettre le luxe de laisser les climatiseurs allumés à plein régime tout le week-end, dans tous les bureaux, pour s'assurer que « les bureaux soient bien frais lundi matin, n'est-ce pas… ! » ai-je entendu. Un conseil, quand vous allez au Gondwana n'oubliez pas de prévoir au moins deux cols roulés et trois châles car il gèle constamment dans les services administratifs. D'ailleurs, en parlant de climatiseur, je me rappelle du temps où il ne faisait pas partie de l'installation obligatoire dans les bureaux. Il y a trente ans, mon père était fonctionnaire lui aussi. La clim, c'était un luxe. Aucun fonctionnaire n'y avait droit. Depuis, elle est devenue indispensable dans l'administration. Aujourd'hui, au Gondwana, quel que soit le service public, le climatiseur est l'outil principal de travail. Il n'a pas le droit de tomber en panne, sous peine d'être réparé dans les minutes qui suivent. Enfin tout dépend des compétences du technicien. Même dans les pays du Gondwana les plus affectés par la crise budgétaire. En revanche, on n'a pas les moyens, mais vraiment pas, de changer la cartouche d'encre de l'imprimante. Et encore moins d'acheter l'antivirus pour sauver l'ordinateur. La clim ? Ça par contre c'est le projet le plus pérenne qui soit au Gondwana. J'ose espérer qu'un jour les ordinateurs et l'Internet puissent suivre le même chemin. L'ennui c'est que l'ordinateur c'est plus compliqué : il faut savoir l'utiliser…

Bon, mais il n'y a pas que la clim qui pose problème. J'ai été amenée à effectuer dans le même pays et le même service public plusieurs missions successives. Durant la première mission, celle de l'état des lieux, j'ai remarqué que les toilettes fuyaient. J'aurais pu noter ce problème mais comme la plomberie et l'assainissement n'étaient pas inclus dans la description de mes tâches, je n'en ai pas fait mention dans mon rapport. Et puis comment expliquer à mon employeur que, en plus des ordinateurs à changer, de l'installation du câblage Internet, des meubles, etc., il fallait aussi réparer les toilettes ? En tout état de cause, et par politesse, peut-être même par pudeur, je me suis abstenue de dire quoi que ce soit. La mission suivante, j'ai quand même fini par faire la remarque, mais rien. La mission d'après j'ai insisté, sans succès. Rien à faire ! Pas moyen de faire bouger qui que ce soit. Les toilettes fuyaient et c'était apparemment tout ce qu'il y avait de plus normal. J'avais beau expliquer pourquoi il était impératif de faire réparer cette fuite en évoquant des raisons environnementales, éthiques, climatiques, le respect des plus démunis, rien n'y faisait. NON ! Les toilettes ont fui pendant quatre ans et je suppose qu'elles continuent de fuir. « C'est pas grave… ça va aller ! »

Mais malgré toute cette gabegie, il n'y a pas un ordinateur à disposition dans les bureaux. S'il y en a un qui a atterri, par chance, sur un bureau, c'est grâce à l'avènement des technologies de l'information et de la communication (car TIC oblige, c'est la mode !) ou tout simplement grâce à la mise en place d'un projet échoué. Un ordinateur posé comme ça sur un bureau, sans raison apparente, ah ça vous pouvez être sûr qu'il a le *Sida* : il est bourré de virus et *très très* contagieux. Et c'est normal ! Il a probablement été livré, comme c'est souvent le cas, sans les logiciels et sans antivirus. Donc personne ne s'en approche ! Et puis gare à celui qui aura le malheur d'y introduire sa clé USB ! Aïe, ça peut faire très mal ! L'ordinateur ? Il est là par principe et personne ne sait vraiment s'en servir. Mais il trône quand même sur le bureau, pour la forme bien sûr ! On ne sait jamais qui pourrait nous rendre visite ! Non mais oh ! Ça fait sérieux un ordinateur ! Parfois même il y en a deux. Ils ne sont pas tout à fait *knock-out*, mais presque. Ça fait « très directeur, responsable, important » ! Encore mieux, s'il ne marche vraiment plus, c'est-à-dire s'il ne s'allume plus du tout, on conserve l'épave dans un coin du bureau. Eh oui, qui sait ? Peut-être qu'un jour, par miracle, il va se rallumer, genre « coucou je suis là » ! Ça fera trois ordinateurs ! En fait, on les collectionne sans vraiment savoir pourquoi. Ça fait juste bien.

Bref, il gèle dans les bureaux y compris le week-end, les toilettes fuient depuis quatre ans et sont inexploitables, l'eau courante ne court plus ou seulement par intermittence, les ordinateurs sont des dangers publics, le bric-à-brac survit au temps, et les meubles malgré leur bonne volonté finissent quand même par vieillir. Et à côté de tout ça il y a la gabegie intégrale, mais surtout, il y a la faim. Eh oui, tout le monde ne mange pas à midi. Ça coûte trop cher mon ami. Les salaires ne font pas l'affaire ! Fort heureusement, il y a ceux qui ont la chance d'avoir un ou deux arbres fruitiers qui ont poussé par hasard à côté des bureaux. En guise de repas de midi, ils cueillent une mangue et la mangent à l'aide de leur petit canif. Ils se régalent tranquillement à l'ombre de ce même arbre. Et il y a ceux qui, pour diverses raisons personnelles, font un choix radical, ils s'abstiennent. Au mieux, ils profitent de la vendeuse d'arachides qui vient tous les midis s'installer à même le sol pour proposer sa marchandise. Les uns et les autres se regroupent autour d'elle pour acheter une poignée d'arachides non décortiquées, soit à peu près une cinquantaine de cacahuètes.

Et après on s'étonne, on est même offusqué, que les résultats prévus dans le cadre du projet sur la « *synergie des énergies pour le renforcement de l'oxygène et de l'air ambiant* »[23] ne soient pas atteints ! Et oui c'est très grave, car le Blanc sur le plan mondial, après avoir pollué la planète, il a besoin de cet oxygène. Il n'a peut-être pas faim mais par contre, l'oxygène-*là* c'est indispensable mon frère ! Il faut être bio, c'est à la mode.

Peut-être que notre cher Président-à-vie devrait prendre une bonne décision pour une fois. Heureusement, un beau matin, non par conviction mais plus exactement pour faire plaisir aux bienfaiteurs de fonds, il a fait un geste pour contribuer à renforcer la possibilité de limiter la production des gaz à effet de serre. Ça n'a surpris personne. Il pourrait ordonner l'extinction des climatiseurs le week-end dans tous les bureaux en contrepartie d'un salaire enrichi de la différence sur la facture générale. Je suis persuadée, comme vous d'ailleurs, que ces climatiseurs, comme par enchantement, fonctionneraient beaucoup moins le week-end.

Et il m'est arrivé de faire le tour du Gondwana pour arriver à destination, et découvrir que si je voulais faire un état des lieux digne de ce nom, il fallait que je sois rapide. Pourquoi ? Parce que les fonctionnaires m'ont fait comprendre qu'ils n'étaient là que de dix heures à midi. Disons que j'ai trouvé cela surprenant ! Du coup, j'étais super *speed* ! Plus tard, ces mêmes fonctionnaires, une fois tout l'équipement en place (équipement informatique et Internet) ont travaillé dix heures par jour avec moi. Ils

---

[23] Ne vous inquiétez pas, c'est un projet imaginaire !

étaient même prêts à travailler le dimanche. Comme quoi…

Et l'ordinateur, à quoi il sert ? À part, bien entendu, sa contribution à l'éventuel prestige d'un directeur ? Son poste ne l'intéresse pas, il y est trop souvent placé pour des raisons tout à fait gondwanaises (politiques, tribales ou ethniques) et les compétences laissent parfois à désirer. Et si on nous expliquait à quoi un ordinateur peut réellement servir ? Peut-être qu'alors il finirait par jouer son vrai rôle, c'est-à-dire contribuer à faire aboutir les merveilleux projets destinés à mieux oxygéner les Blancs. Et si les salaires sont meilleurs, que de ce fait on mange mieux, on est plus concentré. On a donc d'autant plus de chance de faire plaisir aux bienfaiteurs de fonds avec en prime un air plus respirable. Et du même coup notre Président fondateur est content ! Que veut le peuple ?

Et la formation à Washington-*là*, c'est comment ?

La recherche des lois perdues, c'est une bonne idée certes ! Mais encore faut-il les trouver ! Tout cela relève du Inch'allah.

– Et puis si on les trouve, on fait comment ?

– Il faut quoi pour qu'elles ne se perdent pas une nouvelle fois ?

– Eh bien on met tout ça dans le système-*là*. Le « réseau mondial de l'information juridique » *ouay* ! C'est simple non ? Mais d'abord c'est quoi le réseau mondial-*là* ?

– C'est le réseau-*là* créé par certains pays gondwanais avec les Américains-*là* et les Européens *depuis-depuis*.

– C'est quoi ?

– C'est la réorganisation de l'archivage juridique du pays dans un système électronique en ligne.

– Moi *kay*, je ne connais pas.

– C'est normal, personne ne connaît.

– Bon, pour que ça marche, il faut avoir l'Internet *dé* ! Et au Gondwana, quelle administration a une connexion ? Non, ils sont fous.

– Toi-*là*, il ne faut pas exagérer. Ça commence à venir tout doucement.

– Mais le temps que ça vienne, nous on sera déjà dépassé. Et même si tu as la connexion, est-ce que ça marche d'abord ? Et puis il faut avoir accès aux archives.

Elles sont où ? Et si elles existent, elles sont dans quel état ? Ils n'ont qu'à laisser nos archives en paix !

– Toi aussi, il ne faut pas te décourager d'avance. On nous amène un projet sur la gouvernance, il faut prendre, c'est tout. C'est l'argent qui rentre ! Tu veux quoi ?

– Ça demande de connaître les normes et *tout-tout-tout*, c'est compliqué *kay* ! Et l'anglais aussi. Du coup, les Gondwanais, ils ont laissé tomber à l'époque. Pourtant ça pourrait nous *agencer* quand même pour avoir les lois-*là* ? Du *moince*, chose-*là*, celles qu'on trouve. Certains bienfaiteurs de fonds disent que c'est une bonne chose pour l'humanité, le Gondwana, les femmes et *quoi-quoi-quoi*. Donc, ils vont envoyer des *gences*-là du ministère à Washington pour une formation. Le problème c'est que la consultante-*là*, elle dit que c'est *plu-mieux* d'assister à la formation après une formation ici sur place. Elle dit que c'est n'import'quoi si le gouvernement envoie une équipe avant le démarrage du projet.

– Mais nous on va bloquer le projet si on ne part pas avant. Les Blancs-*là* ils sont trop difficiles.

– *Ouallay*, elle dit que si on met quelque chose dans le site-*là*, il faut que ce soit organisé et cohérent pour pouvoir retrouver les textes qu'on cherche en un clic. Et puis opportun parce que la transparence c'est en ce moment même à la mode.

– Transparence ? Ça on l'entend tous les jours mais au Gondwana, on parle, on parle mais tout ça c'est des paroles en l'air.

– La transparence c'est avoir accès aux lois jours et nuits. En plus, il paraît que ça attire les investisseurs. Ils aiment ça.

– Tout ça-*là* ? Le Blanc-*là* il complique toujours *dé* ! Il veut quoi ?

– C'est pas si compliqué. Le bienfaiteur de fonds il finance une formation à Washington. Il faut qu'on y aille.

La consultante n'a qu'à venir après. C'est juste quatre jours pour apprendre les normes, comment organiser les lois qu'on trouve, mettre les mots-clés, faire un résumé pour chaque loi et ajouter le texte de loi lui-même scanné. Bon ça c'est pas compliqué *kay*, ça va aller… et puis en plus tu vas en profiter pour voir Washington. Sinon après ils risquent de changer d'avis et de nous dire *quoi-quoi-quoi* ! Il faut commencer les procédures administratives pour partir.

– *Ekié* ! La capitale d'Obama ? Noooon ? Ça c'est troooop bon !

– Au fait-là, tu parles anglais ?

– Moi ? Non pas du tout.

– Je te dis, la formation-*là* c'est en anglais *dè* !

– C'est pas grave, on va *s'agencer*. Y'a pas d'problème. Mais je te préviens, mes connaissances en informatique-*là*, elles sont rudimentaires.

– Toi aussi, c'est pas grave. Tu as un compte Yahoo ou Facebook non ?

– Oui, comme tout le monde pour échanger les photos et être visible en ligne.

– Bon, ça va. Donc tu sais manipuler un peu quoi ! Personne ne va remarquer. Il faut rester discret seulement. De toute manière, personne ne va rien te demander au retour au pays. Est-ce que même tu as un ordinateur dans ton bureau ?

– Oui, mais bon…, il est plein de virus ! En fait ils n'ont pas installé les logiciels qu'il faut, ni les antivirus.

– Eh, chose-*là*, il y a la consultante. Elle va nous équiper et apprendre tout ça à l'équipe qui a été recrutée. Moi, en tant que directeur, je vais juste représenter le pays et toi tu viens m'assister au cas où. Tu comprends, c'est *plu-mieux* de voyager à deux.

– *Ouallay*, le problème, c'est que tout le monde a entendu parler de ce fameux séjour à Washington. Et tout le monde veut y aller. Il ne faut pas trop parler de cette mission quoi. Tu vois non ?

– C'est pas un problème. Tu nous débrouilles une intervention auprès des hautes instances et après on va *s'agencer* !

Du coup, je dois quand même, et malgré ma réticence, envoyer l'équipe pour cette fameuse formation de quatre jours à Washington. Il m'est tout simplement impossible de faire autrement au risque de voir le projet s'écrouler avant même d'avoir démarré. J'appellerai ça les frais de démarrage. On dit que quoi ? Un peu cher ? Oui, mais sinon on ne va pas pouvoir trouver les lois, et si on ne les trouve pas, on fait comment ?

Au fond, je n'ai rien contre le fait que les équipes aillent prendre part à la formation à Washington. Si ça peut faire leur bonheur, pourquoi pas ? Seulement voilà, dans bien des cas, les fonctionnaires oubliés dans leur bureau *depuis-depuis* voyagent pour la première fois de leur vie. Ils ont de faibles notions d'anglais, voire pas du tout. Ils ne savent pas toujours utiliser un ordinateur. Il faut ajouter à cela la fatigue, le froid, le décalage horaire et le dépaysement total. Mais aussi et surtout, le fait qu'ils ne soient pas équipés pour subir un bouleversement culturel aussi radical. Et puis enfin, si peu de jours pour se remettre de tels changements climatiques et industriels !

– Et dis-donc, Washington-*là* c'est comment ? *Ekié* !

– Washington *dè*, c'est propre nickel. Tout est interdit là-bas ! Il y a des lois partout et tout le monde respecte. Sinon, attention, la police n'est jamais loin. On n'a pas le droit de se soulager ni d'uriner ni de cracher ni de balancer un mouchoir par la fenêtre. Rien. Pas le moindre sac en plastique qui traîne… Tout est strictement réglementé. Nooooon, c'est trop ! On ne peut même plus respirer librement. Je te jure, le moindre mouvement est chronométré à la seconde près. Et puis, il y a tellement de magasins que ça te tourne la tête. Et même, tu cherches ton grand-père, tu as des chances de le trouver là *kay* ! Même dans les magasins les *plus-moins* chers ! Bon, c'est peut-être pour ça qu'ils se bousculent pour faire partie du voyage. Maintenant, je comprends pourquoi les Blancs se suicident. Si à chaque fois que je vais dans un magasin je risque de trouver mon grand-père ou ma grand-mère que je croyais morts et en plus à *plus-moins* cher, *ouallay*, moi aussi je risque de me suicider ! Il ne faut pas trop chercher si tu ne veux pas retrouver les problèmes du pays *dè* ! Imagine les obligations et les coutumes en anglais, bref, tout ce que tu as laissé derrière toi. Fini les vacances quoi ! Et en plus tu es à Washington où tu pensais que tu étais seul avec toi-même… La liberté, enfin ! Mais même la liberté est différente de chez nous. Donc il faut rester tranquille, je t'avais dit. Et pour les citoyens des pays régis par la loi islamique, où l'alcool est donc strictement interdit, accroche-toi pour les faire sortir des bars… C'est le nirvana à Washington. On est submergé de lumières et de bruits, personne ne regarde personne… Sauf ceux qui sont habillés en boîte de couleurs ou si tu as le malheur d'allumer une cigarette comme si tu étais en train d'allumer un feu de brousse hé… Au moindre mouvement tu vois la police, elle est là sans être là. Tu ne sais même pas comment elle sait. Tu es observé sans relâche ! On dirait qu'ils ont mis une caméra cachée dans ta poche. Chaque fois que tu bouges, on note. C'est un autre monde. Et si tu reviens quelques années plus tard, ils t'arrêtent. Toi tu ne sais pas pourquoi. Mais eux, ils ont tout noté et gardé dans les archives. Parce que leurs archives-*là*, c'est du solide *dè* ! C'est pas *façon-façon* ! Et ils appellent ça la démocratie !

– C'est ça la fameuse démocratie ? Moi je croyais que c'était la liberté ? N'est-ce pas, ils ont la statue de la *liberté* ?

– Bon, c'est une sorte de liberté visible.

– Et puis la circulation : les voitures elles sont toutes neuves. Les quatre jours que j'ai passés là-bas, je n'ai pas vu une égratignure sur aucune voiture. Au lieu de *France-au-revoir* on va changer. On va faire *Washington-Au-Revoir*, c'est *plu-mieux*. Les voitures-*là*, ça vient, ça va, ça revient, ça re-va et tu te demandes où ils vont tous comme ça ? Peut-être il y a une fête quelque part ? Un mariage ? Ou un accident ? Avec toutes ces sirènes qui hurlent toute la journée. Nous au moins quand nos ambulances hurlent, elles hurlent doucement *kay* ! Il faut faire doucement. On a tout le temps. Pourquoi ils sont pressés comme ça ?

– Hum, le temps par ici, c'est de l'argent.

Bref, le fonctionnaire gondwanais ordinaire ne suit pas trop le mouvement. Tout va tellement vite, même le temps. Il est tellement déphasé, c'est un rythme tellement différent du sien qu'au bout du compte il ne peut pas profiter de cette formation qui en devient presque dérisoire. Donc, tous se bousculent pour partir. Et puis au retour, rien n'a changé. Ils reviennent comme ils sont partis. Le projet démarre, mais il ne se passe rien. Et là, on m'appelle d'urgence. Je peux enfin commencer mon travail.

Et je remercie au passage la poignée de personnes qui m'ont fait entièrement confiance à ce niveau ; elles se reconnaîtront. La plupart du temps, les bienfaiteurs de fonds sont sceptiques face à ma réticence de commencer le programme de formation par ces quatre jours à Washington. Et pour cause. Ils sont loin d'imaginer que le niveau peut être si bas. Dix ans plus tard, je crois qu'ils ont compris. En fait, cette formation devrait rester symbolique. Elle finit toujours par la remise d'un certificat d'aptitude. Mais elle permet aussi aux équipes gondwanaises de rencontrer les autres collègues sur le plan international. Parce que tout ça-*là* en même temps, ce n'est pas facile *dè* ! D'ailleurs, une équipe gondwanaise, malgré le fait qu'elle n'ait pas pu se rendre à Washington pour la formation, pour des raisons de visa, a quand même raflé pendant quatre ans de suite la distinction de la meilleure station du réseau mondial de l'information juridique. C'est une belle démonstration. *Ekié* ! Il faut m'écouter de temps en temps.

Il faut dire que les Américains non plus ne m'ont pas toujours soutenue dans ces discussions. Il est vrai que quelque chose ne tourne pas rond et pour cause. Qu'il faille plus d'une année de formation pour les Gondwanais alors que quatre jours suffisent largement pour les autres pays est difficile à admettre. J'avoue que j'ai aussi eu du mal à leur expliquer que la plupart des archives sont en piteux état et que de toute manière la loi n'intéresse pas grand monde. S'ils m'ont quand même laissé faire, c'est non pas parce qu'ils en saisissaient l'intérêt et la pertinence, mais tout simplement parce qu'ils avaient besoin de ce suivi en ligne. Il fallait tout de même garantir un minimum de qualité de travail sur ce site officiel et international. Et comment faire autrement ? Et je suis certaine qu'eux n'avaient certainement ni le temps ni les moyens d'assurer un tel service. Ce suivi en ligne s'est avéré et s'avère toujours indispensable. Vous pourrez juger par vous-mêmes plus loin !

Pour finir, au bout de quelques années de travail et malgré l'absence de soutien de certaines hiérarchies blasées, les déboires et les « fout-la-merde » (et il y en a toujours un qui s'incruste d'une manière ou d'une autre, je vous rassure), les équipes réussissent l'impossible et l'impensable. Elles trouvent la foi en elles-mêmes. Et ça change tout. Obama nous l'avait bien dit : « Yes we can ! » Et lui c'est un vrai Gondwanais bêta, il a tout compris. Moi j'ai vu sa grand-mère à la télé : une vraaaaiiiiiie Gondwanaise !

Sauf que dans le domaine de la recherche des lois perdues, il y a parfois des surprises ! C'est la traversée du désert. Ça prend du temps, mais avec beaucoup de volonté et de patience, on y arrive.

Entre-temps, c'est la pause et il faut bien aller manger ! Mais où ?

Vous êtes invitée[24]… Mais où… ?

Dans certains pays du Gondwana c'est chaud pour la sécurité. Maintenant que vous vous êtes adaptée tant bien que mal à votre nouvelle situation, que vous avez adopté votre nouvelle chambre d'hôtel, que tous les employés vous ont souhaité « bonne arrivée madame » avec un sourire plus ou moins réjoui selon le dernier pourboire empoché, que vous avez enfin commencé à travailler et épuisé encore un peu de votre énergie, vous vous retrouvez le soir, avec l'estomac qui gargouille à fendre l'âme… Et là se pose le problème du restaurant. Le restaurant de l'hôtel, s'il y en a un, ce n'est pas un coupe-gorge. Cependant, pour se remonter le moral, on doit pouvoir trouver mieux. La difficulté c'est qu'il faut sortir de l'hôtel et, comme à l'aéroport, il n'est pas recommandé de prendre le taxi et encore moins de partir seule à pied dans les rues. Donc vous louez les services d'un garde du corps. C'est encore un gars qui traîne en bas et qui a une bonne tête. Vous lui faites confiance, en vous basant sur le billet que vous allez lui donner après qu'il vous ait ramenée à bon port, chez vous à l'hôtel. Mais grosse déception le soir où vous vous apprêtez à le rejoindre devant l'entrée de la réception et qu'il est complètement pompette… Bonjour la sécurité, il vaut mieux laisser tomber et partir toute seule. C'est le risque du métier ! Vous mettez des chaussures plates, un billet dans la poche arrière de votre pantalon, un billet

[24] Expression très utilisée dans certains pays gondwanais lorsque les gens chez qui vous allez sont attablés, qui signifie : « joignez-vous à nous », « faites comme nous ».

dans votre soutien-gorge, vous videz votre sac de tous les objets auxquels vous tenez, style passeport, carte de crédit – de toute façon complètement inutile –, portefeuille, Ipod. Vous gardez quand même votre petite lampe torche et votre téléphone pour appeler en cas de danger. Mais au fait, appeler qui ? Vous ne le savez pas encore, en espérant qu'il ne vous arrive rien. Et surtout vous ignorez autant que possible les différentes interpellations des badauds, des militaires complètement pompettes qui traînent dans les parages, des taximans dans leurs épaves de taxis qui cherchent des clients coûte que coûte qui, eux non plus, ne sont pas dans un meilleur état que les précédents. Et de préférence, vous marchez près du bord de la chaussée en sens contraire de celui de la marche des voitures.

Durant votre séjour, vous essayez si possible de varier les restaurants. Si possible, parce que ce n'est pas toujours évident d'être logé dans un hôtel à peu près vivable et qui propose dans les alentours plusieurs restaurants. Ce serait trop demander ! Dans certaines capitales gondwanaises, quelle que soit leur démocratie ou *démocrature* – mais fort heureusement pas toujours –, il n'y en a pas même un seul. Pas âme qui vive. Il faut, dans ce cas-là, prendre sur soi, avaler – c'est le cas de le dire – et se contenter à contre-cœur du restaurant de l'hôtel, même si celui-ci vous coupe l'appétit à peine le seuil franchi. Mais vous avez tellement la dalle que vous foncez. Le restaurant se veut d'un certain standing, sauf que ça ne colle pas avec le décor qui est d'un kitch insupportable. Et si vous regardez la vaisselle de plus près, sa propreté laisse à désirer, du moins les verres. Mais j'imagine que si les verres portent toujours des traces de doigts et ne sont pas clairs comme le jour, c'est que le reste n'est pas mieux. Alors… Qu'en est-il du menu ? Si vous avez de la chance, c'est poulet et/ou brochette ; et si vous avez moins de chance, c'est poulet ou brochette avec frites – patate ou plantain –, salade ou haricots verts en accompagnement. Mais parfois, *y a pas*. Et dans ces cas-là, vous avez toujours un dernier recours : l'omelette, car bizarrement de l'omelette *y a souvent, voire toujours*. Vous n'avez donc pas d'autre choix que de prendre *c'qu'y a*. Omelette au fromage *façon-façon* ou jambon *façon-façon*, ou les deux *façon-façon*. Ce qui au fond ne change pas grand-chose. Et puis, tout dépend de l'huile de friture avec laquelle le chef cuisinier va prendre soin de faire cuire votre fameuse omelette. Si vous êtes très malchanceuse, trop malchanceuse, l'omelette sent la vieille frite. Sinon au mieux, elle sent l'huile végétale du gros bidon d'huile jaune. Ces bidons distribués en principe par le bienfaiteur qui intervient lors des famines et qui ont, il faut le dire, le mérite d'avoir contribué à sauver beaucoup de vies. Ces mêmes bidons jaunes, censés être gratuits, que l'on retrouve régulièrement, par pur hasard bien sûr, sur les étagères des commerçants. N'est-ce pas ? Cette petite omelette, qui vous sauve la vie aussi, est honorablement accompagnée de pain et d'un petit morceau de beurre, si on peut appeler ça du beurre… Je qualifierais ça plutôt de margarine végétale synthétique de très mauvaise qualité. Heureusement, il y a le sel qui est un magnifique cache-misère. De toute manière, vous avez tellement faim que vous engloutissez tout sans réfléchir. Et ce n'est qu'après avoir payé que vous commencez à vous sentir mal. Le pire c'est que vous n'êtes qu'en début de séjour…

Quand on est en mission, qu'on a faim et qu'on est là pour plusieurs semaines, on essaie donc de varier les restaurants, si possible. De changer de cadre aussi, c'est normal. Et puis, pourquoi ne pas rencontrer des gens ? La solitude peut être très pesante, surtout quand elle dure trois semaines. C'est toujours agréable de dîner accompagnée. Heureusement, les missions sont chaque fois différentes et parfois il arrive que vous rencontriez des gens très bien avec lesquels vous passez d'agréables moments. Plus tard, vous garderez même le contact avec certains. Ça demeure tout de même exceptionnel.

En attendant, vous êtes donc à l'affût des restaurants. Vos radars sont allumés et une lanterne rouge se met à clignoter lorsque vous tombez sur un restaurant atypique. N'avez-vous jamais entendu parler des restaurants au bord des caniveaux ? Eh oui, ça existe ! Moi, je ne connaissais pas. J'ai entendu parler de restaurants au bord d'un lac, au bord de la mer, sur la tour Eiffel avec vue sur Paris, de restaurants tournant dans le ciel à Dubaï où on a l'impression d'être dans le vide, de restaurants au sommet d'un gratte-ciel avec une belle flore qui vous entoure au 110e étage, de restaurants avec vue sur les chutes du Niagara, au bord du fleuve, de restaurants tout simplement en ville... Enfin bref, toutes sortes d'établissements où l'on mange correctement, agréables, exotiques, romantiques, et surtout démocratiques, en fonction des goûts. Mais, au bord du caniveau, ça, je ne m'y attendais pas ! Même dans mes délires les plus soutenus, *y avait pas* ! Eh ben si. J'ai trouvé le restaurant au bord des caniveaux. Je l'ai bel et bien déniché ce restaurant. Et la meilleure, c'est qu'il avait le culot de proposer de la plus ou moins bonne gastronomie. Bien sûr, cela dépendait des jours et très probablement de l'humeur du cuistot. Encore mieux : il y avait un rapport qualité/prix tout à fait acceptable. Le jackpot ! Vous vous y rendez pour la première fois et tout se passe très bien. Vous décidez donc d'y aller une deuxième fois, rien de plus logique, sauf que, cette fois-ci ça se passera autrement. Ça change vite au Gondwana. Vous êtes confortablement attablée à la terrasse du restaurant en question, vous décompressez après une journée de travail intensif, et voilà que les caniveaux commencent à roter. Ah vous ne saviez pas que les caniveaux rotent, hein ? Eh *ben* si ! Et comment ! Et là, vous avez beau avoir très faim, l'appétit-*là* en est comme un peu coupé, voire complètement ! Vous appliquez une espèce de grimace de dégoût mais vous essayez, autant que faire se peut, de rester louable et respectable. Un peu de tenue et de retenue tout de même, vous êtes en public ! Le pire c'est que vous avez l'impression que vous êtes seule à souffrir de ces odeurs nauséabondes. Tous les autres clients semblent détendus, discutent tranquillement, sirotent leur boisson et dégustent le plat du jour sans aucun signe de gêne. Du coup, vous vous sentez plutôt ridicule avec parfois même un peu de culpabilité. Mais peut-être est-ce dû au fait que vous êtes seule, personne à qui vous confier ou à qui demander confirmation des odeurs qui circulent. Vous n'avez en face de vous que les vendeurs ambulants qui ne semblent pas être dérangés non plus, la rue centrale et les caniveaux qui l'accompagnent, pour une fois qu'il y a un caniveau... Elle *dit que quoi* la loi sur l'hygiène ? Désormais, le soir avant d'aller manger, vous êtes dubitative, toujours partagée entre y aller ou ne pas y aller. Ça rote ce soir ou ça ne rote pas ? Mais qui ne risque rien n'a rien. Heureusement, ça ne rote pas tous les soirs, mais à ce jour je n'ai pas encore compris dans quelles circonstances exactes les caniveaux rotent. Donc avec un peu de chance, vous risquez quand même de passer une bonne soirée dans ce restaurant au bord des caniveaux. Aujourd'hui, j'hésite encore à le recommander. J'aimerais bien savoir ce que le Guide Michelin en penserait ?

Bien sûr, les restaurants au Gondwana, il y en a de toutes sortes, même s'ils ne sont pas encore accrochés dans le ciel, du style maquis, boui-boui, maquis amélioré, café-restaurant *façon-façon*, restaurant bas de gamme, gamme moyenne et plus rarement gastronomique. Ça peut arriver, mais là encore, ça reste au stade de « se vouloir gastronomique » et souvent le petit détail peut tuer rapidement, comme un virus foudroyant. Par exemple, le serveur a oublié de se laver ou de laver sa chemise ou les deux ! Ou, le patron, en général un Blanc, est absent donc les souris dansent et n'assurent pas une cacahuète. Ou encore le meilleur restaurant de la ville, dans lequel vous avez pris le soin d'inviter quelques collègues bienfaiteurs qui commandent une bouteille de vin rouge qui va s'avérer bouchonné – *ouallay* il fait trop chaud au Gondwana. Pour régler cette situation, le serveur s'approche et quand vous lui dites que ce vin est bouchonné, c'est là qu'il rétorque en toute sincérité : « Mais madame, je l'ai *débouchonnée* devant vous ! » Alors comment lui faire comprendre ? Pas facile… En somme, c'est mignon. Jusque-là tout va bien.

Sinon, il y a aussi la possibilité de dîner de manière exotique et *plus-moins* chère dans les maquis qui vous proposent du poulet bicyclette ou du poulet télévision ou filmé. Non, ce n'est pas France 2 ou TF1 qui se sont exportées au Gondwana. Alors c'est quoi ? Le poulet télévision ou poulet filmé c'est un poulet anorexique rôti dans une rôtissoire vitrée et éclairée pour allécher le client au bord de la route – sorte de marketing à la Gondwanaise. Le poulet bicyclette, c'est le même poulet anorexique mais grillé au feu de bois – on l'appelle aussi poulet braisé, il est très convoité par les Gondwanais. Pourquoi ? *Ekié !* C'est *plus-moins cher*. En fait, comme la chair se fait rare, il faut juste avoir la patience de sucer les os. Si vos dents le permettent, les croquer pour en extraire une saveur que, personnellement, et pour ne l'avoir essayé que sur les os d'agneaux et de moutons, je ne connais pas encore. Mais comme je baigne dans l'exotisme tous les jours, j'en deviens aveugle et je ne vois plus que les choses qui pourraient aller mieux.

Mais l'exotisme ne s'arrête pas là : il y a encore mieux ! Mon père, en son temps, lors de ses nombreux voyages diplomatiques, me racontait, histoire de me distraire et certainement de me chatouiller l'esprit, qu'il avait mangé du python et du crocodile. Il disait que c'était très bon. Je l'ai trouvé très courageux comparé à moi qui ne suis même pas capable d'en regarder un droit dans les yeux. Jusqu'au jour où il m'a raconté une histoire vécue encore plus déroutante et abracadabrante pour mon petit esprit de petite fille. Vous voulez vraiment l'entendre cette histoire ? Bon, d'accord. C'était un dîner officiel, avec les grands, genre Président-à-vie, Président-fondateur, président-dictateur et Président-*démocrateur*-rassembleur. Tout se passe très bien, bonne ambiance et musique à la gondwanaise. Voilà que le plat d'honneur est avancé vers les hôtes : une table percée en son centre de deux trous avec deux singes vivants qui y sont fixés au niveau de la boite crânienne je ne sais trop comment. Enfin, peut-être que je préfère ne pas trop m'y attarder. Horrifiant ! *Entouka* ! Assez bien fixés pour être décalottés afin que les convives puissent déguster et apprécier *en live* la cervelle toute chaude et fumante de ces deux malheureux. C'est semble-t-il très apprécié dans certaines régions du Gondwana. Pour un Blanc, c'est immonde, c'est inhumain. Pour moi aussi. Mon côté blanc l'emporte. Mais pour un Gondwanais, cela n'est pas moins ignoble que de manger du phoque tout cru avec pour accompagnement un bon verre de son sang tout frais. Paraît-il, c'est bon pour la santé. Peut-être. Ici par contre, mon côté gondwanais l'emporte. Cela étant, je n'ai essayé ni l'un ni l'autre et je n'en ai point l'intention. Morale de l'histoire : les goûts et les couleurs ne se discutent pas.

Heureusement dans mes tribulations, je l'ai tout de même échappé belle plusieurs fois. Un jour, pour me faire plaisir et honneur, mes employeurs c'est-à-dire les *très-supérieurs* hiérarchiques par courtoisie et par devoir aussi certainement, ils ne le font pas tous, décident de m'inviter dans LE restaurant de la place. Maquis haut de gamme, avec au menu les plats les plus exotiques, climatisé à – 10 °C, avec une décoration tendance orientée ministrable, dans l'air du temps quoi. Un restaurant, à première vue dépourvu d'harmonie, cela reste néanmoins dans les normes de l'authenticité à la gondwanaise : un peu trop chargé à mon goût. Une décoration à laquelle je n'ai plus vraiment fait attention parce que tranchée par la présence de crocodiles édentés, m'a-t-on assuré, tortues et autres insectes monstrueux et vivants, dans un petit bassin de ce qui jadis fut une fontaine, tout carrelé de mosaïque bleue au milieu de la salle centrale. Très romantique et appétissant, n'est-ce pas ? Nous sommes rapidement dirigés vers une salle VIP, ouf ! La carte nous est présentée et je découvre très vite que les pythons et tout le reste font aussi partie du menu du jour. Mais *El Hamdulillah*, les pythons et boas il n'y en avait pas ce jour-là. Et au-delà du python et de certaines autres bestioles, il y avait aussi du gibier qui est très prisé, même s'il fait l'objet d'une réglementation très sévère en la matière. Les espèces en voie de disparition obligent non ? Mais tout le monde s'en fout à cause de la misère. De toute manière, tout est consommable, chien, chat, margouillat et autres bêtes de ce type, et après tout ce ne sont que des lois imposées qui de surcroît ne préoccupent même pas ceux qui ont accepté qu'on les leur impose. Et bientôt, si Dieu le veut, ça ne saurait tarder, cotées en bourse…, que du bonheur ! Et puis, il y avait aussi l'antilope, le porc-épic, le boa, les chenilles, les sauterelles, les agoutis, les rats, les singes, et *tout-tout-tout*. Bref, dans les viandes, il y avait un choix très varié, c'est le moins que l'on puisse dire ! Les accompagnements, quant à eux, tenaient la route et étaient plus succulents les uns que les autres. En général, ils sont même excellents pour la santé. C'est en définitive une *quéchion* de culture et de goût. Pour ma part, je me suis abstenue ce jour-là et disons que mon choix est resté des plus soft. Il a porté sur un excellent poisson cuit dans une feuille de bananier. Pas mal ! Et les prix ? Ah, eux suivent le standing.

Dans ce type de restaurant, les tarifs ne sont pas à la portée de Monsieur tout le monde. Est-ce la variété des viandes ? Ou la déco ? Ou la climatisation à – 10 °C ? Ou les trois ? Peu importe, je confirme, même si je suis une Gondwanaise bêta, cela est très exotique mais à doses limitées. Je suis profondément touchée par l'invitation et je me promets de la rendre lors de la mission suivante dans ce même restaurant.

Pour conclure, si vous cherchez vraiment l'exotisme culinaire, le Gondwana est une très bonne adresse !

Et l'Internet au Gondwana ? Ça va un peu !

Ah cette fameuse connexion Internet qui a donné du fil à retordre à plus d'un expert !

Bon, ça peut paraître très logique, trop logique même pour que j'en parle, mais la connexion Internet joue un rôle essentiel dans mon travail. Comme vous avez probablement pu le comprendre, elle est souvent installée pour la première fois lors de la mise en place des projets pour lesquels je travaille. Sauf que ce n'est pas une mince affaire.

Il suffit de mettre les pieds au Gondwana, ne serait-ce que 24 heures, pour comprendre que la connexion n'est pas toujours au top de sa forme. Les pannes font partie du quotidien. Cette situation s'étend régulièrement au téléphone, aux câbles, à l'électricité, bref à tout ce qui doit courir et court sans problème chez les Blancs. Autant de services et outils qui coulent de source chez eux.

La mise en ligne des textes régulateurs du Gondwana et donc le suivi en ligne, comme son nom l'indique, dépendent totalement de l'Internet. Ce qui veut dire une connexion-régulière-à-dose-normale et de préférence ininterrompue. Ça paraît évident mais ça ne l'est pas du tout. Je vais vous expliquer pourquoi. La raison en est toute simple. L'Internet nous est fourni par un câble optique qui est enseveli sous terre ou qui longe la côte gondwanaise sous la mer. Jusque-là, tout est normal. Mais il arrive qu'un brave agriculteur se lève un matin pour aller labourer son champ, et par mégarde sectionne un câble avec sa *daba*[25] en se demandant : « C'est quoi ce truc ? » Et tout un pays de notre continent, même plusieurs parfois, se retrouve privé d'Internet. La nouvelle va très vite. C'est là que, par hasard, les utilisateurs apprennent ce qui s'est passé. Et une fois que l'agriculteur est repéré, on répare la brèche, jusqu'au prochain coup de *daba* malencontreux. Bon là ça va encore. Cependant, il y a un autre cas de figure. Voilà qu'un jour un bateau vient tranquillement mouiller son ancre au large des belles plages de notre magnifique Gondwana. Et pas de chance, il sectionne le câble. Et là, tout se complique. Car maintenant il faut faire venir un bateau spécialisé, et ça, au Gondwana, ça ne court pas les rues ni même les mers ! À la suite de ces petits incidents, on s'est rendu compte que le câble n'était pas enterré selon les termes du contrat. Parce que pour qu'un agriculteur puisse sectionner un câble avec une *daba*, c'est qu'il ne doit pas être enfoui très loin sous terre. Et je vous laisse deviner pourquoi ? À cela s'ajoutent les intempéries comme le vent, le sable ou le vent de sable ou la pluie ou parfois juste la chaleur, qui provoquent des coupures d'électricité. Autant de facteurs qui sont susceptibles de priver tout le monde d'Internet. Il en va de même pour le réseau téléphonique : « Allô ! Allô ! Tu m'entends ? Non mais ce réseau-*là* il est fatigant *dè*. Tu ne m'entends pas ? Bon, *chose-là*, je te rappelle… bip, bip. » C'est une conversation téléphonique classique au Gondwana. Il arrive parfois qu'il faille rappeler ou se rappeler mutuellement au moins une quarantaine de fois. Le gagnant sera celui qui aura réussi à joindre l'autre. D'ailleurs, on devrait faire des concours.

Je me rappelle encore du temps où, quand j'étais une petite fille, il n'y avait pas encore de téléphonie mobile. Et c'était les débuts des téléphones fixes. Il fallait passer par

---

[25] Houe.

une opératrice pour donner un coup de fil à l'étranger. Celle-ci devait composer le numéro que vous lui aviez donné auparavant. Mais l'attente pouvait durer jusqu'à trois jours, alors pour que ça aille plus vite, il était habituel d'envoyer un petit présent à l'opératrice, du style un poulet grillé ou un petit billet. Ça faisait partie des politesses. C'était encore du temps où ces gestes étaient considérés comme des gestes amicaux, un échange de bons procédés. Rien de méchant. Plus rien à voir avec aujourd'hui...

Aujourd'hui, lorsque vous envoyez un SMS, vous n'avez jamais la garantie qu'il arrive à bon port au moment où vous l'envoyez ; et parfois, le destinataire le reçoit 24 heures ou 72 heures plus tard, voire jamais. Bonjour les urgences ou les messages importants. Et encore mieux, il en va de même pour les courriels. C'est d'ailleurs pour cela qu'il faut toujours appeler votre destinataire pour l'informer que vous lui avez envoyé un SMS ou un courriel. Pratique hein ! Et encore faut-il que le réseau téléphonique soit disponible à ce moment-là, ce qui n'est pas toujours évident, surtout lorsqu'il s'agit d'une urgence. Et vous verrez que c'est souvent le cas. Le problème c'est que nous nous contentons d'être contents d'avoir accès à Internet et au téléphone ; eh oui, c'est mieux que rien. Ça fonctionne tant bien que mal, mais ça fonctionne. Que veut le peuple ?

Cela dit, pour mes équipes, une petite panne de rien du tout peut avoir des conséquences dramatiques. Tout s'arrête à cause d'un petit transformateur grillé... Que faire dans cette situation ? Il n'y a pas de budget disponible pour les éventuelles pannes de parcours. Il n'y a plus qu'à attendre que le Seigneur avec sa grâce nous trouve une solution. *Inch'allah* ça ira ! C'est donc le désespoir car le temps court et le bienfaiteur de fonds, lui, de son côté, attend dans les délais les résultats du projet qui seront observés à la loupe dans leurs moindres recoins. Mais un jour, miracle ! Le Seigneur se manifeste enfin ! Et comme le dit si bien un de mes collègues : « Je n'en revenais pas mais Dieu a toujours un plan merveilleux pour ses enfants. » Effectivement on est presque tenté de le croire, et pourquoi pas d'ailleurs ? Il envoie une idée géniale à l'équipe, qui trouve le moyen de vendre quelques rames de papier (reçues sous forme de dons quelques mois plus tôt en ma présence) afin de grappiller la petite somme permettant d'acheter un nouveau transformateur et donc de débloquer tout un projet. Au fond, une somme dérisoire pour un Blanc, mais pas pour un Gondwanais. C'est une des nombreuses preuves de la grande volonté des équipes de saisir leur chance en faisant tout pour surmonter les obstacles afin de conserver ce nouvel environnement de travail.

Bonjour Madame,

(...) D'abord, plein d'excuses pour ce temps mort car le câble d'alimentation au Net de la station est grillé depuis le mois dernier et ce n'est que ce jour que les techniciens sont passés pour remédier à la situation. (...)

À bientôt.

Et quand ils en ont vraiment ras-le-bol, ils décident de prendre une grande initiative, celle de se débarrasser du fournisseur Internet, qui est pourtant le meilleur de la place. Nous avons enfin tout installé, y compris l'Internet et pas n'importe quel débit. Nous sommes donc prêts à démarrer le travail sachant que le temps est limité et que le bienfaiteur de fonds a toujours les yeux rivés sur les résultats de son projet. Rien d'anormal à part le fait que l'Internet ne veut décidément pas fonctionner.

Bonjour grande sœur,

(...) Enfin, pour ce qui est du débit de la connexion Internet avec le *provider*, je vous tiens juste informée ! La procédure voudrait que le ministre saisisse la représentation du bienfaiteur de fonds par une correspondance dans laquelle il demandera à celle-ci de résilier le contrat en raison du débit qui ne nous permet pas de travailler. Pour ta gouverne, une partie du ministère a une connexion spéciale de 256 mais qui est déjà assez suffisante et qui pourrait permettre à l'ensemble du ministère de travailler alors que notre *provider* a mis à notre disposition du 512 mais de mauvaise qualité (...)

Sur ce je te quitte tout en te souhaitant une bonne journée.

Fraternellement.

Pour finir, cette résiliation n'a pas lieu. Les problèmes de connexion ont continué. Mais à force de ne pas avoir une connexion potable, l'équipe a décidé de faire un sit-in chez le fournisseur – vous pouvez imaginer ma joie lorsque j'ai appris cela. C'était le nirvana au Gondwana. Ce genre d'action devrait figurer dans les indicateurs de réussite de projet ! L'effet a été immédiat : la connexion est revenue le jour même alors que cela faisait plus de deux mois que l'équipe galérait. Bon, je vais vous décevoir, car au bout de quelques jours, tout est revenu à la normale : plus d'Internet.

Mais comme je ne reçois pas de message, car la communication fait aussi partie de mes prérogatives, je les contacte. Je leur demande une explication quant au travail qui n'est toujours pas fait et qui est en attente dans le serveur. En n'ayant pas d'explication par ailleurs, il est effectivement difficile de comprendre qu'une équipe qui a à disposition une connexion Internet maximale et qui de surcroît fonctionne ne fait pas son travail parce qu'en pratique cette merveilleuse connexion ne permet pas de télécharger des documents qui font plus de 200 Ko. Pour moi, mon équipe se révolte de manière tacite. Cela arrive souvent au Gondwana. Les employés viennent au travail, demeurent silencieux et inactifs pour marquer une revendication quelconque. Ici en l'occurrence, la revendication me semblait porter sur les primes non encore perçues. Je comprends très rapidement que je me trompe.

Bonjour Madame,

Pour l'alimentation de notre site, notre obstacle majeur est la connexion. Les textes que j'ai réussi à vous soumettre hier pèsent moins de 200 Ko et ont passé plus d'un mois dans la partie en attente de texte intégral. À partir de 200 Ko en allant c'est difficile. Voilà pourquoi on travaille en fonction de la connexion. Rien à voir avec les bonus.

Bref, bonne journée et à+

Donc finalement vous êtes abonné à Internet, vous payez de façon régulière mais le débit ne suit pas du tout. C'est normal au Gondwana. En attendant, le bienfaiteur de fonds, lui, attend son résultat. Alors vu la qualité de la connexion Internet au Gondwana il est impératif que les textes mis sur Internet à disposition des citoyens soient téléchargeables. Donc tout petit, petit, petit. C'est l'objet du projet non ? D'où l'intérêt de numériser les vieux documents avec une résolution très basse – à condition d'avoir un scanner bien sûr – afin que le document ne dépasse pas un méga. Tout le monde semble avoir compris jusqu'au jour où, par inadvertance n'est-ce pas, le fonctionnaire lambda oublie cette règle et tombe dans son propre piège. Il n'arrive pas à télécharger son propre texte, malgré le fait qu'il a quand même une connexion, disons, pas-mal-mais-pas-assez-bien. Aïe ! On fait comment Madame ?

Mais il y a aussi les grandes illusions. Lorsque le bénéficiaire de l'aide, donc l'administration, doit prendre l'abonnement annuel en main, c'est la pérennité du projet qui en dépend, les problèmes commencent et vous allez voir pourquoi. En réalité, six mois après avoir galéré et avoir reçu maintes explications techniques, on découvre qu'il n'y a plus de budget. Que s'est-il passé au niveau de la comptabilité ?

Bonjour Madame,

Je vous envoie ce mail pour vous informer que notre abonnement a pris fin il y a quatre jours. Comme d'habitude, au lieu de payer pour l'année ils ont payé pour six mois et le reste d'argent on le met dans la poche. Donc pour l'instant je travaille à la maison avec ma clé Internet, c'est plus difficile pour mon collègue qui n'a pas de clé. (Difficile de travailler dans ces conditions.)

Cordialement.

– N'est-ce pas pathétique ? Pour une fois, les *gences-là*, ils ont essayé *fatigué* de travailler or dans ces conditions, c'est pas possible !

Effectivement, j'admets que ce n'est pas facile et parfois nous sommes obligés de travailler à l'hôtel où je séjourne durant ma mission, en attendant que la plus haute hiérarchie réveille – en secouant très fort – la hiérarchie plus bas mais toujours trop haut. Je propose donc que nous nous installions dans le hall de la réception de l'hôtel qui bénéficie d'un réseau clopin-clopant lui aussi. Mais c'est toujours mieux que rien, non ? Cela nous permet de faire avancer le schmilblick et surtout d'embêter ceux qui nous mettent des bâtons dans les roues. Cela a plutôt l'air d'un *sit-in*. Ordinateurs, paperasses, journaux officiels, café, thé et grignotage et pour finir pizzas sont à l'ordre du jour. Une ambiance bon enfant, très sympathique, que tout le monde semble apprécier, y compris les employés de l'hôtel que ça amuse. Ils ont du mal à comprendre que nous travaillions sérieusement tout en plaisantant et en nous charriant les uns les autres et en nous moquant de nos « fout-la-merde ». Pardon hein ! Cela peut durer toute une semaine parfois plus. Au bout du compte, ceux qui pensaient coincer l'équipe se rendent compte que c'est en vain. Le travail continue malgré tout, les membres de l'équipe sont déterminés et ça saute aux yeux. Ils finiront par avoir gain de cause. Cette situation se répétera moult fois. Et tout cela reste totalement méconnu du bienfaiteur de fonds alors que ça devrait aussi figurer dans les résultats les plus probants du projet. Si ça ce n'est pas une victoire, alors quelque chose m'échappe…

Le suivi en ligne ? Ça marche comment ?

– Actuellement c'est le suivi en ligne. La consultante nous a formés mais depuis qu'elle est partie on doit se débrouiller tout seuls. Ce n'est pas facile *dè* ! Tout se passe à travers l'Internet. Il faut qu'on retrouve les lois dans les archives, qu'on fasse un résumé par loi. Il faut que les informaticiens scannent ces mêmes lois et les organisent bien dans un dossier. Et puis gare à celui qui se trompe. Bon, c'est trop de travail.

– Eh, chose-*là*, tu as le mot de passe pour que je puisse soumettre les lois que j'ai sous la main dans le serveur ?

– Mais durant son séjour, la consultante t'avait donné un mot de passe non ? Tu as fait quoi avec ?

– Il a expiré.

– Comment ça ?

– Bon, c'est que le système est sécurisé et si tu tapes trois fois ton mot de passe en faisant une erreur tu es foutu. Le mot de passe se désactive.

– On va faire comment ?

– Mais c'est toi l'administrateur non ?

– Oui, mais chose-*là*, il faut contacter la madame la consultante

– *Ekié*, il vaut mieux pas quoi !

– Pourquoi ?

– Déjà, Madame, la consultante n'est pas contente parce que chaque fois que je lui envoie une loi, elle me renvoie un message pour me dire que de revoir la grammaire, que de refaire la traduction, que de changer les mots-clés, et *tout-tout-tout*. Si maintenant tu lui dis que tu ne sais pas réactiver le mot de passe, ça va lui chauffer la tête… Elle va se plaindre que nous-*là* on ne comprend rien, on ne respecte pas la rigueur, le travail d'équipe et *quoi-quoi-quoi.*

– Mais on apprend à faire un travail de qualité. Rappelle-toi : « discipline, rigueur ». *Ouallay*, elle répète ça chaque jour que Dieu fait. Et puis elle dit que tant que ce n'est pas un travail-*là*, de très bonne qualité, elle n'approuvera pas. Et donc ce ne sera pas exposé sur la vitrine internationale.

– Quelle vitrine ?

– Le site web.

– Eh oui, elle a raison. Il faut que le travail soit d'excellente qualité pour le grand public, sinon, comme elle dit ce ne sera pas *internachionalisable*. Et toi-*là* ? Tu ne veux pas faire partie des grands ?

– Mais il faut faire doucement. Nous on doit s'habituer à travailler sur le *net*, à respecter les normes et les règles et tout. *Ouallay* c'est pas facile *dè* ! Et puis la connexion n'est pas toujours au rendez-vous *kay*. Le bienfaiteur de fonds a payé pour un débit de 512 Kbps et on n'arrive même pas à télécharger les lois qui font 200 Ko. On fait comment ? Après elle nous dit que chose-*là*, le bienfaiteur de fonds il attend.

– Et puis *kay*, si tu te trompes sur le numéro de la loi, madame la consultante va bien te rincer les dents ! Des fois elle me décourage. Hier elle m'a demandé si je n'étais pas asphyxié du cerveau et si les majuscules étaient rationnées au Gondwana ?

– C'est normal, une fois tu mets majuscule et une fois tu mets pas, et puis tu choisis, chose-*là*, des dates de publication au hasard.

– Mais toi tu n'es pas mieux, tu mets des mots-clés impertinents !

– C'est pas grave. On renoue avec la grammaire, mais si t'as un doute, il faut toujours lui poser la *quéchion* au lieu de prendre des décisions au hasard. Sinon madame la consultante va te dire : « Sur quelle base ? Quels sont tes critères ? Et *quoi-quoi-quoi* ! »

– On dirait tu n'as pas digéré la pile Duracell ! Travaille au lieu de parler quoi !

Et comme mes collègues en face ne sont pas familiarisés avec un environnement informatisé, ça se transforme en va-et-vient incessant de corrections pour un seul texte. Cela peut durer des années. Il faut dire que le système n'est pas, à la base, prévu pour ce type d'acrobaties. C'est un système conçu pour le travail de personnes formées dans un système éducatif normal et pour qui quatre jours de formation sur le serveur logé aux États-Unis suffisent amplement.

Ce n'est malheureusement pas le cas des équipes gondwanaises qui, elles, ont besoin de beaucoup plus de temps pour assimiler toutes ces nouvelles méthodes et habitudes de travail. C'est normal, le système éducatif gondwanais est basé sur la récitation et non pas sur le développement de l'esprit d'analyse. Tu veux faire quoi avec ça ? Sans compter l'anglais, qu'il faudra apprendre aux membres de l'équipe qui en seront capables. Pour le traducteur, parfois y a, parfois *y'a pas !* On fait avec !

Et ce n'est pas parce qu'ils sont incapables, paresseux ou ignorants, mais tout simplement parce qu'ils sont victimes d'un système éducatif défaillant et baignent dans un environnement de travail qui est tout sauf stimulant. Alors si vous avez des insomnies passez nous voir, nous vous garantissons un sommeil paisible pour le reste de vos nuits ! Eh oui, ça a l'air tout bête, mais on ne leur donne aucun moyen de se valoriser. Alors qu'au fond ils n'attendent que ça !

Avec toutes ces lacunes, ils seront mis à rude épreuve, mais dans la bonne humeur. Ils doivent avant tout se familiariser avec l'ordinateur. Car dans la plupart des cas, même s'ils savent utiliser un ordinateur c'est, à tout casser, dans le cadre du divertissement. Il faut donc se familiariser avec le serveur local installé à cet effet et avec celui du site web lui-même qui attend de recevoir toutes les lois gondwanaises. Très vaste programme et très grande responsabilité pour des fonctionnaires qui sont en bas de la hiérarchie et à qui on ne demande pas grand-chose au quotidien. Il faut numériser tous les textes retrouvés dans les archives misérables et fatiguées qui crient : « Hey, au secours, j'suis là, sortez-moi d'ici ! » Il faut assimiler les normes très strictes qui viennent tout droit de Washington et qui sont totalement dépaysées. Il faut aussi manipuler la langue anglaise avec un résultat très incertain qui sera soumis au verdict : peine de mort ? Ou perpète dans le serveur ? Dans tout ce bric-à-brac d'apprentissage et de remise des pendules à l'heure, ils doivent probablement se dire : elle est complètement folle cette femme ! Qu'est-ce qu'elle nous veut, on était tranquilles, *dè* ? Mais en même temps il y a quelque chose là-bas de bizarre, elle se comporte comme une sœur… donc, on fait comment ? Il faut bien dire qu'ils ne s'attendent pas à autant de travail pour des lois. Il arrive aussi que certains, juste après la présentation du projet, décident de laisser tomber avant même d'avoir commencé. Au nom de Dieu, tout ça-*là* ? Non, c'est trop ! Ça dépasse l'entendement ! Mais ils reviennent très vite. Et puis, ils n'ont pas confiance en toutes les explications sur le bienfait, pour eux, des résultats du travail, et encore moins sur une éventuelle prime si le travail est bien fait. Mieux encore, pour ce qui est de la visibilité du travail en ligne, du développement d'une vitrine internationale par l'équipe elle-même, c'est une esbroufe. On a été abandonné pendant tout ce temps et voilà que du jour au lendemain, on nous promet monts et merveilles. La confiance en l'Autorité est nulle.

Vous l'avez compris, réorganiser des lois retrouvées dans un système créé pour des conditions tout à fait normales dans le meilleur des mondes, disons à peine différent du nôtre, nécessite d'autres réflexes. Pas évident. Heureusement, les techniques documentaires sont là pour nous sauver. Jusque-là, ça va, et surtout jusqu'à la fin des années 1970. Après les années 1970 tout se complique un peu. Certaines publications n'ont visiblement pas mérité de numéro. Certaines comportent un numéro mais… mais… des erreurs figurent sur le numéro du texte, sur la date. Ou alors, il y a comme un petit souci sur le texte qui semble avoir été publié avant d'être promulgué et j'en passe… Si ça ce n'est pas de l'anticipation ! Pour une fois qu'il y a anticipation on ne va pas se plaindre quand même ! Sauf que notre outil d'archivage électronique basé à Washington, lui-*là*, il ne comprend pas ! Et il nous le dit : « Je veux un numéro, je veux les dates de promulgation, de publication, et dans l'ordre si vous voulez que je fasse mon travail ! C'est à vous de me donner à manger ! Mais attention, pas *façon-façon* mais façon Blanc hein ! Dans l'ordre : petit-déjeuner, déjeuner et dîner quoi ! Le grignotage-*là*, j'ai pas l'habitude ! J'essaye de m'adapter, mais-là *dè*, c'est trop dur quoi ! » Le serveur est tellement strict qu'il a du mal à se faire au contexte gondwanais, et vice-versa. Tout le monde a du mal à se faire à tout le monde. Mais pas d'inquiétude on va finir par *s'agencer* !

Vous allez le constater, le Gondwanais ne saisit pas d'emblée l'importance de tous ces références, numéros, mots-clés, dates, etc.

– Hey, toi-*là*, quand le texte est là, il est là non ! *Ekié*, tu veux que quoi encore ?

Tous ces détails sont de trop pour le fonctionnaire lambda qui ne saisit pas l'ampleur et les finalités de ce travail. Lui, *kay*, il a l'habitude des archives, complètes, semi-complètes, incomplètes, ce n'est pas son problème, du moment qu'elles sont là !

– Si y a, tu prends, c'est bon. Si y a pas, c'est ton destin. Ou alors, va chercher ailleurs ! C'est *plu-mieux*.

J'ai déjà assisté à plusieurs reprises, lors de mes séances d'observation en vue d'améliorer le service rendu au public, à des scènes où l'utilisateur qui vient en marchant sur des œufs, dans l'espoir qu'on ne lui cache pas le texte qu'il cherche, s'entend dire : « Il faut aller voir le ministère chose-*là*, peut-être qu'ils ont le texte. » Histoire de se débarrasser vite fait bien fait de celui-ci et que l'on n'en parle plus.

Ce que le fonctionnaire oublie, c'est que la finalité de tous ces détails est d'une importance capitale ne serait-ce que pour le développement du pays. Je ne parle même pas de faire un bilan de l'existant ou de retracer l'historique du patrimoine juridique du pays. Ou encore de la visibilité au niveau local et à l'international. Ne serait-ce que pour attirer les investisseurs, grand dada du développement. Or, pour le fonctionnaire-*là*, toute cette organisation, réorganisation est trop sophistiquée.

– Pourquoi déterrer les morts ? Ils sont morts non ? C'est *plu-mieux* de les laisser reposer en paix !

Il nous faut donc trouver des astuces et jongler pour que le serveur accepte d'intégrer tout ce désordre. En gros, il faut le séduire ! Pas facile de faire du charme à une machine… En plus de tout ça, il veut des mots-clés pertinents pour que l'utilisateur lambda arrive à retrouver facilement ce qu'il cherche. Sinon, on risque de reperdre ce qu'on a si difficilement retrouvé, au risque d'être accusée de cacher à notre tour ! Il ne reste donc plus qu'à mettre la main aux archives… et surtout se munir de persévérance. Bon courage mes amis !

Et l'archivage ? Ça va un peu…

L'archivage et l'Internet sont nos deux outils de travail. Déjà, avec un archivage digne de ce nom, c'est beaucoup de travail et de rigueur, mais alors avec un archivage indigne de ce nom, il faut s'accrocher ! Et cela vaut pour tous les types d'archivages. Quoique, l'archivage des lois, malgré son état, est un archivage privilégié. C'est dire l'état du reste, je préfère vous épargner... Non ? Bon, je continue… Pardon !

L'archivage ! Voilà une chose qui n'est pas le point fort du Gondwanais. Je vous rappelle qu'il baigne *depuis-depuis* dans la culture orale. Par contre, il est spécialiste de l'archivage dans la tête et ça on ne peut pas lui enlever. Mais on est ensemble, Dieu est grand, donc ça va aller ! L'archivage et la conservation, c'est tout un concept qui lui a été imposé par les vieux Blancs et que le Gondwanais de l'époque avait merveilleusement bien assimilé. Pas étonnant, l'éducation prodiguée avant et juste après les indépendances était d'excellente qualité. Et rien que ça suffit pour faire la différence. Cela n'empêchait pas le Gondwanais de l'époque de continuer de baigner dans la culture orale. Les deux ne sont pas incompatibles. Mais avec la baisse de la qualité de l'éducation, la rigueur au niveau de l'archivage – mais pas uniquement – en a pris un coup aussi. Et même s'il continue de faire partie des tâches de l'État, il est fait façon gondwanaise, c'est-à-dire qu'il est de piètre qualité. Et là patron, chose-*là*, ce n'est plus la même sauce[26].

Il en va de même pour les archives juridiques. La recherche des lois cachées m'a appris qu'à partir de la fin des années 1970, il y a une chute vertigineuse de tout ce qui est rigueur et autodiscipline au Gondwana, quelle que soit sa démocratie ou *démocrature*. Il suffit de regarder l'état des archives qui sont incomplètes, en très mauvais état de conservation et donc très fragiles sinon irrécupérables. La configuration diffère selon le contexte. Elles sont désorganisées, c'est indéniable. Encore pire, elles sont entassées à même le sol, parfois abandonnées au gré du vent et ainsi balayées dans la nature. Quelquefois, elles sont à moitié bouffées par les souris ou les mites, mais aussi par les chèvres et les moutons au coin de la cour d'un tribunal. Je ne compte même pas les archives qui ont disparu suite à des pluies torrentielles, des vols ou encore en raison d'un incendie ou de pillages lors d'événements politiques. Et encore moins celles qui ont été éradiquées par les fléaux tels que les virus informatiques, et elles sont nombreuses. J'en oubliais presque les dizaines d'années d'archives uniques qui sont parties en fumée devant mon nez suite à une épidémie informatique ! Impossible de les sauver, et pourtant j'ai tout essayé. Eh oui, la climatisation marche, mais on n'a pas les moyens d'acheter un antivirus ! C'est du gâchis enfin ! Il y a aussi les cadavres d'archives, à savoir un gros tas de journaux officiels entassés dans une pièce qui fait office de salle d'archives et qui a survécu à une inondation. En effet, on voit bien que l'eau est montée jusqu'au sommet du tas puis redescendue aussitôt. D'où un bloc de béton armé qui ressemble à une sculpture, façon petite colline, complètement ratée. Même

[26] Chose.

pas digne de devenir un mausolée érigé en souvenir des archives nationales gondwanaises. Dommage !

Mais avant de passer aux choses sérieuses, j'ai encore une anecdote que je dois absolument vous raconter à propos de la conservation des archives. En effet, il s'agit d'anciennes publications qui étaient éditées sur du papier très raffiné et de bonne qualité, ce qui était souvent le cas à l'époque. Ces documents ont su trouver un usage pour le moins original. Le hasard a fait qu'il y avait de belles reliures anciennes entreposées dans un long couloir près de la porte des toilettes d'un des nombreux ministères de l'une des nombreuses républiques gondwanaises quelle que soit sa démocratie ou *démocrature*. En tout état de cause, ce stock a vite diminué. Voulez-vous un dessin ? *Y* a pas. Je cède donc la place à votre imagination !

Que vous le veuillez ou non, c'est aussi l'une des raisons pour lesquelles les textes fondateurs et régulateurs du Gondwana sont introuvables. C'est un fait divers qui doit être enregistré à tout prix dans les archives de l'histoire. Ah, pardon, non, pas dans les archives, dans la mémoire archivistique… de quelqu'un. Et pendant que j'y suis, mes fouilles m'ont amené plusieurs fois à faire des découvertes pour le moins curieuses. Je devais publier en ligne toute la législation sur le commerce et les investissements d'un de nos pays. La première chose à faire est de chercher le texte intégral du Code du commerce publié dans Journal officiel pour garantir l'authenticité du texte et pour cause. Sauf que celui-ci reste introuvable dans les archives. Je trouve donc une publication de ce code faite par le ministère de la Justice en collaboration avec un bienfaiteur de fonds. Je l'épluche et la mets en ligne provisoirement en attendant de retrouver la version officielle. Version officielle que je retrouve plus tard mais dans un état tel que je me vois obligée de la scanner, de tout relire et de compléter manuellement les parties abîmées. Mais quelle n'est pas ma surprise lorsque je découvre que le code que j'ai mis en ligne provisoirement et dont la publication avait été financée par le bienfaiteur de fonds, dans le cadre de la gouvernance, est incomplet. Il lui manque en effet cinq articles. Et personne n'a rien vu. À croire qu'il n'intéresse personne ? Et ce n'est pas la première ni la dernière constatation de ce genre. Avec ça, on ne risque pas d'améliorer le cadre des investissements !

Donc, à part les catastrophes naturelles, et surnaturelles, les virus incurables et les négligences, nos archives, aussi démocratiques soient-elles, sont d'autant plus introuvables que nos textes fondateurs subissent les erreurs humaines, à savoir la numérotation hasardeuse et imprudente. Bon, plus vulgairement, elles souffrent du manque de rigueur au niveau de la numérotation des textes législatifs qui est source d'innombrables obstacles et casse-tête. Cette rigueur devrait être appliquée à tous les niveaux du circuit de la loi – le ou les ministères, la présidence, le service responsable de la publication, l'Assemblée nationale, etc. Vous dites quoi ? Rigueur ? La rigueur n'est manifestement pas un concept évident et cela pose de sacrés problèmes lors de la recherche d'un texte de loi. Et lorsqu'il y a enfin une volonté politique de transparence au niveau des débats parlementaires, nous voilà de nouveau avec le même problème. Très souvent ces débats sont dépourvus de toute référence. On se dit qu'on va se rabattre sur le numéro de la loi pour laquelle il y a eu débat. Eh bien vous pouvez oublier ! Vous allez vite comprendre. Ce numéro n'existe pas. Et parfois même ça se transforme en jeu de devinette. Il faut lire le débat et essayer de comprendre à quelle loi il correspond. Mais là, franchement on établit une liaison dangereuse !

– Et si ce texte ne correspondait pas ?

– Écoute, c'est pas grave, au moins on aura essayé ! Ou sinon, il faut appeler mon frère-*là*... chose-*là*, celui qui travaille à la Cour..., peut-être que lui connaît l'un des députés qui étaient présents au débat ? Peut-être que celui-ci se souvient ?

– C'est une excellente idée. Donne-moi son numéro de portable.

– Ah, ça *kay*, il faut voir avec le chef de service.

Cela dit, on est très content déjà d'avoir accès à certains débats, car ça aussi c'est un volet particulier qui nécessite un projet à part. Parce que ces débats qui devraient être publiés dans le Journal officiel ne le sont en fait que très rarement. En plus c'est la loi qui le dit *dé*, ce n'est pas moi ! Or, ils sont parfois très intéressants ; en plus il s'agit de la tâche régalienne de l'État. Au-delà de cela, ils gagneraient à être connus, voire même pour certains à être étudiés à l'école lors de cours d'éducation civique. On en est bien loin ! Mais déjà, publions-les. Et puis ça obligerait les parlementaires à être plus rigoureux sachant que leur travail serait accessible à tout le monde. Il en va de même pour les décisions de justice. Je suis sûre que le juge qui motive sa décision ferait un peu plus attention à ce qu'il écrit. Qu'en pensez-vous ? Je crois que les débats tout comme les décisions de justice, quand ils nous voient arriver, sont très contents. Enfin, quelqu'un s'intéresse à eux. On va être sauvé ! Non, c'est trop tôt. Une chose à la fois, il fait trop chaud au Gondwana. Et puis on a le temps...

J'en viens à ma bête noire : les zéros qui aiment jouer à cache-cache. Le Gondwanais aime bien jouer avec le zéro ou le zéro avec lui. Eh oui, zéro c'est quoi ? C'est zéro ! C'est rien ! Alors pourquoi cette Gondwanaise bêta nous embête avec ça ? Parce qu'il arrive souvent, trop souvent même, et on ne sait pour quelle raison, qu'un distrait ajoute de manière tout à fait aléatoire un ou deux, voire trois zéros au numéro d'une loi. Peut-être est-ce dû à l'humeur du jour ? Ou peut-être pas. Ne cherchez pas à comprendre. Il n'y a rien à comprendre. Il vaut mieux circuler. Du coup, pour une même loi nous nous retrouvons avec deux ou trois numéros différents et ce dans le même Journal officiel. Mais peu importe. Ça va aller ! Donc, un numéro dans le sommaire du journal, un numéro tout autre dans le corps du document, et on n'est pas à l'abri d'un troisième numéro diffèrent sur le site Internet... Ça va aller, là aussi ! Il vaut mieux rester optimiste. Eh oui, parce qu'un petit zéro peut faire une grande différence. Avez-vous déjà passé une nuit avec un seul petit moustique ? A-t-il fait une différence ? C'était comment ? Il y a comme un petit souci, qu'en pensez-vous ? Et le pire c'est que c'est juste un exemple et c'est malheureusement loin d'être un cas isolé. D'ailleurs, tout cela vaut aussi pour d'autres archives, pièces à conviction dans les tribunaux, archives des ministères, état civil et j'en passe. Pour ceux qui ont du mal, je vais vous donner un exemple que tout le monde est susceptible de comprendre *bien-bon* même ! Imaginez que vous attendez un chèque de 100 euros, et que vous recevez un chèque sur lequel un abruti lambda a ajouté un zéro, ou deux, selon son humeur du jour. Vous, vous êtes content, mais pour des raisons évidentes l'émetteur du chèque le sera beaucoup moins. Ça va être le début du commencement de gros problèmes avec la banque et avec le titulaire du compte. Vous avez compris maintenant ? Eh bien, c'est la même chose pour les lois ! Et c'est là que vous vous dites : on fait comment ? Et aux autres de vous répondre : « On fait avec ! »

Parce que lorsqu'un membre de l'équipe effectue la recherche de routine – enfin quand ça lui prend, donc pas toujours ! – pour justement vérifier que ce texte n'est pas déjà disponible dans le système, histoire d'éviter les doublons ou les triplons ou encore les quadruplons, le résultat de la recherche indique que ce texte n'est pas disponible. Or, ce texte avec le zéro en plus ou en moins est bien disponible dans le système. Il suffit de faire plusieurs recherches avec un, puis deux et enfin trois zéros. Et si vraiment le texte recherché ne s'affiche pas sur votre écran, c'est qu'il n'est pas disponible. Ah, c'est une astuce comme une autre…

Cependant, pour se débarrasser définitivement de cet obstacle, la discipline s'impose déjà à la source. Soit au moment de la mise en page du Journal officiel, lors de la saisie qui doit être conforme aussi bien dans le sommaire que dans le texte législatif publié. Pas difficile à comprendre quand même ! Et s'il n'y avait que ça comme problème. Mais non ! Je retravaille donc aussi cet aspect en pensant aux futures générations qui vont devoir se dépatouiller avec ce problème.

Je ne vous cache pas que régulièrement je m'énerve, je souffle, je craque… Vous comprendrez bien qu'après plusieurs mois de travail, de réunions, d'acharnement, l'espoir renaît et d'un coup, finalement non… tout retombe. Je découvre que rien n'a fonctionné, malgré la nouvelle stratégie mise en place. Enfin bref. Après tout ça-*là*, je me retrouve encore avec deux dates de publication dans le même Journal officiel. Si ça ce n'est pas purement frustrant ? Je n'ai, de toute évidence, jamais vu ça ailleurs. Si, si, vous avez bien compris. Je dis bien deux années de publications différentes sur le même document, du style date de publication 2010 et date de publication 2011. L'une bien visible en gros caractères et en gras, et l'autre, plus petite, discrète en bas à gauche du document. C'est la nouvelle génération de publications. Je vous explique : beaucoup de lois sont aussi introuvables parce qu'elles n'ont pas bénéficié d'une publication au moment de leur promulgation. Souvent, les raisons invoquées sont un problème financier ou une période politique difficile. Il s'agit donc de compléter ce vide dans les archives. Il faut ainsi récupérer toute la législation promulguée, la trier par année et la publier. Parce qu'heureusement, aujourd'hui il y a une solution : des ordinateurs et des imprimantes. Eh oui ! Nous sommes sauvés… Plus besoin de dépendre du bon vouloir (lisez : financements) de quelque institution que ce soit. Et qui dit autonomie dit publication désormais régulière. Bien sûr, avec un tant soit peu de bonne volonté. Et pour la volonté comme je leur dis souvent : « Vous avez à présent tous les outils. Et pour ce qui est de la volonté, je n'ai pas encore réussi à mettre la main sur le vaccin. En attendant faites pour le mieux, car vous n'êtes jamais à l'abri de pénuries de toutes sortes. » Personne n'y avait pensé avant, bien sûr ! Pourtant ça ne relève que du bon sens. Il a fallu un plombier international, soit une Gondwanaise bêta, pour avoir cette idée brillante ! Et figurez-vous que ça m'a pris du temps pour convaincre. Du temps ? Cinq ans ! Remarque au Gondwana, cinq ans c'est un record ! *Yes we can* !

A priori, nous sommes sauvés mais ça coince encore. J'ai beau expliquer que bien qu'il s'agisse de textes de loi d'une année antérieure, qu'à cela ne tienne, la date de publication qui figure sur la page de garde du Journal officiel doit être actuelle, c'est-à-dire celle du jour de la parution, même s'il s'agit des lois des années 2000 av. J.-C. Apparemment ça les embrouille. Du coup, je me retrouve avec non seulement deux années de publication, mais aussi avec une numérotation parallèle à celle de la numérotation des publications régulières de l'année en cours. De quoi rendre fou n'importe quel bibliothécaire ou documentaliste. Sans oublier les différences entre le numéro des éditions ordinaires et des éditions spéciales. Une vraie hécatombe ! C'était déjà cahin-caha, mais alors là, Dieu a intérêt à être plus que grand ! Bonjour les futures archives ! Et pourtant ce sont des règles tellement simples. C'est juste du bon sens. Mais le bon sens nous-*là*, on ne connaît pas. Heureusement que le système des nouvelles technologies, lui, en a du bon sens et en plus il est intelligent et permet de tout retrouver en un clic, c'est d'ailleurs sa raison d'être. Ouf ! Toi aussi, il faut réfléchir. Si le Gondwanais se met à avoir du bon sens, il va finir par organiser un suicide collectif parce qu'il va vite comprendre les horreurs des dégâts collatéraux qu'il a commis avec le temps. Et ça c'est mauvais, très mauvais mon frère ! Et après ma trente-six millième objection, alors que tout le monde pense que c'est bon, et que je vais enfin approuver la nouvelle version modernisée et aux normes les plus élémentaires des techniques de documentation, j'ai droit au commentaire suivant :

– Madame, mais qui peut penser une seconde que l'on peut publier un Journal officiel deux fois ? Mais on est au Gondwana non ? Ça-*là*, ça va étonner qui ? Chose-*là*, les archives sont déjà détraquées !

Après tout on a bien vécu comme ça donc pourquoi chercher à faire mieux ? C'est par moment presque de la science-fiction… Et pendant ce temps, je m'arrache les cheveux. Et ce n'est pas fini. La recherche des lois peut vite virer en chasse au trésor. Parfois on arrive enfin à localiser un texte et finalement il n'existe plus, c'est la déception totale, l'abattement. Ou bien il en existe UN et un seul exemplaire, et là pour l'avoir ce ne sera pas du gâteau ! Je crois que même le Président-à-vie aurait du mal. Et là, ça sent la bourse…

Madame,

Si vous voyez un texte soumis sans le lien du texte auquel il fait allusion, c'est tout simplement parce que ce texte est absent des publications et doit être récupéré aux Archives nationales. Et cela se complique de plus en plus, car le directeur des Archives insiste sur la nécessité de payer un petit quelque chose quoi...

Et si l'État n'arrive pas à récupérer sa propriété, nous-*là*, les citoyens lambda, on fait comment ? Nous ne demandons qu'une copie du texte que nous proposons de scanner nous-mêmes afin de compléter le patrimoine juridique national. Même là, y'a pas moyen !

Et à part les raisons financières et politiques, un texte intégral de loi peut aussi manquer à l'appel par négligence tout simplement. Parce que, me dit-on, les textes promulgués ne sont pas automatiquement transmis par l'autorité compétente pour publication. Ça arrive souvent, et bizarrement aussi avec les lois des finances. Et c'est là que je repose la question : où est la loi ? Et la réponse est sans ambiguïté :

Madame,

Paraît-il que les lois de finances sont très volumineuses (je ne parle que de la partie narrative car les gens conservent jalousement la partie chiffrée je ne sais pourquoi), c'est la raison pour laquelle mon décret reste dans le serveur à ce jour pour défaut de la loi de finances. Je pense que pour ma part, je vais devoir esquiver tous les textes qui sont à lier aux lois de finances car ça fait mal d'analyser des textes qui ne peuvent être mis en ligne.

Je pense que ça se passe de commentaire...

Le manque d'initiative peut aussi miner la recherche des textes. En effet, l'acharnement n'est pas toujours au rendez-vous. Il faut toujours attendre que quelqu'un comprenne déjà ce que vous voulez, aille chercher ailleurs, cherche correctement et ne revienne pas en vous disant « y'a pas » et ce, sans avoir vérifié consciencieusement. De toute manière, la réponse sera un indicateur très fiable. Parce que quand bien même la volonté est là, il y a une espèce de léthargie, style on veut bien travailler mais si vous pouvez le faire à notre place ce sera *plu-mieux*. Le Gondwana administratif dans toute sa splendeur !

Et puis, chercher parfois, c'est pas facile ! C'est même très difficile. Il peut arriver qu'un Gondwanais, pour des raisons diverses, peut-être pour essayer de comprendre ses droits – et pour ses devoirs, c'est moins sûr – se mette à chercher un texte. Mais attention, c'est loin d'être évident. Il faut avoir un ami d'un ami, d'un autre ami qui a un cousin qui lui a un parent qui connaît peut-être un fonctionnaire haut placé ici ou là. Quelle galère ! Et puis ce n'est pas fini. À chaque étape il faut séduire. Une fois que le citoyen lambda arrive dans le bureau du fameux fonctionnaire qui est le parent du cousin de l'autre ami de l'ami de l'ami, c'est avec beaucoup de fébrilité qu'il essaie de demander si éventuellement le texte qu'il recherche depuis fort longtemps serait par hasard en sa possession. Et si oui, comment pourrait-il éventuellement y jeter un coup d'œil ? Pour la photocopie, il faudra une autre séance. Vous avez là un échantillon de service public rendu au public. Et nul n'est censé ignorer la loi ?

Il y a aussi un autre cas de figure très intéressant. Il s'agit du fonctionnement interne de certaines Archives nationales. Si vous y allez, c'est pour chercher un document ! On est bien d'accord ? Sinon, vous n'y allez pas. Vous entrez dans un immense bâtiment style hangar. Une montagne de documents est posée à même le sol. Avec un peu de chance, elle est arrangée de manière à ce qu'il y ait des petits couloirs entre les piles pour vous permettre de circuler. Personne ne sait où est quoi. Ni même l'archiviste qui dormait tranquillement sur une chaise en plastique dans un coin. Il fait parfois très lourd au Gondwana et juste avant la pluie, cette chaleur est accablante. À supposer que vous ayez du bol ce jour-là, parce que moi très franchement je n'en ai pas eu beaucoup à ce niveau-là, et que vous trouvez ce que vous cherchez, vous vous dites génial ! J'ai trouvé ! Sauf qu'il n'y a pas de photocopieur et le règlement interne vous interdit de sortir avec quelque document que ce soit. C'est normal. On fait comment ? Ah ! Il y a les photocopieurs ambulants dehors. Alors vous vous arrangez avec l'archiviste en le flattant, en le caressant dans le sens du poil, enfin chacun sa manière. Mais ce n'est pas terminé, parce que non seulement votre document est abîmé mais en plus la cartouche d'encre de la photocopieuse du photocopieur ambulant n'a pas été changée depuis des lustres. Et pour la qualité ça risque d'être chaud !

Je vous l'avais dit, au nom de Dieu, si ça continue comme ça, les lois seront bientôt estimées en bourse. Bref, il ne faut pas vous décourager ! Rien qu'avec la gouvernance, on va pouvoir embaucher tout le peuple, et on devra même faire venir des travailleurs immigrés pour nous aider à abattre la montagne de travail qui nous attend.

Mis à part tous ces désagréments tout va bien, *hamdoulillah* !

Et la carte d'*endité-là* ? *Y'a quoi ?*

Le manque de rigueur ne se limite pas à l'archivage juridique. Il s'étend à toutes sortes d'archives et peut avoir des conséquences désastreuses sur tout un peuple. Il me semble que l'état civil au Gondwana vaut le détour parce que ce n'est pas une mince affaire. Avec les innovations des uns souvent incompatibles avec celles des autres, en l'occurrence les gouvernements qui se succèdent, ça se complique au fil du temps. C'est comme les lois. On vote, on promulgue et on publie si possible. Mais pas toujours. Mais tout ça-*là* sans tenir compte de ce qu'il y avait avant. Parfois *y* a. Mais parfois *y*'a pas ! Après on vous dit « toutes dispositions antérieures contraires à la présente loi, ou décret ou arrêté, sont abrogées ». À force, chacun peut philosopher sur ça et avoir un avis contraire.

Certains ont leur carte *d'endité*, oui ! Mais d'autres non. Ils appellent ça la personnalité juridique. Parce que l'état civil-*là* c'est un problème qui rencontre une série de difficultés, notamment au niveau des registres qui sont mal tenus, déchirés, gribouillés et *tout-tout-tout*. Parfois même il y a pénurie de registres. Et là on nous dit *que de revenir*. Ou alors c'est la présence d'agents et officiers de l'état civil qui ne savent pas comment s'y prendre. « Bon, mais ils sont là ! Tu veux que quoi ? » Beaucoup d'officiers d'état civil et d'agents d'appui qui travaillent dans ces centres ne connaissent pas les textes officiels. Ou encore, certaines populations agraires et pastorales n'ont pas encore d'état civil. Par manque d'éducation, par manque d'intérêt ou tout simplement par ignorance. Ils ne se déclarent pas.

– Déclarer quoi ? Moi je suis là… tu m'as vu non ? Alors *y'a quoi ?*

– Mais la carte *d'endité-là*, elle est importante. Tu vois non ? On ne peut plus rien faire officiellement sans cette carte. Si tu n'as pas ton papier-*là*, *ouallay* tu ne peux pas traverser la frontière. Ils vont te dire *que de* leur donner ta carte *d'endité-là*. Si tu veux être réglo et que tu demandes le permis pour couper le bois-*là* ? Si tu commets une infraction, comment l'agent il va savoir qui tu es pour dresser un procès-verbal en ton nom ? Pour l'infraction ça peut nous arranger encore. Mais pour avoir nos droits, on fait comment ?

– Nos droits ? C'est quoi nos droits d'abord ? Est-ce que même on a un droit ?

– Tu vois, ça fait encore partie de tes *quéchions* bêtes… Qu'est-ce j'en sais moi ? Oui, nos droits ! Par exemple si on doit te donner de l'argent, chose-*là*, tu vois non, comment encore… c'est pas ce qu'ils appellent ça *indemnisachion* [27] ?

– C'est quoi ça *l'indémnisachion* ?

– C'est l'argent qu'ils te donnent pour réparer les dégâts causés par quelqu'un qui t'a fait du mal.

– Ah, ça je ne connais pas.

– Et si tu veux envoyer tes enfants à l'école ? Tu vas faire comment pour prouver que c'est toi et que ce sont tes enfants ? Ou si tu as un terrain et que tu cherches le papier qui prouve que tu es propriétaire, chose-*là*… titre foncier ? Tu vas faire comment sans carte *d'endité* pour que l'agent-*là* de l'État il te donne ton papier ?

– Ça veut dire qu'on risque de finir comme les Roms ?

---

[27] Indemnisation.

– Ça c'est *plu-mieux* même. Au moins ils sont déjà en Occident, sur place.

– Je te dis, le chef du village il arrange ça mieux même. Et puis lui, il sait ! Il connaît tout le monde… Il nous voit naître, il nous voit mourir.

Mais s'ajoutent à cela des situations qui ne viennent qu'empirer la situation déjà difficile. Écoutez-moi bien : au XXIe siècle, il y a encore au Gondwana des pays où les archives de l'état civil, tout comme celles des lois, sont dans une situation ubuesque. Je suis même certaine que cela fausse les statistiques mondiales. Il va falloir revoir les statistiques ! Je n'ose même pas penser au travail que ça va engendrer ! Mais comme le Blanc-*là* il est bien organisé, ça va aller.

Saviez-vous qu'il y a un pays où tout le monde est né le 31 décembre ? Pourquoi ? C'est très simple. En fait, la date de naissance est un concept importé. Pendant très longtemps, avant la colonisation, les repères de naissance étaient liés à des événements historiques, climatiques, mais en tout cas pas à une date, à un chiffre ou un nombre. Il n'est pas rare d'entendre un ancien dire : « Je suis né l'année du riz, ou du mil, ou des pluies diluviennes », pour situer sa naissance dans le temps. Depuis les indépendances, l'administration de l'état civil a été mise en place par le Blanc. Jusque-là, tout va bien. Sauf que la rigueur générale s'effrite, en parallèle avec un système éducatif en régression. Pour économiser de l'énergie et histoire de ne pas trop se fatiguer avec ce qui est perçu comme trop compliqué, les agents de l'état civil, peu ou pas formés, ont commencé à inscrire, sur la majorité des actes de naissance, la date du 31 décembre. Vous comprenez, c'est plus rapide et ça demande moins d'énergie et de réflexion. Je vous rappelle qu'il fait chaud au Gondwana. Ça va même plus loin. Ceux qui sont nés avant l'indépendance et dont l'acte de naissance a été établi en bonne et due forme par l'administration coloniale, se retrouvent avec une deuxième date de naissance sur l'acte de naissance de leur enfant. Ce n'est pas très grave ! Papa, maman, les enfants, tout le monde est né le 31 décembre. Et alors, ça change quoi ? Chacun a son papier ! Quoi qu'il en soit, ça crée un chaos pas possible dans les archives de l'état civil qui ne sont déjà pas en très bon état. Ces archives qu'on voulait organiser pourtant. Enfin ! D'après chose-*là*, eux... mais fort heureusement, pour régler ce problème, le Président-à-vie, qui vient faire du forcing pour occuper son poste, a une idée brillante. *Ekié*, un flash ! C'est le moins que l'on puisse dire. Il décide purement et simplement de bannir le 31 décembre. Ce n'est pas génial ça ! Bon, sauf que ceux qui sont réellement nés le 31 décembre, ils n'ont plus le droit de l'être. Si ça ce n'est pas un problème de fond dans les archives ? C'est quoi alors ? Et la génération future, elle va faire comment ?

– C'est la loi qui dit ça ?

– J'en sais rien moi. Mais toi-*là* tu es vraiment ignorant quoi ! Ils disent que ce sont les procédures exigées par la loi. Mais c'est la rumeur. Au fond, qui sait ? Personne. Même l'agent-*là* il n'a pas la loi.

– Mais moi je n'ai pas été à l'école. Comme tu es érudit, je profite !

– Mais d'abord elle est où la loi ? Et si on la trouve, elle va dire que quoi ?

– Finalement tu as raison puisque sans la loi-*là* et sans la carte *d'endité*, cette situation est très préoccupante *dè* !

– Mais parfois tu as tout ça et puis on te dit que les procédures-*là*, elles ont changé. Que d'amener ton père, que de réanimer ta mère dans sa tombe et *quoi-quoi-quoi* ! Mais eux aussi n'ont pas de papiers ! Et pour faire des papiers il faut se recenser. Et pour se recenser il faut des papiers. Dans ces cas, la loi elle dit qu'on fait comment ? Eh, puisque parfois-*là* ils sont morts, c'est trop tard !

– Tu es au courant ? Mon cher, c'est même plus grave que ça. Parfois ta carte *d'endité-là*, elle ne sert plus à rien. Elle est annulée sans *explicachion*. Et maintenant on fait comment ?

On est d'autant plus en panne que dans certaines contrées très particulières, trop même, on a parfois un président-à-vie vraiment particulier lui aussi. Les changements de l'intérieur, même si parfois ils sont pertinents, peuvent changer très vite eux aussi. Ils dépendent du changement éclair des présidents-à-vie qui se succèdent. Ces derniers ne se souciant pas du système établi avant eux, soi-disant par la voie légale, le révoquent sans justification aucune soi-disant aussi par la voie légale. Et ça c'est le changement. Et avec ça, on persiste à penser que le peuple, malgré tout, puisse adhérer à une législation aussi frivole que ceux qui sont les garants de son application.

– Il paraît qu'il y a un recensement.

– C'est quoi ça ?

– C'est le comptage du peuple ! Tu ne te rappelles pas ? Le papier jaune-*là* ? Il y a dix ans !

– Ah oui je me rappelle très bien !

– Tu te rappelles lorsque le président-à-vie qui était en place a décidé de faire une bonne action en collaboration avec les bienfaiteurs de fonds. Pour une fois, il faut avoir l'honnêteté de le dire, cela a été une excellente *inichiative*. Le peuple a été compté et chacun a eu sa première carte *d'endité* électronique. Tout s'est plus ou moins bien passé. Mais soudain, un nouveau président-à-vie, chose-*là*… le troisième ou le quatrième de cette période-là, débarque par force. Son idée de compter son peuple est tout ce qu'il y a de plus normal. Seulement voilà, pour aboutir, il décide ni plus ni moins d'anéantir et de raser tout l'état civil déjà en place. Bref, pour faire plus simple il recommence à zéro avec le soutien du bienfaiteur de fonds qui apporte un financement. Sauf qu'il tombe sur un os. Les habitants-*là* qu'il veut recenser, non seulement ils n'ont pas envie d'être comptés mais ça n'a jamais apporté aucun bénéfice concret. En outre, dans leur tradition ça porte malheur ! Et ils ne comprennent pas l'objectif d'un recensement. En plus, personne ne leur en a jamais expliqué l'utilité et les procédures façon gondwanaise n'incitent pas vraiment à y aller. Donc personne n'y va. Un plus un égale deux non ? Déjà, vous qui êtes imprégnés de culture orale *depuis-depuis*, il va vous falloir essayer de retrouver le papier jaune dans vos archives personnelles, sans lequel, le recensement-*là*, c'est impossible ! Si ça se trouve, le mouton de la Tabaski l'a bouffé il y a dix ans alors qu'il était encore frais. Eh oui, ce mouton que l'on achète quelques jours avant la fête et qui traîne dans le jardin en attendant d'être sacrifié, il mange tout ce qu'il trouve sur son passage, y compris les vêtements. Et sans ce papier on est coincé. On fait comment maintenant ? Parce que la culture de l'archivage commence chez soi ! Voilà la moitié de la population qui peut déjà commencer à s'inscrire au HCR[28], comme réfugiés sans-papiers. Comme quoi personne n'est à l'abri, *dè* ! Pour les autres, je veux dire pour ceux qui l'ont, c'est l'inconnu, car le papier jaune-*là*, il ne garantit rien. En plus tout dépend de la couleur de ta peau. Là aussi, y a problème. Tu as beau être en règle, si la pigmentation de ta peau n'est pas le ton du jour, et si en plus tes traits ne sont pas de bon ton, il y a de fortes chances que ta tête-*là*

---

[28] Haut Commissariat aux Réfugiés.

ne revienne pas à l'agent du recensement. Et là, c'est le début du commencement de la galère !

– Bon tu peux faire quoi ? Ça va aller !

Et alors, dans certaines contrées gondwanaises, si vous avez la malchance d'être né à l'étranger, votre acte de naissance n'est pas valable. Il faut en refaire un localement. Et vous voilà avec deux actes de naissance. Un vrai et un faux. Ça a comme un relent de faux et usage de faux provisoire et légal. Vous voyez donc bien que le papier jaune-*là*, il ne sert à rien ! En plus de ça, pour lutter contre l'abstention et obliger les gens à se présenter, une date limite de recensement est fixée par décret, par loi, ou plutôt par ordonnance. Cela dépend de la législation du gouvernement en place. Mais peu importe, du moment que c'est fixé par quelque chose, il faut respecter. Personne n'a rien vu mais tout le monde en parle, donc ça doit être vrai ! Ça va de l'interdiction pour les étudiants de passer un examen à l'annulation pure et simple de votre passeport même s'il est encore valide, en passant par l'impossibilité de se voir délivrer quelque acte administratif officiel sans ce recensement. Sauf que pour se faire recenser, il faut des papiers. Et là, on fait comment ? Je ne vous raconte même pas comment ça se passe pour ceux qui sont à l'étranger, détenteurs d'un passeport qui a expiré naturellement ou par force, c'est-à-dire par décision du Président-à-vie. Tant pis pour celui qui vit dans un pays où il n'y a pas de représentation diplomatique. Le souci c'est qu'il y en a beaucoup. Celui qui veut aller se faire recenser, il fait comment pour sortir d'un pays dans lequel il est résident d'abord ? Et puis même si on vous laisse sortir de votre pays d'accueil, par compassion, vous n'êtes toujours pas à l'abri d'un refoulement ou d'une expulsion directe par la police des frontières de votre pays d'origine. Mais gare à celui dont l'un des deux parents est étranger. Il ne pourra pas se faire recenser avant son parent étranger. Mais le parent étranger non plus n'est pas à l'abri, puisqu'il est forcément né à l'étranger, bien avant l'indépendance. Et si votre deuxième parent est décédé, il vous faut impérativement un acte de décès. Sauf que pour l'avoir, il faut être recensé. Et puis on fait comment avec les bâtards ? Pas de père, une mère qui elle non plus n'a probablement pas de père. C'est fastidieux ! Et tous ces agriculteurs, éleveurs, pêcheurs, nomades très pauvres ? Beaucoup d'entre eux n'ont pas forcément leur carte *d'endité* et encore moins une idée de ce qu'est un recensement. Un recensement, qui de surcroît, ne leur apporte rien d'autre qu'un papier. Ça sert à quoi un papier ? En plus, un papier sur lequel est inscrit quelque chose que beaucoup ne savent pas lire. L'analphabétisme n'est pas rare chez nous. D'ailleurs parfois on a beau être alphabète, on ne comprend pas mieux pour autant. Quelqu'un y a-t-il pensé ? Pire encore, ce papier leur vaudra un déplacement coûteux, argent qu'ils n'ont pas non plus à leur disposition. Car, tenez-vous bien, le recensement ne se fait qu'en métropole… Pratique !

– Au fait, pendant ce temps, la loi-*là*, elle dit que quoi ?

– Toi-*là*, tu sembles abonné aux *quéchions* stupides. Je t'ai dit que c'est pas une loi, ici c'est une ordonnance !

– Hé, pour moi c'est pas de différence *kay* !

C'est bien beau les changements de l'intérieur… Sauf qu'il ne faut pas qu'ils tournent en nœud de vipères ! Là, c'est mal barré pour le coup ! Bon, je m'arrête là sinon vous risquez d'avoir le tourniquet, et ce n'était pas l'objectif. Donc, à votre avis, serons-nous jamais recensés un jour ? Et puis parlons-en, le HCR sera-t-il prêt à accueillir quelques millions de sans-papiers ?

Je constate que les changements de l'intérieur-*là* ne font que renforcer nos problèmes. À force, le citoyen, n'y comprend plus rien. Si ça ce n'est pas une panne, alors j'exige une redéfinition du mot panne. Parce que là, on a vraiment coulé une bielle ! Là, c'est véritablement le premier signe qui indique qu'il faut faire un échange moteur… Pour résumer la situation, pendant que les Blancs-*là* sont en train d'estimer, calculer, jauger, paramétrer et *tout-tout-tout* la possibilité de s'installer sur Mars, nous ici-bas, on fait des mains et des pieds pour réussir le comptage du peuple.

– Mais on a une excuse ! Toi aussi, il faut nous comprendre ! Il fait très chaud au Gondwana ! Eh, donne-moi à boire…

– Mon frère, j'ai essayé d'aller me faire recenser, mais l'agent-*là*, son bureau n'est ouvert qu'une heure par jour. Tu viens, on te dit que d'attendre, il va arriver ! Tu attends, on te dit que de revenir demain ! Tu reviens demain on te dit que de passer l'après-midi… et ça dure depuis deux semaines. Et maintenant mon patron français il ne me croit pas et menace de me licencier. Il dit que j'abuse ! Mais, on va faire comment si on n'a plus de travail et pas de papiers d'*endité* ?

Le *best of*... des formations. *Ouay* !

Après un an de travail, quelques réunions pour ajuster une stratégie d'insertion des lois dans le système électronique, chacun se voit attribuer une année ou deux qu'il doit mettre en ligne. C'est ce que l'on appelle communément la réorganisation. Bien sûr, chacun doit signaler, dans un fichier commun créé à cet effet, les textes introuvables. Ce qui permettra de faire un bilan de l'existant réel. Parce qu'à ce jour, personne ne peut prétendre connaître le patrimoine réel, ni même l'estimer. Jusqu'ici, ça va.

Arrive le jour où, tranquillement assise dans mon bureau, je fais mon boulot, à savoir vérifier que tout ce qui est mis en ligne sur cette vitrine internationale ressemble à quelque chose. Je suis zen. Je me dis que ça avance bien, je suis satisfaite. Mais cette quiétude est de courte durée... Car soudain je sursaute. Je réalise qu'un de mes gugusses, sans raison apparente, a trouvé le moyen de finir l'année 1964 en deux temps trois mouvements. Je fouille un peu pour me rendre compte que l'année 1964 tout entière n'a que six lois publiées. Or, rien que dans un Journal officiel il y a une quarantaine de textes..., le calcul est vite fait. Il faut savoir que les archives des années 1960 sont sans aucun doute de la meilleure qualité qui soit. Le souci de la rigueur est visible à l'œil nu. La moindre faute ou erreur de frappe est rectifiée dans le sommaire du journal suivant et qui plus est, la publication est extrêmement régulière. C'est là que j'envoie un courriel d'urgence pour avoir des explications. On ne sait jamais ! Mon gugusse m'explique qu'effectivement, dans chaque Journal officiel, il sélectionne deux ou trois textes selon des critères que j'ignore encore, certainement le critère le plus répandu, le hasard. Ensuite, il balance en ligne vite fait bien fait pour correction. Il m'assure cependant que, ni une ni deux, les quarante lois restantes du mois de janvier 1964 seront mises en ligne illico presto, *Inch'allah* ! Il ne vous reste plus qu'à expliquer que cela est valable pour TOUS les autres *Journaux officiels*, et s'il vous plaît.

Une règle d'or : être vigilant et avoir les yeux vissés partout, comme le bienfaiteur de fonds sur les résultats à atteindre. Sinon ce projet, au lieu de nous aider, fout en l'air les toutes petites chances d'y voir plus clair, l'objectif quoi !

Croyez-moi, j'ai vite compris qu'il me fallait être très exigeante pour maintenir à 50 % la barre de la rigueur que j'essaie d'ancrer. Le problème est que pour ces fonctionnaires lambda, vous êtes la seule qui exigiez ce niveau de performance, aussi simplifié soit-il. Après tout, personne n'exige rien depuis très longtemps, personne ne dit rien et ça n'a changé la vie de personne. *Ekié* ! Où est le problème ? Dieu est grand ! La rigueur-là… un tant soit peu effritée, délitée, et alors ?

J'aime autant vous dire que quand je monte dans un avion, je prie pour que le technicien responsable de la maintenance au sol ne soit pas dans le même état d'esprit. Pourvu qu'il n'ait pas mal à la tête ! Je ne tiens absolument pas à me retrouver dans un documentaire style « air-crash » de *National Geographic Channel* et encore moins que l'on parle de moi à l'imparfait. J'imagine que vous non plus !

Il ne faut pas oublier que ces équipes deviennent indépendantes au bout d'un moment et travaillent sous leur propre contrôle. Si on ne porte pas une attention particulière à tous ces détails, et ils sont nombreux, on ne fera que transposer des archives papier chaotiques en archives électroniques chaotiques !

Mais attention, une fois que c'est rentré et enregistré, il ne faut plus rien changer car ça peut prendre deux ans supplémentaires pour reformater mes amis et collègues aux nouvelles normes. Ce qui veut dire qu'il ne faut pas se planter au démarrage…

Lors de l'apprentissage, il y a des passages très difficiles pour certains : le choix des mots-clés pertinents. Soit c'est capté immédiatement comme si un éclair était passé – mais c'est très rare –, soit ça prend quelques années, à la sueur de mon front et ça m'oblige parfois à prodiguer des soins intensifs. Il faut dire qu'il y a beaucoup de subtilités, c'est même traitre, voire pervers, un mot-clé : brevet, parenté, poste…, ça n'a l'air de rien, mais ça peut devenir très compliqué ! Ça demande un minimum d'esprit d'analyse et de synthèse. Par exemple, un mot-clé comme « honneurs et événements commémoratifs » sera souvent lié à des textes portant nomination d'un haut fonctionnaire à un poste au gouvernement. Au bout d'un certain temps, je me rends compte qu'il y a un lien dans leur esprit entre nomination, moment de joie, et donc, c'est la fiesta. J'en déduirais que l'utilisation de certains mots-clés reflète un état d'esprit particulier du Gondwanais. État d'esprit acquis de par le fonctionnement du système. C'est tellement ancré que ça l'emporte sur le contexte de la loi.

Je voudrais juste raconter une anecdote qui illustre bien cette situation particulière des mots-clés. Un de mes élèves me soumet le résumé d'un décret portant nomination du Premier ministre de la République, quelle que soit sa démocratie ou *démocrature*. Résumé auquel il faut ajouter les mots-clés appropriés, soit « politique » et « gouvernement », « pouvoir exécutif » et « fonctionnaires élus et nommés ». C'est logique et c'est ce qu'il fait. L'ennui, c'est qu'il ajoute le mot-clé « parenté » ! Sur le coup je suis très surprise et je lui demande si le Premier ministre en question est son cousin ou quelqu'un de proche ? Non.

Le mot-clé est donc supprimé et tout va bien. Mais au bout de quelques jours, je reçois une deuxième soumission portant nomination d'un fonctionnaire à un poste de responsabilité, puis une troisième soumission portant nomination d'un fonctionnaire à l'Ordre du mérite national. Et ce qui me frappe, c'est que malgré ma première remarque, le mot-clé « parenté » revient quand même. Je réalise alors que les nominations à des postes importants dans l'administration, les décorations honorifiques, tout ce qui a trait à la promotion, sont perçues comme étroitement liées à la parenté. La notion de mérite, de promotion demeure facultative, voire totalement aléatoire. Ah, parce que ça vous étonne ? N'oubliez pas que nous sommes en terre gondwanaise où la promotion dans l'administration n'est pas forcément liée au mérite ou à l'acharnement dans le travail. Pas du tout. Ici tout est possible !

Parfois les mots-clés partent en vrille et ils arrivent en vrac. La lutte est rude, avec des passages d'un extrême à l'autre : soit c'est la dysenterie des mots-clés et il y en a trop. Soit c'est l'occlusion et il n'y en a pas assez, ou encore les mots-clés ne correspondent à rien. L'objectif final, celui de faciliter la recherche pour le futur utilisateur du site, est négligé, voire totalement oublié. Il y a aussi ceux qui se trouvent très ingénieux et qui, pour se faciliter la tâche, se font une petite sélection de mots-clés, un petit paquet, qu'ils colleront à toutes les sauces. Eh oui, certains se croient très malins et plus astucieux que tout le monde. Heureusement le gendarme que je suis est toujours là pour calmer ce qui peut paraître comme un jeu du chat et de la souris. *Ekié !*

Il y a aussi le style avant-gardiste : certains vont utiliser le mot-clé « courrier électronique » de manière tout à fait appropriée sauf que ce sera pour indexer des textes de 1959 à 1965. Or il me semble qu'Internet n'était pas encore d'actualité… Peut-être à la CIA, mais certainement pas au Gondwana ! Parce que voilà, certains de mes collègues gondwanais ont l'arrogance de penser qu'en 1965, Internet était déjà disponible ! J'aurais bien aimé penser que c'était un petit passage à vide, mais l'ennui c'est que cela arrive un peu trop souvent à mon goût. J'avoue qu'ils se débrouillent quand même très bien. Il ne faut pas oublier le contexte. On leur demande tout d'un coup d'être créatifs alors qu'avant la mise en place du projet aucune créativité ou initiative n'était possible.

Et puis il y a les mots-clés récurrents, « administration publique » par exemple, qui sont ajoutés à tort et à travers. Celui qui aura le malheur de chercher un texte sous un de ces mots-clés risque de se retrouver en face d'un résultat très singulier. C'est très simple. Toutes les lois de la République du Gondwana. Autant vous dire qu'avec un tel résultat, le pauvre utilisateur a du pain sur la planche.

Certains mots-clés peuvent porter à confusion. Les mots-clés tels que « poste » qui peut correspondre aussi bien aux Postes et télécommunications, qu'au poste, dans le sens du travail. Il en va de même pour « brevet » qui revient toujours dans les textes qui traitent de permis de construire, d'autorisation ou d'exploitation de toutes sortes. Or il y a des années-lumière entre le diplôme de brevet des collèges et le brevet d'invention. Sauf qu'eux l'utilisent à toutes les sauces. Houlà, qu'est-ce que ça peut m'énerver parfois ! Bon, parce que les brevets d'invention, je n'en ai pas vu beaucoup, pour ainsi dire pas du tout. Remarque, ils sont peut-être cachés eux aussi ? Alors que la rigueur et le bon sens supposent que l'on ait le réflexe de vérifier si le mot-clé correspond au contexte. La liste de mots-clés perturbateurs est longue. Ça n'a peut-être l'air de rien, mais une petite-mini-erreur, surtout si elle est récurrente, peut avoir des effets désastreux sur le résultat d'une recherche de texte de loi, enfin retrouvé. Vous comprenez pourquoi je vous tanne avec la rigueur ? J'en suis arrivée à un point où certains appliquent un sourire de connivence dès que je parle d'autodiscipline et de rigueur. Pas méchant… Je ne serais pas étonnée d'entendre un jour que l'on me surnomme Madame Autodiscipline ou Madame Rigueur.

Alors les résumés ! On dit quoi ? L'obstacle majeur lors de la formulation du résumé est la sélection de l'information la plus pertinente. Parfois ça prend beaucoup de temps car de cette information pertinente découleront les mots-clés. Vous voyez où je veux en venir ? Je reçois souvent des résumés de textes de loi qui nomment des personnes à l'Ordre du mérite de l'une des républiques, quelle que soit sa démocratie ou sa *démocrature*. Pour éviter que le résumé soit long, mon gugusse prendra le soin de ne citer que la première personne de la liste. J'apprécie l'initiative que j'essaie de corriger. Sauf que, ces textes, il y en a beaucoup. J'ai beau répéter que dans ces cas-là il suffit juste de mentionner l'existence de cette liste, rien n'y fait. Je pose donc la question de savoir sur quel critère mon élève s'est basé pour décider de citer le premier de la liste. Je trouve la réponse, après coup, sublime ! « Ok, Madame, la liste de ceux qui sont nommés à l'Ordre du mérite est longue (dix personnes) et les citer tous rend le résumé long, et ce n'est plus un résumé. Il est donc nécessaire de citer seulement la première personne qui sert à ma connaissance de référence. » Ce n'est pas mignon ça ?

Et après tous ces déboires, obstacles, efforts, énervements, explications, la *pyssykologie* agencée sur mesure au contexte gondwanais, le bienfaiteur de fonds international, lui, émet encore des doutes quant à l'intérêt d'un suivi en ligne ? Imaginez la tête de cette réorganisation des lois retrouvées dans un système électronique, sans accompagnement, sans soutien. Pour ma part, je n'ose même pas y penser. Et parfois même, le bienfaiteur de fonds international a le culot de réduire le nombre de jours travaillés sous des prétextes nombreux et souvent hasardeux, qui cachent à peine le manque de confiance. Et ça ce n'est pas sympa ! Le plus frustrant, c'est qu'ils sont souvent moins regardants sur de gros projets même s'ils savent pertinemment qu'ils sont sans issue. Bizarrement, il est beaucoup plus difficile d'obtenir des fonds pour un petit projet prometteur, avec une issue et une pérennité qui ont fait leurs preuves, que pour des projets gigantesques… Circulez, y a rien à comprendre ! Les explications auxquelles j'ai eu droit jusqu'à présent me laissent dubitative. On veut développer ou on ne veut pas ?

Houlà, j'ai le sentiment que là-bas y a quelque chose de pas clair !

Et la famille ? Et la santé ? Et les enfants ? Bon, ça peut aller…

On se plaint que rien ne marche comme il faut. Tout le monde sait que ça marche juste assez. Assez pour se voiler la face. Personne ne sait ce qu'il veut. Une minorité – l'élite tout comme le reste du peuple – se contente de se contenter de ce qu'il y a. Cela étant, ce qu'il n'y a pas, l'élite va le chercher là où il est. Or, le citoyen lambda, lui, n'a pas d'autre choix que de faire avec ce qui est disponible, donc pas grand-chose. Et souvent, il n'exige pas plus puisque, de toute façon, il ne connaît pas mieux. C'est la raison pour laquelle il me semble essentiel ne serait-ce que de mentionner deux thèmes indissociables de mon contexte de travail, comme de tout contexte de travail d'ailleurs. Pas d'inquiétude, je n'approfondirai pas, du moins pas ici, mais juste un mot là-dessus car c'est essentiel, me semble-t-il.

Eh oui, la loi concerne tous les domaines, vous en conviendrez ? Donc, je ne peux pas parler du travail de mes amis et collègues lambda sans brosser un petit portrait de la situation dans laquelle nous évoluons tous. Un portrait qui inclut nécessairement les systèmes fondamentaux de l'éducation et de la santé. Deux thèmes qui sont à la base de la construction et de la cohésion de toute société, et de surcroît d'une société démocratique.

L'ayant vécu moi-même, puis en tant que mère de famille, je suis très bien placée pour comprendre ce que traversent mes amis et collègues. Le plombier international tout comme mes collègues de Washington ne peuvent même pas imaginer l'état de la société gondwanaise. Et encore moins la persévérance et la volonté requises pour réussir à atteindre un résultat quel qu'il soit. Et à juste titre, parce que c'est tout simplement inimaginable.

Lors de mes nombreuses missions, certains de mes collègues peuvent parfois montrer des faiblesses ou une baisse de régime qui attirent mon attention. Encore une fois, et je ne cesserai de le répéter, il ne faut pas oublier que le bienfaiteur a les yeux rivés sur les résultats. Dans ces cas-là, il n'est pas rare que je sois amenée, volontairement bien sûr, à contribuer financièrement aux soins de certains de mes collègues. Mais souvent, il faut les pousser à aller consulter un médecin ou faire des analyses médicales. Et quand le diagnostic tombe, c'est parfois très préoccupant. Certains sont atteints de maladies graves, parfois incurables. Et le pire, c'est que dans certains cas, les traitements ne sont pas disponibles : « Madame, y a pas. » Ils ont d'autant plus de mérite… C'est là que je réalise combien exposés et vulnérables nous sommes tous. Une amélioration progressive est en cours mais elle me semble très lente ; si lente que nous avons tout le temps de mourir dix fois avant de voir le début d'un soupçon de commencement d'amélioration significative.

Alors, voyons voir la santé. Je me souviens avoir vu que « les gouvernements ont la responsabilité de la santé de leurs peuples », préambule de la charte constitutive de l'Organisation Mondiale de la Santé[29]. Et mieux ! Il paraît que l'objectif de l'OMS c'est d'amener tous les peuples du monde au niveau de santé le plus élevé possible. Écoutez bien, c'est la constitution de l'OMS qui dit ça *dé* ! Mais dites-moi, j'ai une question. Est-ce que le Gondwana fait partie des peuples du monde ? Et est-ce que l'accès à des

---

[29] OMS.

soins primaires en fait partie ? Et si oui, sont-ils dignes de ce nom ? Là-dessus je commence à avoir de sérieux doutes. Je me rappelle encore du temps où les soins dispensés étaient certes primaires, basiques de chez basiques, mais de bonne qualité, accessibles à tous et surtout gratuits. Ce même système de santé a été soutenu, appuyé et financé par les bienfaiteurs de fonds en vue de son développement pendant plusieurs décennies. Et bizarrement, le résultat aujourd'hui, c'est que plus personne ne peut se soigner sans payer. Et quand bien même on y a accès, les soins sont de piètre qualité. L'argument est toujours le même pour justifier tout cela : il n'y a pas d'argent ! Mais il y a toujours assez d'argent pour évacuer à Paris un président blessé à la tête, au bras, à l'abdomen, à la poitrine ou *quoi-quoi-quoi*... même si, tout va très bien dit-on de source officielle ! Et vous le peuple, gare à vous si vous arrivez aux urgences la tête à l'envers ! L'évacuation, ce n'est pas pour vous. Même pas en rêve ! C'est réservé aux grands, voyons. Il faut donc toujours circuler avec un sac plein de médicaments et un kit de soins intensifs. Sinon, la mort s'ensuit. Tout dépend de votre capacité à survivre à certains chocs. Et même si vous disposez de moyens très moyens pour vous venir en aide, c'est l'absence de structures capables de dispenser des soins dignes de ce nom qui est un frein. Parce qu'attention ! Attention ! L'élite-*là*, elle ne se soigne pas sur place, c'est trop dangereux ! Elle va loin, là-bas, pour se soigner. Comme dit Mamane, elle téléphone, elle prend rendez-vous chez son médecin traitant, et monte dans son jet privé ; où est le problème ? Et vous dites qu'il y a des problèmes de soins ? Non ? Sérieux ? Et pour ceux qui viennent visiter le Gondwana, n'oubliez pas de souscrire une bonne assurance avec rapatriement !

Pour ne pas tout déballer, je citerai juste certaines difficultés au niveau de l'infrastructure, du manque de compétences (fuite des cerveaux), de l'équipement clopin-clopant, du manque de connaissances dans les domaines existants, de l'inexistence de budget pour l'entretien de l'équipement disponible, de la mauvaise qualité des produits consommables et des médicaments contrefaits et falsifiés qui ne sont pas en reste. Vous comprenez désormais pourquoi je voyage avec ma pharmacie !

S'ajoutent à cela parfois des déclarations à la radio qui relèvent de la science-fiction. J'en ai retenu une qui m'a estomaquée à tel point que j'ai encore du mal à y croire. Et pourtant, je l'ai bien entendue. C'était sur RFI. Là j'avoue que mon optimisme en un Gondwana meilleur en a pris un sacré coup, sachant que cela n'est pas une anecdote isolée. Elle ne fait qu'illustrer notre pauvre réalité. Il s'agit d'une émission sur le choléra dans laquelle un directeur de l'hygiène et de la santé a affirmé et confirmé avec beaucoup de conviction qu'une fois que le choléra est passé dans un quartier, tout le monde est immunisé. Donc il n'y a aucun problème ! Évidemment, ils ne risquent plus rien puisqu'ils sont tous morts ! J'ai même pensé que c'était une blague. J'ai cru halluciner. S'il vous plaît, transmettez d'urgence ce message aux scientifiques. Ça pourrait peut-être les aider. C'est peut-être *plu-mieux* de chercher les symptômes en aval, du style un vaccin pour ressusciter tous ces morts immunisés ! La rivière dans laquelle les excréments sont déversés tous les jours, par une société agrémentée, guidée par un ministère, pouvait donc continuer sans équivoque à recevoir ses tonnes de matières fécales tous les jours. Matières fécales qui flottent sur l'eau. Il ajoutera en plus, histoire de s'enfoncer, que les conséquences du choléra sont en amont. Je n'y comprends absolument rien, mais il me semble que si on a des conséquences, elles devraient, en principe, et si tout va bien, se trouver en aval. On est d'accord ? Avec ce genre de discours, il n'est pas étonnant que le système de santé ne fonctionne pas. Il n'a plutôt aucune chance de fonctionner. Il y a comme un petit problème de compétences. Et qui dit compétences dit éducation, non ? Ça commence à aller bien ! Et la loi sur l'hygiène ? Elle dit que quoi ? Je sais, je sais. On me dira mais madame, c'est un cas isolé. Eh bien non. Ça ne l'est pas. Loin de là.

Bien souvent, un acte médical n'est pratiqué que si le patient apporte absolument tout le matériel nécessaire – jusqu'au désinfectant. Ce n'est pas un hasard si devant les hôpitaux, et ce dans la majorité des pays gondwanais, on ne peut plus compter le nombre de pharmacies. Elles envahissent littéralement certains quartiers pour peu qu'il y ait un hôpital dans le coin. Et ça ce n'est pas un dessin grandeur nature ? Pourtant ça illustre bien notre problème. Je ne parle même pas de la revente illégale des médicaments gratuits destinés aux malades du Sida. D'ailleurs, le Gondwanais-*là*, il commence à être suspicieux par rapport aux nouvelles maladies comme le Sida, l'Ebola et *quoi-quoi-quoi* qui, du jour au lendemain, émergent d'on ne sait où et deviennent à la mode. Et après quelques décennies, ces mêmes maladies qui ont fait fureur s'évanouissent tout doucement comme par enchantement… *Ekié* ! Parfois, dans certaines contrées, les villageois en ont marre et font la guerre aux services de santé qu'ils accusent d'importer le virus responsable, voire même de le faire fructifier.

– Je te dis, ce sont des maladies très louches, elles ciblent les pays où il y a les pauvres.

– *Ekié* ! *Entouka*, c'est pas clair *dè* ! On n'a jamais vu de maladie intelligente. C'est comme devenu une mode.

– Comme le changement climatique qui change de nom tout le temps. Tout ça *là*, ce n'est pas net.

– Si tu cherches, tu vas encore trouver une histoire d'argent cachée derrière tout ça mon frère ! On fait comment ?

On peut aussi évoquer le succès du faux médicament auprès de consommateurs non éduqués et pauvres et qui sont dans le besoin. Et puis, je pourrais continuer avec la vente de l'acte médical lui-même. Dans certains centres hospitaliers, chaque geste par le corps médical – l'infirmier, le médecin, le chirurgien, etc. – est payant. Après une opération chirurgicale, le patient ne bénéficiera de la visite postopératoire que s'il la paye. L'infirmier ne changera pas la perfusion sans paiement au préalable, etc. Et pour les hôpitaux où l'on vous soigne quand même parce que vous avez acheté le nécessaire, il faut s'armer de patience et attendre qu'un membre de l'équipe du corps médical se décide à venir vers vous. Remarque, ce n'est peut-être pas par hasard qu'on appelle le malade « patient » ! Mais en tout état de cause, la gestion médicale laisse à désirer et du coup, manque d'efficacité. Ne vous est-il jamais arrivé, messieurs, de faire des analyses d'urine et vous découvrir « enceinte » ? J'ai été témoin de cela. Véridique ! Là, ça va encore, on peut en rire, mais dans beaucoup d'autres cas, c'est carrément mortel. Avez-vous déjà fait un petit tour aux Urgences ? Après une telle visite, vous allez apprécier votre état de santé actuel ; et puis si vous êtes originaire d'un pays développé, je vous garantis que vous n'allez plus rien trouver à redire sur vos structures hospitalières, même les plus médiocres. Si votre seule maladie était la maladie du mécontentement, vous seriez vite guéri ! Bon, si ça continue comme ça, de toute façon, on va tous être immunisés. Il suffit d'une pandémie et, comme pour le choléra, le problème est réglé. Il ne faut pas nous fatiguer avec les vaccins du Blanc ! L'épidémie-*là* c'est plus rapide et c'est *plus-moins* cher !

Cela étant, il faut quand même reconnaître que certains médecins gondwanais ont du mérite. Pour les cerveaux qui sont revenus, et ce n'est pas facile, beaucoup d'entre eux font des exploits avec des moyens rudimentaires. Ce sont des génies parfois. Ces médecins mériteraient vraiment de se voir décerner le Prix Nobel.

Il en va de même pour l'éducation. Après les indépendances, l'éducation s'est vue accorder une forte priorité parce qu'elle était considérée comme un investissement permettant de favoriser le développement économique. Celui-ci est en régression *depuis-depuis*.

L'éducation participe du développement humain, condition nécessaire de la mise en œuvre du développement durable et de l'éradication de la pauvreté[30]. Je me rappelle du temps où une éducation de qualité était encore possible dans les écoles publiques. Je fais partie de ceux qui ont eu la chance de bénéficier de la fin de la présence des bienfaiteurs de fonds en matière d'éducation. C'était encore la période faste durant laquelle les professeurs étaient des expatriés venus droit d'Occident. Et puis, bien des années plus tard, j'ai dû faire une partie de mon cycle universitaire au Gondwana. Le niveau maîtrise équivalait au niveau CM2. Et je n'exagère rien. Ceci explique cela non ? Le comptage du peuple pour ne citer qu'un exemple. C'est vous dire où nous en sommes. Une catastrophe. Aujourd'hui, la qualité de l'éducation a régressé à un point tel qu'il n'est plus possible de lui faire confiance. Ceux qui en ont les moyens fuient ce système public comme la peste et préfèrent mettre leurs enfants dans des écoles privées qui, tout comme les pharmacies, ont commencé à fleurir dans les capitales. Ce qui, au passage, ne garantit en aucun cas un enseignement de qualité. Et puis l'élite bien-pensante,

---

[30] FMI, 2002.

dont je fais partie, elle, n'est pas folle. Elle ne se risquera pas à mettre ses enfants en danger intellectuel en les plaçant ailleurs que dans les écoles françaises ou américaines installées au Gondwana. Et ce sont ces mêmes personnes qui ne peuvent pas se passer de ces services, qui clament que l'éducation dans leur pays fonctionne ! Et si vous faites l'erreur de nier ça, alors là, ça ne se passe pas bien du tout. Parce que là, vous vous êtes permis de porter atteinte à la souveraineté personnelle.

En outre, l'école publique est devenue payante. Dans certaines familles, une sélection est faite quant au choix des enfants qui pourront aller à l'école. Le grand dilemme c'est de trouver de quoi payer les frais de contribution parentale et d'acheter les livres complémentaires qui ne seraient pas distribués par l'école. Et nous on ne sait même pas si l'argent-*là* va aller là où c'est écrit ? Tout comme le billet d'avion où l'on n'est même pas sûr d'aller là où c'est écrit ! Plus l'école est de qualité, plus il est difficile d'y trouver des places. Sans compter que les salles de classe sont bondées avec une moyenne de 95 élèves par classe qui doivent se débrouiller pour trouver une place au fond de la classe, sur le rebord des fenêtres, dans les allées, enfin là où c'est possible. La baguette, dans ces cas, devient un outil pédagogique indispensable.

Et puis, même si vous avez la bonne idée de créer une école correcte, justement parce que l'Éducation nationale a failli à sa tâche et à ses devoirs, je vous avertis, ça peut rapidement dégénérer. Histoire vécue : vous déposez votre dossier parce que vous êtes soucieux de la législation en vigueur et, qu'en tant que bon citoyen, vous voulez suivre la procédure en bonne et due forme. Seulement voilà, il arrive que vous rencontriez parfois des problèmes, disons mineurs, pour le Gondwana. Toujours est-il que cinq ans plus tard, votre école fonctionne à plein tube. Les gens se bousculent pour y inscrire leurs enfants et même ceux du

Président-à-vie la fréquentent, sans compter ses ministres. Le succès quoi ! Mais le dossier, lui, il traverse le désert. Il n'a pas tout à fait le même succès que votre école ! Vous découvrez lors d'une recherche que votre dossier a disparu, donc vous recommencez la procédure à zéro. Mais votre dossier attend, vous ne savez quoi, et ainsi va la vie… Morale de l'histoire : même quand on se force à appliquer la loi, à honorer ses devoirs, ça n'intéresse personne. Et cette situation s'applique à tous les domaines. Remarque, parfois c'est *plu-mieux* de s'abstenir d'être réglo, sinon c'est là que les problèmes commencent.

Alors récapitulons. Si vous avez eu accès à une scolarité cahin-caha, si votre santé va clopin-clopant et qu'en plus vous avez une famille à charge qui hérite des mêmes problèmes et *tout-tout-tout*, l'un dans l'autre, il n'est pas étonnant que la réorganisation simplement des lois retrouvées devienne une bataille grammaticale et organisationnelle ! Parce qu'ici, je vous parle, entre autres, de juristes formés localement qui en sont à ce niveau ! Et ça-*là* ça ne peut plus durer ! Ce n'est pas pour rien que chaque année on se dit : « Bonne année, bonne santé ! » Tant qu'il y a la santé, l'année est gagnée… Nous avons besoin d'accéder à des soins qui ne se limitent pas uniquement au paludisme, au Sida, à la tuberculose et à la méningite. Il y a tout le reste…

– Ah moi je suis vraiment d'accord avec cette idée !

– Toi, qui t'a demandé de parler ?

– Mais moi je veux témoigner. L'autre jour j'étais au dispensaire chose-là, qui distribue les dons, chose-*là*, les médicaments pour le Sida gratuits. Mais l'infirmier responsable n'a pas voulu me donner.

– Pourquoi ?

– C'est que… il faut payer un petit quelque chose, sinon *y'a pas* moyen.

– Bon mais ça au Gondwana c'est normal. Toi-*là* tu fais le malin ! L'infirmier il n'a peut-être pas reçu son dernier salaire, voire même ses deux ou trois derniers salaires. Et lui aussi, comme toi, il doit manger.

Fait du hasard, ou coïncidence bizarre et cruelle, pendant que j'essaie de finir ce livre, je suis personnellement concernée par cette réalité à laquelle je fais allusion. Je reçois un appel téléphonique à 3 h 30 du matin m'informant que mon fils a eu un accident et a été transporté au service des *urgences* d'un hôpital public gondwanais. Je me rends donc à toute vitesse à l'adresse indiquée. D'autant plus vite que je n'ai aucune idée de l'état dans lequel se trouve mon fils. Je ne vous cache pas que mon angoisse principale est d'imaginer que quelqu'un le touche, qu'un agent du service de santé prenne une décision qui pourrait être fatale. J'arrive sur place. Et voilà ce que je découvre. Je m'engouffre dans un petit hall d'entrée, empli d'humidité, d'une odeur concentrée, certainement un mélange de transpiration, de sang, de produits de nettoyage peut-être, je n'en sais trop rien. Une lumière est dispensée par une pauvre ampoule de 40 watts qui éclaire, enfin c'est beaucoup dire, le couloir. C'est plein à craquer de personnes blessées ou malades, couchées à même le sol. J'entends des gémissements. J'avance, fébrile, à la recherche de mon fils, et je me retrouve à l'intersection de deux couloirs sombres dont le sol est jonché de corps allongés toujours à même le sol. Aucun appareil médical, aucun personnel médical ou alors j'étais complètement aveuglée par l'inquiétude, la peur. Je regarde à gauche, à droite. Le portier ou le gardien ou peut-être l'infirmier, je ne sais pas, m'indique une direction que je suis. Et dans un autre petit couloir obscur, je reconnais mon fils assis sur un brancard avec ses deux amis, adossés à une fenêtre. Mon fils est couvert de sang et me dit que lui et ses amis ont des débris de verre dans les yeux, mais je n'en sais pas plus. Une personne est couchée par terre à côté du brancard. C'est la quatrième victime. J'entends une femme gémir. C'est la cinquième victime. J'apprends que c'est une collision entre une voiture et une moto. Les cinq victimes ont été transportées dans la même ambulance, ce qui est déjà pas mal. Pour une fois qu'il y a une ambulance, il ne faut pas se plaindre voyons ! Par contre, je n'ai pas vu l'ombre d'un quelconque médecin de garde. Je n'ai vu aucun appareil près de la victime la plus gravement touchée. Du coup, mes inquiétudes quant au fait que quelqu'un touche mon fils étaient complètement vaines. Aucun n'avait bénéficié d'une assistance. Eh oui, étant patient, il faut être patient. Je vous l'avais dit. Ma première réaction est de tout faire pour le sortir de là. Comme je l'ai déjà mentionné, j'ai la chance de faire partie de l'élite et d'avoir les moyens de le faire. Sauf que le problème c'est de trouver la structure compétente. Heureusement, ici il y en a une dotée de médecins urgentistes. Je récupère les trois adolescents et je file là-bas. Le père du chauffeur de la voiture est reconnu responsable-coupable. Par qui ? Par la société. Pourquoi ? Tout simplement parce que son fils était le conducteur de la voiture.

Si mon fils avait été conducteur, cela aurait été moi. Il a été littéralement pris en otage par le personnel médical jusqu'au décès de la jeune malheureuse. Que son âme repose en paix ! Il fallait bien que quelqu'un paye les soins ! En attendant, que la responsabilité ait été établie ou non, tout le monde s'en fiche. Tu fais partie de l'élite de par la couleur de ta peau, ou de la voiture que tu conduis, ou autres critères non encore identifiés. Tu es de toute évidence responsable. C'est clair non ? Rassurez-vous, aucune loi officielle ne dit une chose pareille. C'est la loi implicite du peuple et celle-ci est appliquée en bonne et due forme. Et pourquoi ? Parce qu'elle est en harmonie avec le contexte et il n'y a pas d'attente. Elle s'applique sur le champ. Pas de risque de faire traîner les dossiers. Pas de paperasse et d'injustice possible. Injustice au sens du Gondwanais lambda bien sûr. Et puis, un conseil de taille : il faut savoir que dans certains pays gondwanais, en cas d'accident, il ne faut surtout pas s'arrêter si vous faites partie de l'élite. Le mot d'ordre c'est fuir, car la justice est faite sur place. Non pas parce que ces gens-là sont mauvais, mais parce qu'avec l'inégalité sociale, le peuple a un sentiment d'injustice juridique, politique et financière. Il n'a aucune confiance ni en la justice de son pays ni en quoi que ce soit venant de son gouvernement, et à juste titre.

Je suis en colère. Pas pour mon fils, mais pour le peuple qui lui n'a pas vraiment d'issue. Cette situation n'est pas nouvelle pour moi, je la connais depuis des lustres. Mais je suis frappée par ce laisser-aller. Pendant que les bienfaiteurs de fonds financent les changements climatiques, la REDD[31], le PIF[32] et je ne sais trop quoi, l'inégalité sociale fait son chemin. Les problèmes climatiques ou environnementaux sont le dernier souci des peuples. C'est d'abord la survie qui compte. Quoi de plus normal ? Et puis, soyons honnête, qui sont les pollueurs ? Parce que là, ça ne va plus du tout. On devrait avoir des préoccupations bien plus cruciales, terre à terre, en relation avec la réalité quotidienne, notamment la santé et l'éducation des personnes les plus démunies donc la majorité : les peuples. Quand allons-nous intégrer aux droits de l'homme la santé et l'éducation ? Y avons-nous jamais pensé ? Pour le moment, vu comment on traite les hommes dans les hôpitaux,

---

[31] Reducing Emissions from Deforestation and Forest Degradation (Réduction des Émissions résultant du Déboisement et de la Dégradation des forêts).
[32] Programme d'Investissement pour la Forêt.

ça ne semble pas à l'ordre du jour. Une clinique vétérinaire en Occident traite bien mieux les animaux que les hommes dans les hôpitaux publics gondwanais. Comment des médecins formés, compétents, acceptent-ils de travailler dans de telles conditions ? Oui, oui je sais. On va me dire que ces médecins sont obligés de travailler dans le public avant de pouvoir s'installer à leur compte. Désolée, cette réponse ne me satisfait pas. Il y a toujours moyen de rouspéter, ne serait-ce qu'un minimum. Et les ministères de la Santé ? Que font-ils ? C'est à croire qu'ils n'ont jamais mis les pieds dans un endroit pareil. Ils sont chanceux. Et qu'en est-il des Occidentaux qui viennent travailler ici ? Ah, eux sont assurés jusqu'au bout des doigts. Ils ne sont donc pas concernés. Et ceux qui ne le sont pas trouveront toujours le moyen de sortir, d'aller se faire soigner ailleurs si nécessaire. Est-ce possible d'être si indifférent ? Je ne peux pas croire que ces mêmes expatriés travaillant dans le développement accepteraient cette situation pour leurs propres enfants. Je ne vous apprends rien de nouveau, je le sais, mais sommes-nous à ce point-là rompus à la pauvreté ? En tout état de cause, nous le sommes à l'exercice de l'égoïsme et du narcissisme.

– Mais tu veux que quoi ? Ça va aller !

– Tu es vraiment fataliste.

– Non, moi je crois au destin et toi-*là* tu réfléchis trop. Il faut laisser comme ça.

– Il faut aussi mettre de l'ordre. L'ordre commence par la loi sauf que parfois-*là*, même si elle dit *quoi-quoi-quoi*, ça correspond mieux à un autre univers. Alors que le peuple-*là*, il ne demande pas grand-chose.

– *Ouallay* juste un travail, des écoles, de quoi se soigner, etc. Les *gences-là*, ils font, ils partent en mission, ils reviennent, ils travaillent, ils parlent, ils discourent, ils discutent, ils échangent, y'a séminaire, y'a conférence, y'a atelier, y'a *tout-tout-tout* et *entouka* nous on a toujours rien « vi ». C'est pas du travail, c'est du tourisme ! Et ensuite ils viennent nous enquiquiner avec les impôts. *Y'a quoi* en retour ? Pour quoi faire d'abord ? Qu'avons-nous en contrepartie ? En tout cas ni l'éducation, ni la santé, ni même un goudron digne de ce nom, ni une justice juste ne sont à l'ordre du jour. Parce que si un proche ou quelqu'un de ton ethnie, de ta tribu, de ton village est malade, il faut cotiser. Alors dites-nous pourquoi on nous demande de payer des impôts ? À part les emmerdements, y'a rien en contrepartie ! Il faudra chose-*là*, revoir le système... Et puis, ils sont où les bienfaiteurs de fonds ? *Ouay*, moi-*là* je ne comprends pas pourquoi ils ne s'attaquent pas à ces problèmes de fond ? Ils sont bien bienfaiteurs de fonds ? Non ? *Entouka*... ! Et au fait, ta preuve-là, elle dit que quoi ? J'espère qu'elle n'est pas cachée elle-aussi ! Elle est où ?

...Et tout ça-*là*, ce n'est pas une preuve ?

Dans ma quête des textes fondateurs et régulateurs du Gondwana, il m'arrive de tomber sur des merveilles, mais plus souvent sur de la science-fiction. Ce sont soit des antiquités qui ne sont plus d'actualité mais attention, je n'en suis pas très sûre ! Comme elles ont été cachées pendant des décennies, elles n'ont pas été abrogées, et donc si on se met à gratter peut-être que certaines sont toujours en vigueur ! À moins que les personnes sur lesquelles portent ces textes ne soient décédées ou disparues, auquel cas elles ne s'appliquent évidemment plus. Mais ça c'est souvent le fruit du hasard. Ou bien ce sont des textes récents et qui sont, quand on y réfléchit bien, ou non, complètement hallucinants.

Je suis tombée sur un décret des années 1960 relatif à l'assainissement des mœurs des fonctionnaires du Gondwana. Tout un programme... Celui-ci stipule que le travail est un devoir et un honneur pour tous – pas si sûr, par les temps qui courent. La journée doit être exclusivement réservée au travail. Il est donc interdit de jouer du tam-tam du lever au coucher du soleil sauf le samedi après-midi, le dimanche et les jours de fête. Il est aussi interdit aux membres du gouvernement, aux secrétaires généraux, aux directeurs et chefs de service de fréquenter les lieux publics de plaisir, tels que les bars, les dancings et les marchés. Cependant, cela ne s'applique pas aux manifestations officielles, ni aux cinémas ou aux activités de nature culturelle ou artistique. En gros, c'est fini pour la bringue ! Et attention, à l'époque on était précis, toute infraction au présent décret était punie d'une amende de 2 000 à

4 000 cauris gondwanais et tous les pouvoirs décentralisés étaient chargés de surveiller les grands amateurs de nouba. Et Dieu sait qu'il y en a dans nos pays. Dommage que ce décret oublié ne soit plus d'actualité. Enfin, je n'en sais trop rien… et puis les années 1960 sont loin derrière. En tout état de cause, ce que je peux dire aujourd'hui, c'est que quand bien même ce texte serait encore en vigueur, il n'est en revanche plus vraiment mis en application à ce que je sache. Je n'ai pas de réponse pour l'instant, mais peut-être qu'un jour je tomberai tout à fait par hasard, tout comme j'ai rencontré celui-là au détour d'une pile, sur un décret l'abrogeant ? On ne sait jamais au Gondwana !

Dans certains cas, il y a des pages de l'histoire abracadabrante du Gondwana qui me font *psitt*, on est là ! Comme si elles attendaient *depuis-depuis* quelqu'un pour les sortir de ces archives poussiéreuses. Des pages de l'histoire hors norme mais véridiques. Souvent il s'agit d'ordonnances qui peuvent être très marrantes mais surtout ronflantes. Incroyable mais vrai ! Du style une ordonnance interdisant l'emploi du terme PAPA à l'égard de Son Excellence, Monsieur le Président-à-vie. Celle-ci s'adresse plus précisément aux membres du gouvernement, aux fonctionnaires civils et militaires, ainsi qu'aux agents des services publics et parapublics. Il sera désormais obligatoire d'user des termes de Monsieur le Président-à-vie et de Monsieur l'Officier-général-qui-a-la-dignité-la-plus-élevée-dans-la-hiérarchie-militaire de la République quelle que soit sa démocratie ou *démocrature*. Elle est tout simplement géniale !

Bon, allez, si vous insistez, une petite dernière qui pourrait illustrer la légalisation d'un abus de biens public.

Encore une fois, il s'agit d'une ordonnance, logiquement ordonnée par notre président, de préférence à vie, accordant non seulement une belle rente viagère mensuelle, mais aussi un logement à usage d'habitation et de surcroît construit aux frais de l'État à madame Sa Sœur. Non mais c'est pas possible ! Bon, ok ! Et le peuple ? Si, elle y a droit pourquoi pas nous ? On est ensemble d'abord !

Je sais que la famille au Gondwana c'est la Sécurité sociale. C'est important au Gondwana et Dieu en soit loué. Ce n'est pas chacun pour soi et Dieu règle le reste. Et heureusement que ça perdure, sinon que ferait le peuple ? L'ennui c'est qu'on n'est pas tous frère ou sœur du président. En tout cas, ça pourrait bien nous arranger. Moi personnellement, si on me demandait mon avis, je ne dirais pas non. Et vous ? Noooon !!!! Soyez honnête ! On rêve tous d'être rentiers. Je vous rassure, ça ne vous empêchera pas de travailler, mais la tranquillité, quand même, c'est bon. Et puis, au Gondwana y a beaucoup de travail, ne vous inquiétez pas, rien que la recherche des lois ça peut vous occuper pendant des années !

Mais entre-temps, je l'ai déjà mentionné, il y a eu une espèce de chute dans la rigueur à partir des années 1970. Et plus ça va et plus la chute est vertigineuse. Comme si on légifère parce qu'il faut suivre. Mais suivre qui ou quoi, je n'ai pas encore saisi. En tout cas, le Gondwanais lambda, quelle que soit sa démocratie ou *démocrature*, lui, il n'arrive pas à suivre. Donc avant qu'il ne se fâche, car ça aussi il sait faire, je préfère vous informer. Et puis, vous les bienfaiteurs de fonds, au lieu d'avoir les yeux rivés sur les indicateurs mesurables, peut-être vaudrait-il mieux les avoir rivés sur le contenu des lois ? Entre nous, c'est juste un conseil d'amie.

Excusez-moi, mais c'est plus fort que moi. Je décide donc de continuer et de partager avec vous ne serait-ce qu'un hyper-super-archi-mini échantillon de la science gondwanaise du copier-coller juridique. Même si ça me démange, je vais restreindre la liste car elle est longue. Et si je suis mon instinct, et que je me laisse aller un peu, je vous ferai Tome 1, Tome 2..., et si je me laisse aller beaucoup, Tome 10... Tome 25, etc. Mais je me domine et je me contente de mon petit copier-coller de la loi sur le Sida en milieu hôtelier, des Codes de l'hygiène au Gondwana et de leurs décrets d'application qui règlementent la restauration, les ventes à l'extérieur, la tromperie du consommateur, la restauration collective, les produits laitiers, la vente des fruits et légumes, de la viande, etc. Tous ces textes semblent très déterminés à vouloir faire régner une propreté exemplaire au Gondwana. Et je finis par les caniveaux que nous côtoyons tous les jours dans certains quartiers. Je vous assure ça en vaut le détour. J'en suis moi-même bouche bée. Je vous laisse apprécier...

Voici ce que les textes disposent :

Sur le Sida :

Laissez-moi prendre une loi au hasard, comme celle-ci, instituant des mesures de prévention contre le Sida en milieu hôtelier. Elle fait « *obligation aux hôteliers, aubergistes et exploitants des autres lieux destinés à accueillir des clients de mettre en permanence des préservatifs de qualité – j'aime bien, encore faut-il qu'ils y soient... à disposition – à la disposition de leur clientèle* ». Bon, je respecte. C'est honorable de penser à la lutte contre le Sida, mais des hôtels, j'en ai vu beaucoup au Gondwana et de toutes les catégories. Et je vous le jure sur la tête de..., je n'ai jamais vu la queue d'un préservatif dans une chambre d'hôtel ! ... À part sous le lit dans une chambre d'hôtel glauque. Il était déjà usagé.

Et la restauration ? C'est comment ?

Hygiène des lieux de restauration et locaux similaires :

« *(...) Les dispositions suivantes s'appliquent aux salles à manger et annexes des restaurants, buffets et brasseries servant des repas, ainsi qu'aux établissements de restauration collective.* »

La première question que je me pose est de savoir si les maquis sont dans la liste de ce qu'ils appellent restauration collective !

« *(...) Les murs, parois et sols doivent être maintenus en bon état de propreté. Leur revêtement doit être lavable et facile à nettoyer.* »

Imaginez, pour ceux qui ont déjà mangé dans un maquis, les parois lisses ! Encore faut-il qu'il y ait un mur. Peut-être s'agit-il d'un maquis amélioré ? On ne sait jamais au Gondwana…

« *(...) Le lavage du sol et son nettoyage doivent être opérés après chaque service. Le lavage à sec est interdit.* »

Je vois déjà le propriétaire qui n'a pas assez d'eau, remballer son maquis et l'apporter au pressing du quartier…

« *(...) Les locaux doivent être bien aérés et ventilés. Les arrivées d'eau non potable y sont interdites.* »

Déjà il faudrait avoir accès à l'eau tout court. Et puis, c'était quoi encore les objectifs du millénaire pour le développement visant à réduire de 50 % le nombre de personnes n'ayant pas accès à l'eau potable ? Donc, ceux qui ont de la chance pourront voir leurs robinets couler à flots d'ici 2015 et pour les autres, moins chanceux, il va falloir attendre un peu…, et en attendant, si on applique cette clause, adieu les maquis !

« *(...) Des cabinets d'aisance en nombre suffisant sont à la disposition de la clientèle. Ils ne doivent jamais communiquer directement avec la salle où sont servis les repas, ni avec les autres locaux renfermant des denrées alimentaires. Des lavabos, équipés pour le savonnage et l'essuyage des mains y sont annexés.* »

Et dans quel état ! Pour ce qui est de la qualité des cabinets d'aisance, il faudrait déjà qu'il y en ait… En outre, je suggère que l'on s'assure qu'il y ait de l'eau courante qui court, généreusement ou juste un peu, mais qui court.

« *(...) Les tables doivent être recouvertes d'un matériel lavable et doivent être nettoyées après le départ de chaque client.* »

Ah bon ! Je croyais que c'était évident…

« *(...) Les carafes d'eau doivent être vidées et entretenues en parfait état de propreté, dans l'intervalle des repas et lavées après chaque service ; la vaisselle, y compris les carafes, doit être lavée à l'eau chaude additionnée d'un produit autorisé (...) rincée à l'eau potable courante et séchée à l'abri de toute contamination.* »

Tu parles ! J'aime bien les carafes ! Mais alors avec quel détergent faut-il les laver et la *quéchion-là* qui se pose est celle de savoir si quelqu'un va penser à faire le décret d'application de la loi sur l'hygiène qui va nous préciser exactement le type de détergent à utiliser absolument ! Et puis franchement, je ne sais pas pourquoi on s'attarde tant sur le problème des carafes ? Pourquoi sont-elles si protégées ? Ne serait-ce pas par hasard de cristal dont il s'agit ici ? Comme si on n'avait pas d'autres chats à fouetter et d'autres problèmes à régler en matière d'hygiène ! L'eau-*là* par exemple…

« (...) Toute construction et installation de gargote, kiosque et auberge doit répondre aux normes d'hygiène prévues par les textes en vigueur. »

Je peux en conclure que les journaux seront désormais eux aussi, lavés et séchés tel que prévu par la loi. Bon courage ! Si je comprends bien, cet article, pour le petit jeune qui a le projet de créer sa petite entreprise, c'est mort ! Ben oui, parce que j'imagine que son entreprise ne peut pas être en meilleur état que son domicile.

– Elle dit quoi la loi sur les PME et l'aide à la création d'entreprise ?

– Ah ça je ne sais pas. Mais est-ce que tu l'as trouvée d'abord ?

Les ventes à l'extérieur :

Pour ceux qui connaissent le Gondwana, accrochez-vous bien ! Pour ceux qui ne connaissent pas, venez faire un tour, ça peut être très exotique !

« Les denrées alimentaires vendues à l'extérieur sur les marchés et autres lieux publics de vente sont soumises aux conditions générales ou particulières les concernant et font l'objet d'une protection rigoureuse contre les pollutions de toute nature. Le niveau supérieur de la bordure de protection des denrées alimentaires est situé à une hauteur d'un mètre du sol. La manipulation des denrées non protégées ou conditionnées n'est pas autorisée. »

Ah bon !

Adieu les maquis ! Adieu les *djibiteries*[33] ! Adieu les fruits et légumes à *très-moins cher* au marché qui sont vendus à moins d'un mètre du sol, et le plus souvent à même le sol au bord de la route ou au mieux dans le marché qui en matière de propreté n'est pas un modèle ! Et puis dites-moi, avec un code pareil, on fait comment quand on voyage à l'intérieur du pays ? Non, non, non ! Celle-là on ne me la fait pas ! Le copier-coller-*là*, *kay* c'est mauvais !

Tromperie du consommateur, oups !

« *Il est interdit de tromper ou de tenter de tromper le consommateur, par quelque moyen ou procédé que ce soit, même par l'intermédiaire d'un tiers, sur la nature, l'espèce, l'identité, l'origine, la composition, la qualité, la date de fabrication et de péremption, les risques inhérents à l'utilisation, les contrôles effectués et le mode d'utilisation de toute denrée alimentaire.* »

Dites-moi, on fait comment avec les produits chinois qui sont déversés sur nos marchés et qui par-dessus le marché portent des étiquettes écrites en chinois ? Bonjour l'information du consommateur ! Et la contrefaçon ? Ah tout ça c'est démocratique, pardon !

Manipulations des denrées alimentaires :

« *(...) Tout manipulateur de denrée alimentaire est astreint au port d'une tenue de travail appropriée. Est interdit le port de bijoux au cours de la manipulation des denrées alimentaires.* »

---

[33] Boucherie locale que l'on trouve dans les marchés ou au coin d'une rue et souvent envahie par les mouches et non fournie en eau potable. L'hygiène ne peut pas y être respectée. C'est impossible !

J'aimerais bien voir ça instauré sur tout le territoire gondwanais…

« *(…) Les gants utilisés pour la manutention des denrées alimentaires doivent satisfaire aux exigences de propreté et d'hygiène. Le port de gants ne dispense pas de se laver soigneusement les mains.* »

Encore faut-il qu'il y ait de l'eau !

« *Le port des gants ou l'usage d'instruments adaptés est obligatoire pour tout manipulateur de denrées alimentaires.* »

Si un jour vous tombez malencontreusement sur un manipulateur de denrées alimentaires sur un marché lambda au Gondwana qui porte des gants, s'il vous plaît, appelez-moi ! Là aussi ça vaut vraiment le détour ! Ou alors c'est vraiment louche, prenez vos jambes à votre cou… et vite ! Ça doit probablement être hautement toxique.

Les produits laitiers, voyons voir…

« *(…) Les crèmes et produits similaires doivent être présentés dans des récipients d'une propreté méticuleuse et maintenus à une température de 10 degrés et à l'abri des mouches et des poussières. Leur manipulation doit se faire avec des cuillères et jamais avec les doigts.* »

Là, je suis tentée de poursuivre le boutiquier du coin en justice ! Parce que lui-*là*, il a dû m'arnaquer plus d'une fois sur la fraîcheur de ses produits. Savez-vous que les boutiques ne sont pas climatisées ? Les 10 degrés-*là*, c'est dur lorsqu'il fait 50 °C à l'ombre. Sans commentaire, enfin si : heureusement qu'on ne peut pas verbaliser les mouches !

Et comment on fait pour vérifier ? Attention les coupures d'électricité, il fait 50 °C à l'ombre et y a tout simplement pas d'ombre… ! On fait comment dans pareille situation ? Parce que ça, dans le code, *y'a pas !*

« *(…) Les pâtisseries et denrées apparentées doivent être placées dans des emballages en matière plastique et doivent être réfrigérées.* »

Je vois bien la vendeuse de beignets installée au bord de la route en terre, sans électricité, qui essaye de maintenir ses beignets à 10 degrés en les ventilant avec une feuille de palme. Bon, peut-être que la solution consiste à ventiler plus vite ?

Encore mieux, dans certains pays du Gondwana, le plastique a été totalement interdit. Mais la loi, elle, court toujours parce que comme d'habitude, elle n'intéresse personne et l'accès y est difficile. Du coup, on a oublié de l'abroger et de la remplacer. Super ! Mais ce n'est pas grave, la vie continue. À présent vous avez compris : ce n'est qu'un détail complètement insignifiant pour le Gondwana.

Le code stipule que toutes ces belles normes d'hygiène alimentaire sont bien entendu contrôlées par des agents de l'hygiène qui doivent exiger les analyses de laboratoire, sachant que le laboratoire doit être accrédité. Bien entendu, la grande majorité des pays n'ont pas de laboratoire accrédité. Donc, j'en profite pour faire un appel aux voisins gondwanais qui seraient détenteurs d'un laboratoire aux normes afin qu'ils nous contactent pour un éventuel partage des services de ce labo. Sinon la loi-*là*, on ne peut pas l'appliquer ; toi-*là* tu nous embêtes encore. On survit très bien avec ça et sinon on *s'agence* façon-façon.

Et pour l'application d'un tel code… il suffit d'aller faire un tour en centre-ville, dans n'importe quel pays du Gondwana, pour constater les dégâts. Et faites donc trois pas de plus, pour sortir du centre-ville : vous allez vite comprendre que mes petits copier-coller sont des extraits de copier-coller. Mais ne soyez pas triste, c'est ça qui fait aussi le charme du Gondwana. Mais bon, faut pas exagérer l'affaire. Le Gondwanais mérite quand même un peu mieux !

Voilà on essaie de faire des changements de l'intérieur mais avec ça-*là*, c'est difficile ! Je vous l'avais dit, il fait trop chaud au Gondwana ! Il faut éviter de faire de gros efforts ! Alors on fait comment avec cette loi ? Soit elle ne s'applique qu'à une certaine catégorie de la société, soit elle est transgressée par la majorité (maquis, vendeurs de cacahuètes, tous les vendeurs ambulants, les épiciers du coin, cafés, boulangeries – la sieste se fait sur la table de vente, bonjour l'hygiène –, vendeuses de légumes, enfin presque tous les commerces alimentaires en fait ! Ou tout simplement bidonvilles, les citoyens lambda quoi !). Ou alors elle est carrément hors contexte, hors sujet, hors tout ce que vous pouvez imaginer. En tout état de cause, elle ne peut nullement s'appliquer au contexte gondwanais, pour l'instant. Peut-être plus tard lorsque nous aurons lutté efficacement contre la première couche de pauvreté. Mais, en attendant, il faudra se lever très tôt…

Et puis on dit que quoi pour les caniveaux ?

Bon, c'est très clair : « *Il est interdit de jeter ou de déposer sur la voie publique, les trottoirs, les chaussées, les rues et autres lieux publics, les eaux usées, les graisses, les huiles de vidange, les déjections humaines et animales, les déchets liquides et solides, les ordures ménagères, les cadavres d'animaux, les dépôts de ferrailles, les vieux véhicules, les matériaux et tout objet présentant un caractère de danger, d'insalubrité ou d'encombrement. Et en plus, les eaux usées pluviales doivent être recueillies et rejetées dans un réseau d'égouts de caniveaux.* »

D'accord pour le copier-coller, mais *agencez-nous* quand même un peu ! Déjà il faudrait qu'il y ait des trottoirs. Et les eaux usées-*là* devant la porte du domicile, on va faire comment au quartier puisqu'on n'a pas de caniveaux ? Et le réseau d'égouts, c'est quoi ? C'est où d'abord ? Ensuite les carcasses de voitures, ce n'est pas ça qui manque. Bon, tant qu'elles roulent ça va. Après ça devient des pièces détachées. Jusque-là on est d'accord. Mais le garagiste-*là*, il va faire comment avec les graisses et les huiles de vidange ? D'ailleurs, c'est son dernier souci. Les *gences-mêmes* qui ont fait cette loi, ils amènent leur voiture chez ce même garagiste qui n'est pas au courant que cette loi existe. Ils auraient pu l'informer quand même ! Et puis même s'il est au courant, il doit mettre ses huiles de vidange et ses graisses où exactement ? Les cadavres d'animaux, il y en a en veux-tu en voilà. On ne les déplace que lorsque ça pue tellement que ça devient invivable. Et les tas de ferraille c'est pareil, à une différence près, c'est qu'ils ne puent pas, donc ça reste. Et pour les objets présentant un caractère de danger, d'insalubrité ou d'encombrement, ah là je ne sais pas. Il faut aller voir au quartier. Et pour les eaux pluviales, je crois qu'elles sèchent toutes seules. C'est mieux ainsi, et puis c'est *plus-moins* cher. Ou alors on est inondé, et là on s'en remet à Dieu. Mais si c'est comme vous dites-*là* dans la loi, on n'est pas dans la m… Mais vous êtes sûrs qu'on ne peut pas *s'agencer* autrement ?

Et les fosses septiques ? *Y'a quoi ?*

C'est quoi d'abord ? La loi dit : « *une fosse septique est un ouvrage destiné à la collecte et à la liquéfaction des matières excrémentielles* ». Oui merci c'est sympa. Et alors ? C'est l'équivalent *plus-moins*-cher des toilettes. Ce qu'il y a dedans va directement dans la fosse et comme ça on est tranquille. Ah, ok je vois d'abord ! Mais dans mon quartier-*là* y a que des latrines. Il paraît qu'ils vont améliorer nos latrines et en installer d'autres en version améliorée. Non, non, ce n'est pas bon ! La loi veut que chacun construise une fosse dans son jardin : « *Tout propriétaire doit pourvoir son habitation de dispositif d'évacuation des excreta et des eaux usées conformes aux normes d'hygiène. Des arrêtés interministériels déterminent les modalités d'application.* » Mais la loi-*là*, elle est bizarre. Comment ça ils osent nous imposer cela alors que nous n'avons même pas de quoi manger ? On va trouver où l'argent-*là* pour construire des fosses ? Tu vois encore une promesse non tenue. Ici, au quartier, c'est le camion qui passe une fois par semaine pour vider les latrines. Et puis, la loi-*là* elle dit que quoi sur les excreta, comme ils disent ? On fait quoi des latrines et des excréments qui sont déversés dans les rivières de certaines grandes métropoles gondwanaises ? Où sont les fosses septiques ? Oui, c'est le travail des sociétés agrémentées par le ministère ! Il faut leur dire-*là* que leurs excreta-*là*, ils circulent librement dans nos rivières et ils nous amènent le choléra ? Après il faut lutter contre le choléra et après on va nous dire que c'est la pauvreté. On fait comment ?

Je ne sais pas pour vous, mais je n'ai rien vu de tout ça ni dans la *démocrature* chez moi ni dans les autres républiques, quelle que soit leur démocratie ou *démocrature*. Le copier-coller de *France-au-revoir-là*, c'est dangereux et si ça continue comme ça on va tous finir en prison ! Mais ça risque d'être compliqué d'emprisonner tout ce peuple ? C'est très simple, ils vont fermer les frontières. Mais ce n'est pas grave, on sera tous en prison démocratique. On sera ensemble quoi !

Et puis, pour finir, quand on ne veut pas trop se prendre la tête – il fait chaud au Gondwana, n'oubliez pas ! –, on récupère un code de chez Napoléon – souvent le Code civil – et on le transpose directement et sans transition au

Gondwana quelle que soit sa démocratie ou *démocrature*. Mais le problème c'est que le contexte n'est pas le même, ni la culture, ni l'économie, rien. *Ekié*, si c'était le même contexte, les Gondwanais ne s'amuseraient pas à devenir des clandestins dans un monde meilleur ! Et après on vous dit, nous sommes souverains ! Souverains où ? De qui ? De quoi ? Vous trouvez ça normal ! Bon passons…

Et maintenant j'espère que vous comprenez pourquoi le Gondwanais cache jalousement ses lois et ne s'y intéresse pas !

Du découragement...
parce que ça arrive souvent !

Je suis désolée de devoir passer par ces moments difficiles, mais il serait malhonnête de ne pas les évoquer. Parce que nous passons par des moments difficiles, il n'y a pas que du bonheur ! Malgré cela, au cours de ces douze années de formation, aucun de mes élèves n'a abandonné. C'est en l'écrivant que je le réalise !

Il faut souligner que les projets que je conduis ne sont pas de ces gros projets, tout scintillants et avec beaucoup d'argent à la clé. Cette modestie ne fait pas d'eux des projets assez « respectables » au goût de certains. C'est pour cela que cela n'intéresse pas grand monde. En revanche, on aura tendance à nous mettre des bâtons dans les roues si l'on réalise que ce sont des projets qui tournent bien. Cet environnement hostile, qui finit par venir à bout de l'enthousiasme de chacun, est une des causes du découragement des équipes. Parce que c'est monnaie courante et que le quotidien des membres de mes équipes en est victime.

Ce qu'il ne faut pas perdre de vue, c'est que ces projets exigent des membres des équipes beaucoup d'investissement personnel, de sacrifices, de travail et de concentration et ce, sans compensation financière aucune. Ils sont exécutés dans la transparence la plus totale, sont peu coûteux et surtout ne rapportent rien à part l'accès aux lois du Gondwana. Les membres de mes équipes ont d'autant plus de mérite qu'ils se battent pour arriver à un résultat dont ils ne saisissent pas vraiment la portée et l'impact. Ils sont tout simplement extraordinaires. Il n'y a pas d'autres mots.

Je vous laisse apprécier ce message qui parle de lui-même :

Bonjour Madame Lakhsara,

Je suis bien heureuse de lire ton mail et en retour, je te souhaite tous mes vœux de santé, de bonheur, de succès et de prospérité dans tes entreprises. Ici, je ne peux pas te dire que ça va bien, toutefois, on fait avec. En effet, je n'ai pas lâché le site, j'étais tout simplement déçue de la manière dont il est dirigé et des efforts que nous fournissons qui ne sont pas reconnus (à notre niveau). À titre d'exemple, je te citerai le séminaire de vulgarisation qu'on voulait organiser avec ton aide et qui a été stoppé net, sans possible reprogrammation. Je te citerai aussi le simple logiciel Adobe Acrobat professionnel qui est un outil de base majeur pour nous, mais que nous n'avons toujours pas, malgré les nombreuses demandes et requêtes. Pour me rendre au travail, je suis obligée de me déplacer pour faire des extractions de lois, ce qui est contraignant pour moi car je pourrais le faire depuis mon bureau tout simplement. Et le Grand chef qui ne dit rien de tout ça, pourquoi ? Je ne sais pas.

J'ai beaucoup été attristée et blessée en mon for intérieur d'où le recul que j'avais pris vis-à-vis des activités de la station, toutefois, j'ai décidé d'aller de l'avant car cela m'éloignait tout simplement de ce que j'aime faire et blessait (aussi certainement) ton cœur. J'ai donc résolu de reprendre mes insertions, seulement, j'ai un petit (gros) souci avec mon compte d'utilisateur, je me suis trompée de code (en fait je ne le connais même plus) et mon compte a été bloqué. So I need your help pour le rendre actif de nouveau.

Je te promets que maintenant, tu verras de nouveau mes insertions et je tâcherai de m'appliquer pour ne pas te ramener en arrière (trop de corrections).

Meilleurs vœux encore et que DIEU TE BÉNISSE.

Dans certains cas, je n'hésite pas à menacer de supprimer la participation d'un membre au projet. Rassurez-vous je ne le fais qu'après plusieurs rappels, quand trop devient vraiment trop. En effet, certains font le minimum, font un travail bâclé, en se disant que de toute façon, s'il y a un problème, elle le réglera. C'est là que je brandis la menace de mon arme qui consiste à tout simplement supprimer le mot de passe, donc à exclure définitivement le membre que j'ai dans ma ligne de mire. Comme par miracle cette arme tranchante s'avère extrêmement efficace. Je ne sais pas à quoi c'est dû. J'ai tout de même ma petite idée : c'est un peu comme quitter sa famille, perdre ce pour quoi on s'est battu pendant tant d'années. Mais la plupart du temps, je suis plus *soft*, surtout après avoir répété et re-répété encore 120 millions de fois sur plusieurs années la même chose..., je craque... Rien de plus humain !

Bonjour,

(...) Je suis désolée, mais je suis obligée de vous dire que des fois même le français est mauvais, très mauvais non pas parce que vous ne savez pas, mais surtout parce que vous ne faites aucun effort de relecture pour voir ce que vous me soumettez. (...) Trop c'est trop ! Je ne comprends pas ce qui vous arrive et je ne peux pas croire que ce soit lié à autre chose qu'un manque de rigueur ou d'intérêt. En anglais ça ne va pas mais ok on peut comprendre, mais en français, là ça devient autre chose. Vous ne pensez pas ? Mais c'est votre choix. Bon week-end.

Et à l'autre bout de répondre…

Bonjour Madame,

J'ai bien reçu votre mail et j'ai lu vos commentaires, évidemment mon anglais n'est pas parfait ainsi le français. À titre d'information, je vous ai envoyé un mail la semaine dernière en vous expliquant mes problèmes, cela prendra un peu de temps pour reprendre mes marques. Mais si je ne fais plus l'affaire dites-le moi et merci d'avance.

Cordialement.

Mais ça ne dure jamais longtemps. Ma persévérance, et celle des différents membres de l'équipe, nous permet à tous de nous ressaisir et de repartir de plus belle. Avec ou sans contrat, cela n'a aucune espèce d'importance, le travail, lui, continue. Alors ceux qui pensent que les expertises à court terme suffisent pour développer le Gondwana se trompent lourdement. La relation humaine en est un élément essentiel.

Pour votre confort, voir les prestations de l'hôtel… Passage obligé si…

Bon, le travail c'est bien beau, mais entre-temps, la vie et les soucis de tous les jours continuent. Une fois que vous avez accepté votre sort, que le travail a démarré, il faut bien changer d'air, se divertir pendant les heures de repos et s'occuper de son linge, surtout en fin de mission.

Alors se pose la question de savoir si durant votre séjour vous allez pouvoir bénéficier des technologies de l'information et de la communication, tellement à la mode au Gondwana, et quelles chaînes seront disponibles à la télévision. Parce que voyez-vous, ce n'est pas si évident que ça. Méfiez-vous. Vous avez beau avoir la télé en face de vous, même un écran plasma, cela ne veut rien dire. Des fois, il n'y a qu'une seule chaîne, deux si vous avez de la chance. Ou alors il y a quatre chaînes au début de votre séjour qui seront réduites à une et demie à la fin de ce même séjour. Le réceptionniste va vous dire que pour le moment il y a une petite panne. Cependant, il va vous rassurer en vous disant que le technicien est en route. Mais quelle route ? Il vient de quelle région le technicien ? Ou alors son vol a du retard ? Bon, pas très grave, on a l'habitude. Sauf que le samedi soir, vous commencez à en avoir marre de ces balivernes et vous lui posez à nouveau la question. Sur quoi, il va vous répondre que ça va aller… mais que malheureusement le technicien a eu un empêchement et que c'est le week-end. Donc il faudra attendre lundi. Lundi toujours rien. Mardi non plus. Et comme vous en avez votre claque de vous faire balader comme ça, vous vous acclimatez à la neige, unique programme proposé par votre téléviseur. Et le rendu n'est pas si mauvais ! Il m'est même arrivé de regarder un film à suspense et d'avoir si peur que j'ai dû éteindre en attendant que ça passe. Oui je suis un peu trouillarde. Les sons émanant de la télévision suffisent largement à m'effrayer. Mais là, j'admets que j'ai fait fort. Ne me demandez pas le titre du film ni les noms des acteurs. Je n'en sais rien et je n'ai rien vu.

Ou alors si la télé marche, c'est la même chaîne pour tous. Attendez-vous au pire, c'est-à-dire que le réceptionniste décide, en plein milieu d'un film, de zapper. C'est le zapping centralisé. Et là vous prenez la mesure de ce que zapper veut réellement dire. Alors si vous n'aimez pas le foot, c'est mal barré pour vous le week-end. Canal+ est toujours présent quelque part au Gondwana, même dans les coins les plus inattendus. Et là votre déprime, si bien surmontée à l'arrivée, revient au galop et il faut trouver un autre moyen de s'en débarrasser. Le week-end va être long… Un livre peut faire l'affaire. À ce propos, je me suis retrouvée, sur recommandation du bienfaiteur de fonds, dans un hôtel de passe bizarre. Il n'y avait pas de télévision, le bar fermait à 22 heures, lumière tamisée dans les chambres glauques et crades, avec des préservatifs usagés oubliés sous le lit (eh oui, la femme de ménage a nettoyé autour du lit), etc. Étant donné que j'avais fait plusieurs missions d'affilée, il me restait un seul livre déjà entamé. Le signal de détresse s'est mis en marche ! J'ai dû rationner mon livre pour survivre pendant quinze jours. C'est bien plus tard, lors d'une autre mission que je vais découvrir une magnifique librairie locale. Eh oui, ce sont les belles surprises que nous offre le Gondwana parfois.

Vous vous rabattez donc sur Internet qui vient d'être installé. Vous n'en demandiez pas tant mais puisqu'il est là, pourquoi pas ? C'est une aubaine. En effet, ce n'était pas le cas lors du dernier séjour. C'était l'époque où il fallait encore consulter sa boîte email dans un petit cagibi qu'ils avaient pris le soin d'appeler *Business* Center sur une belle pancarte. Rien qu'au nom on se dit waouh, c'est du sérieux ! Mais attention à la connexion, c'est du deux à l'heure, du coup c'est moins sérieux. Le problème c'est que la patronne qui gérait le cagibi était souvent absente – pour manger ou pour diverses raisons plus bizarres les unes que les autres – et donc elle a fait faillite. Et avec la qualité de connexion proposée par ce *Business* Center, rien de plus logique, non ? Le cagibi a disparu mais la pancarte est toujours là, fidèle à son poste. Ça fait bien dans le hall. Ça fait sérieux quoi !

« Madame, y a plus le *Business* Center mais y a le Wifi. » *Ouay*, Wifi, vous n'en croyez pas vos oreilles. Ah c'est donc ça le boîtier à côté de votre chambre ! Génial. Très contente de savoir qu'il y a le Wifi dans votre chambre. Vous vous délectez. *Ekié* ! Ça va changer votre vie. Eh ben, non… Vous vous rendez très vite compte que ça ne marche pas. Vous insistez, vous descendez une trentaine de fois voir le réceptionniste, mais en vain. C'est alors que vous découvrez qu'en vous mettant au bord de votre lit près de la porte du balcon de votre chambre, une petite barre apparaît en bas à droite de l'écran de votre ordinateur. C'est un instant de pur bonheur. Vous êtes sauvée ! Sauf que cette petite barre s'avère insuffisante. Vous vous rapprochez de la porte. Ce cinéma continue et d'un seul coup c'est sur le balcon que vous vous retrouvez, avec l'ordinateur à bout de bras à chercher d'autres barres, en sueur, et le voisin en face qui vous regarde. Fort probablement il se demande ce qui vous arrive, mais peu importe, ça marche : une barre et demie, deux barres très éphémères mais deux barres quand même ! Malheureusement le balcon est juste-pas-assez large. Un petit décimètre de plus, et la deuxième barre serait peut-être stable… Mais bon, c'est déjà le nirvana au Gondwana, on a une lueur d'Internet. Ceci dit, il vous faut quand même batailler trois heures pour réussir à envoyer un mail ou à faire avancer certaines soumissions dans le serveur. Eh oui, il ne faut pas oublier que vous avez du retard et que le bienfaiteur de fonds a le regard figé sur les résultats. Et en plus ça vous occupe, car le week-end vous évitez de sortir. Pour aller où d'abord ? Mais surtout pour des raisons de sécurité. Les sorties se restreignent aux heures de repas. Quelques jours plus tard, vous allez comprendre pourquoi Internet ne marche pas vraiment. C'est très simple. C'est le fournisseur le plus coté de la ville. Le même que celui du ministère où vous travaillez. Et même là ça ne marche pas mieux, malgré le fait que vous ayez le top du top de la connexion. Le calcul est vite fait. Plus d'illusions possibles. Et gare à celui qui me parle d'exotisme. Vient le moment fatidique incontournable du linge sale. Effectivement, avec la chaleur et l'humidité, après deux semaines et demie de mission, parce ça arrive aussi, vous n'avez plus rien à vous mettre sur le dos. Vous vous rendez compte que malgré les calculs et les prévisions au moment de faire la valise, votre planification vestimentaire n'a pas bien fonctionné. Vos vêtements sont sales, trop sales pour être réutilisés. Il fait chaud au Gondwana et chercher des lois demande plus d'énergie que vous ne le pensez, sans compter le stress qui ne vous quitte pas d'une semelle : le bienfaiteur de fonds attend toujours les résultats dans les délais. Et d'ailleurs, vous êtes la seule à stresser, car en réalité c'est vous qui êtes coincée entre ces deux mondes contradictoires. Mais ça va aller ! Donc tout est sale et il n'y a plus qu'une seule option, celle que vous redoutiez au départ : le pressing de l'hôtel. Je vous explique. En général, les employés des laveries d'hôtels ne sont pas toujours formés pour faire attention à certains détails, et emploient, dans un souci d'efficacité et en dépit de vos recommandations du matin, des méthodes radicales. Des méthodes du style, eau de javel ou *stone-washing* – je vous avais dit de bien choisir vos vêtements ! – sans un regard pour le vêtement, qui risque de perdre toute dignité. Oui, il risque de sortir avec plus de taches qu'à l'arrivée ou d'être ornementé de trous. Et tant pis s'il est fragile. Quoi qu'il lui arrive, il vous sera livré bien repassé, plié, emballé et accompagné de la facture, et il n'y a pas de discussion possible. Et si vous faites l'erreur de demander un second lavage dans l'espoir de faire partir les nouvelles taches – ou du moins les atténuer – on vous déposera, comme si de rien n'était et sans aucun scrupule, une nouvelle facture ! Y a plus qu'à payer… et ma chemise ? Il arrive aussi que votre chemise revienne plus légère. Disons que c'est un peu gênant. Où sont les boutons ? Ah madame, vous n'avez pas vu le panneau à la réception ? Pourtant, il est bien mentionné que l'hôtel décline toute responsabilité pour les dommages occasionnés par la blanchisserie et n'indemnise en aucun cas ! Bon, tant pis…, ça ne fera qu'une chemise en moins pour le reste du séjour. Par contre, il y a toujours une bonne âme qui vous propose de vous recoudre les boutons moyennant une somme modique. À vous la charge de trouver les boutons. Le problème c'est que souvent vous êtes très occupée. Le bienfaiteur de fonds a les yeux rivés sur les résultats, n'est-ce pas ? De toute manière, vous n'avez aucune idée de l'endroit où vous pouvez trouver un truc style mercerie, des boutons quoi ! Bon, ce n'est pas très grave !

Et puis enfin, le service. Attention, si vous êtes là pour plusieurs semaines soyez vigilant, surtout dans les hôtels de haut standing impayables. En effet, vous allez être servie comme un client normal pendant la première semaine. La deuxième semaine, le service commence à régresser mais les serveurs se reprennent et la troisième semaine, c'est même plus la peine. Vous êtes devenue soit un objet, soit membre de la famille, donc plus de considération. Vous êtes là quoi, c'est tout. Où est le problème ? Il en va de même au niveau du service de nettoyage. La première semaine tout va bien. La deuxième, vous remarquez des manquements, du genre une serviette en moins, le lit vite fait bien fait, la poussière non faite, etc. Et la dernière semaine, laisse tomber ! Tout le monde est fatigué… Il fait chaud ! Tu vois non ?

Voyage de retour de mission

Et puis, il y a aussi une fin à tout. Le Seigneur soit loué !

Donc, la mission se termine et vous vous apprêtez à rentrer chez vous. Cette fois-ci, vous êtes contente de retrouver l'aéroport, faute d'autres termes pour le désigner, et sa cohue qui est toujours la même. C'est normal, rien n'a changé. La seule chose qui ait changé c'est votre joie de revoir la cohue… Votre seule préoccupation se base sur l'inquiétude de ne pas pouvoir partir pour une raison quelconque. Le stress est quand même présent comme au départ. Avez-vous entendu parler de la compagnie Air-peut-être ? Elle n'est pas très régulière, surtout quand vous êtes au fin fond de la brousse et que vous n'avez qu'une obsession, rentrer. Et la compagnie Air-peut-être-*là*, elle a une spécificité, c'est que son horloge est de piètre qualité. Ou alors ce sont les piles. Peu importe, cette compagnie n'est jamais à l'heure. Cette fois-ci, vous êtes bien à l'aéroport international de l'une des nombreuses capitales du Gondwana à l'architecture, on ne peut plus fascinante...

Vous avez donc toutes les raisons d'être des plus optimistes. Cependant, le doute subsiste quand même et vous ne serez vraiment rassurée qu'une fois dans l'avion et bien assise dans votre siège – « free sitting » ou non. Mais pour l'heure, tout se passe pour le mieux. Parce que ça arrive aussi au Gondwana ! Il y a encore quelques obstacles à franchir mais ce qui vous rassure exceptionnellement aujourd'hui, c'est que votre visa expire sous peu. Vous n'allez pas traîner sur le territoire. Quoique ? Dans certains pays on ne vous laisse pas sortir du tout. Mais il y a aussi l'option la pire et de loin celle que vous préférez. Le risque de vous faire jeter dehors, conformément à la réglementation en vigueur. Parce que curieusement ce jour-là, pour on ne sait quelle raison, la loi en vigueur est appliquée à la lettre. Et que ça saute ! Bref, les obstacles peuvent être nombreux. Et effectivement, arrive le premier obstacle, celui de l'enregistrement, c'est-à-dire le moment où l'on vous dit : « Madame, taxe aéroport par ici ! » d'un ton très sérieux. Ah, ne vous y méprenez point. Figurez-vous que modernisation équivaut aussi à durcissement du regard et suppression du sourire des agents de l'aéroport. On est devenu sérieux. Mais c'est aussi parfois synonyme d'abus de pouvoir. Donc, je disais…

- Taxe aéroport ? Mais pourquoi ? Il faut *m'espliquer*.
- Toi aussi, c'est pour la peinture à l'huile ! La dernière rénovation !
- Ah ok. Mais l'aéroport-*là*, il est pourri.
- C'est comment ?
- Attends je *t'esplique*. Les ventilateurs ne marchent pas, les rats circulent dans tous les recoins, les toilettes sont impraticables et l'unique bar ne vend que du café « jus de chaussette », du jus, ce qui correspond aux boissons gazeuses dans certains pays du Gondwana, et de l'eau en sachet. Et en plus, ça coûte la peau des fesses.
- Eh dis donc, il paraît que l'aéroport-*là* c'est toujours plus cher. C'est le Blanc qui a dit ça. *Entouka* !
- La taxe-*là* c'est pour qui ?
- Mais toi-*là* tu cherches trop loin. Je te dis, il faut *assepter*[34] c'est tout ! Sinon tu risques de nous causer des problèmes avec les Autorités.

Vous faites vite votre calcul mental, est-ce que j'ai assez de sous ? En général, lorsque l'on est en mission dans un

---

[34] Accepter.

pays gondwanais, on évite le cumul de monnaies étrangères. Car cette monnaie est souvent inchangeable et elle a de fortes chances de finir dans votre vide-poche… Vous savez, les objets inutiles que vous conservez éternellement sans vraiment savoir pourquoi ! Heureusement, je suis prévoyante, j'ai toujours quelque chose sur moi. On ne sait jamais au Gondwana, des fois que vous auriez besoin de soudoyer un policier, régler un abus de pouvoir ou payer pour un service-quelconque-normalement-gratuit. Vous sortez la somme que l'on vous réclame, tout en vous demandant où passe cette taxe. Vu la tête de l'aéroport qui n'est pas des plus confortables et pour lequel un début de soupçon de petite retouche architecturale serait le bienvenu, une telle question s'impose. Bon, il est vrai que l'on est au Gondwana et que l'on ne s'attend pas à mieux. Malheureusement, au lieu d'exiger mieux, on se contente juste d'être content d'avoir un aéroport, puisqu'il fonctionne.

– *Ouallay*, toi aussi ! Tu veux quoi ? *L'essenchiel*[35] c'est que tu peux te déplacer ! Ou bien ?

Vous réussissez donc à passer les obstacles divers. Arrive l'étape de la deuxième fouille. Sur les trois, les deux dernières sont séparées de quinze mètres. Pas grave, ce sont les normes copiées de chez le Blanc. Vous voyez, pour ça on est champion au Gondwana ! Et sur cette distance de quinze mètres, c'est le désert. Même pas une goutte d'eau à boire. Rien. Mais on vous fouille quand même à chaque étape. Apparemment, les agents de sécurité ne se font pas mutuellement confiance. On ne sait jamais des fois qu'un objet tranchant ou un liquide dangereux aurait surgi brusquement comme par magie, de nulle part. Et là, on ne manipule pas des denrées alimentaires mais on porte des

---

[35] L'essentiel.

gants. C'est à un de ces postes que vous pouvez tomber malencontreusement sur un agent de sécurité qui ne paye pas de mine et qui, surtout, n'a jamais mis les pieds dans un avion et va tout vous expliquer. Il faut signaler qu'auparavant, il avait pris soin de bien embêter une pauvre Gondwanaise qui visiblement prenait l'avion pour la première fois de sa vie. Elle était en règle. Mais qu'à cela ne tienne. Il faut marquer son pouvoir du moment. L'agent a retiré toute une panoplie de produits misérables de son sac. Des produits qui ne peuvent faire du mal à personne. C'était tout simplement ignominieux. Il faut dire qu'au Gondwana, on n'est jamais sûr de respecter les normes, vu qu'elles ne sont pas encore très stables. Et encore moins lorsque l'on montre des signes de faiblesse, de fragilité ou de pauvreté. Un coup c'est 50 ml autorisés dans le bagage à main, un autre c'est 25 ml et parfois 0 ml et par moment, eh bien on passe c'est tout. Au pif quoi ! C'est enfin à votre tour et vous vous demandez ce qu'il va inventer ? La réponse ne tarde pas. Il va juste vous saouler avec toute une théorie alambiquée sur le pourquoi du comment un attentat peut être déclenché subitement dans un avion : le briquet – parce que vous en avez un. Non, non, ce n'est pas le conte d'Andersen[36] ! C'est une réalité purement gondwanaise. Il va donc vous fournir une explication oiseuse sur comment un briquet toléré par passager multiplié par soixante passagers peut déclencher une sorte de suicide collectif en plein vol. Bon, une bombe quoi ! Donc même si tu n'avais pas l'idée-*là*, pour peu qu'on ne retire pas le prochain briquet au prochain passager, parce que ça arrive, ton voisin risque de te souffler l'idée. Et le voisin de souffler l'avion. Et là le risque de contagion est assez élevé. Mais j'ai mieux encore. Une histoire de miel.

[36] *Le Briquet* est un conte d'Hans Christian Andersen, paru en 1835 dans le deuxième livret de ses contes de fées.

Un de mes amis était dans un des magnifiques pays gondwanais. Il revient de mission. Il arrive à destination très énervé et complètement défait parce qu'il vient de vivre un moment dit-il « surréaliste ». Sa mission s'achève et tout normalement, avec son collègue, il se rend à l'aéroport du petit bled perdu. Sa valise est contrôlée avant d'être envoyée en soute. Rien d'inhabituel. Jusqu'au moment où l'agent de sécurité sort un pot de miel de la valise et dit :

- Désolé, le miel ne passe pas en soute.
- Ah bon ! Et pourquoi ?
- Parce que le miel est un produit inflammable.

Et lorsque le passager qui est très surpris et croit avoir mal entendu répète :

- Le miel ? Prendre feu ? Comment ça ?

La réponse est on ne peut plus claire :

- Oui Monsieur, sous certaines conditions.

Inutile de vous dire que c'est plutôt le passager qui peut prendre feu à ce moment-là et bien avant d'embarquer. Mais l'histoire ne s'arrête pas là. Le collègue de ce passager, lui aussi, se retrouve avec son pot de miel bien emballé dans un sac plastique et bien scotché sur le comptoir. Il s'était donné beaucoup de peine et ainsi n'avait aucune intention d'abandonner la partie de sitôt et certainement pas face à une telle aberration. Voyant que son collègue avait refermé sa valise, sans batailler pour garder son pot de miel, un autre agent de sécurité vient à la rescousse du premier agent déclencheur de cette situation. Il faut dire que ça devenait burlesque. Cet agent, pour faire oublier l'histoire invraisemblable du « miel qui prend feu sous certaines conditions », attire l'attention sur le fait que le miel peut couler dans la valise. À dire vrai, ce n'est pas vraiment son problème. Vous en convenez ? Mais que va-t-il inventer à présent ? Et là, à la grande surprise du deuxième passager, l'agent déchire l'emballage plastique, si soigneusement scotché, prétendant que c'est pour vérifier la solidité et l'étanchéité du couvercle. Et le passager stupéfait, interdit, suffoqué rétorque :

– Et je fais comment maintenant ?

– Eh bien, vous pouvez remettre le pot de miel dans votre valise. Bon vol monsieur !

Je vous disais bien que les règles, règlements, lois ou autres, tout cela n'a aucune espèce d'importance au Gondwana. Tout dépend de l'humeur du jour du Gondwanais et ce n'est même pas une blague. L'insécurité est permanente. La meilleure solution est d'en faire abstraction. Je vous rassure, c'est tout à fait faisable.

En passant, ça me rappelle certaines fouilles au niveau des diverses présidences gondwanaises dans lesquelles j'ai été amenée à travailler. J'ai été fouillée par ces gardes qui sont là tous les jours à m'observer depuis le temps que je fais des allers-retours. Ces gardes qui vont vous expliquer en long et en large que votre ordinateur et votre rétroprojecteur peuvent contenir une bombe. Ils vont ouvrir le sac, sortir l'appareil en question, le regarder, l'ausculter, en soulever l'écran et vous dire : c'est bon. C'est là qu'il faut leur poser la question : où est le scanner pour contrôler l'intérieur de ces appareils ? Et eux de répondre : *y'a pas* madame ! Et vous de rétorquer, ah, on fait comment ? Le gendarme : il faut aller seulement ! Je ne sais pas mais la sécurité-*là*, elle laisse à désirer ! Laissez-moi vous donner la réponse : ça dépend toujours d'une inconnue que vous ne connaîtrez jamais.

Dans ces situations, même si vous êtes déconcertée, et que parfois il vous démange de lui foutre un bon coup de poing, il faut garder le sourire. Il faut répondre « merci, c'est gentil, vous faites bien votre travail » et passer à la fouille suivante. La dernière. Ouf ! Tout compte fait, il vaut mieux éviter les impondérables désagréables qui peuvent arriver très vite. Oui, c'est *plu-mieux* de ménager l'agent de sécurité qui plane de fierté pendant 24 heures… *Y'a quoi ?* Après tout, le plus important c'est que lui est content et vous avez la paix et vous pouvez rentrer sain et sauf ! Que veut le peuple ?

Il est 4 h 25 du matin et après 72 heures de voyage d'un point x du Gondwana à un point y, toujours au Gondwana, mais en passant par les points a et b, encore au Gondwana, l'avion atterrit à l'aéroport de votre destination finale. Vous dormez si bien dans l'avion, tellement vous êtes mort de chez mort. Si mort de chez mort que l'équipage doit insister lourdement pour vous faire sortir de l'appareil. Vous voyez ! On ne vous forcera jamais à faire un millimètre de plus avec l'avion, n'ayez crainte ! Vous êtes tout bonnement heureux de vous retrouver à la case départ. Il ne reste plus qu'à passer les formalités et sortir. Vous vous réjouissez de retrouver votre famille, même si derrière, là, quelque part, il y a quelque chose qui vous pèse : « rapport de mission, rapport de mission… ». Et là, cerise sur le gâteau : vous tombez sur un agent de l'aéroport qui fait du zèle – car à cette heure-là, ça ne peut être que du zèle. Celui-ci vous demande votre carnet de vaccination. Il y jette un coup d'œil et vous annonce avec fatuité : « Madame, vous n'êtes pas en règle, je le garde ! » Nous sommes exactement le premier du mois et votre vaccin contre la fièvre jaune qui a été valide pendant dix ans a expiré il y a exactement 25 heures et 12 minutes. Vous avez beau lui dire « *on est ensemble* », lui faire des signes avec les yeux, rien à faire. Et pour des raisons inconnues, ce guignol est bien décidé à faire appliquer le règlement ce matin… Et c'est là que vous avez envie de hurler que rien que dans votre quartier de résidence, il doit y avoir au moins une centaine d'enfants dont les mamans attendent encore ce vaccin gratuit de l'UNICEF…, ce qui vous met aussi en rogne. Car si on déployait toute cette énergie de 4 h 30 du matin à l'aéroport, beaucoup de maladies infantiles seraient vraisemblablement éradiquées *depuis-depuis*. Et d'un coup vous avez un flash : peut-être qu'il faut tout bêtement conseiller à ces mamans d'aller faire un tour à l'aéroport… ? Finalement non, ça coûterait trop cher. Et le vaccin de l'UNICEF est supposé être gratuit. Mauvaise idée. Dommage !

Soulagée du poids de votre carnet de vaccination, vous avancez dans la queue, vous faites les formalités sans difficulté, vous récupérez vos bagages qui sont bien arrivés – décidément, la chance continue de vous sourire au Gondwana ! –, et vous arrivez à l'ultime étape : la douane. Il est 5 h 15 et vous êtes tout près du but. Mais vous n'échappez quand même pas à : « Quelque chose à déclarer ? » Ce serait trop beau ! Question à laquelle vous mourrez d'envie de répondre : « Oui, un peu de fatigue et du linge sale » et c'est reparti pour la fouille de vos trois bagages. Une fouille qui va se faire très rapidement puisque votre valise regorge de vêtements sales, entassés tant bien que mal, avec votre lingerie en première ligne, et ça les douaniers n'aiment pas, mais alors vraiment pas… Et s'il y a en plus quelques chaussures poussiéreuses, vous êtes tranquille. En effet, il ne fouille même pas, car au premier coup d'œil il repousse la valise en vous disant : « C'est bon, allez-y. »

Le voyage est terminé, et il ne vous reste plus qu'à écrire votre rapport pour satisfaire le bienfaiteur de fonds qui a toujours les yeux vissés sur les résultats et ce, quel que soit votre état de fatigue. Mais heureusement…

Le fonctionnaire-*là*, il est content ! *Y'a quoi ?*

La première cause indirecte de joie et de satisfaction que peuvent ressentir les membres de votre équipe après beaucoup de travail et de sacrifices, c'est qu'ils réalisent l'état réel de leurs archives. Ce qu'ils ne pouvaient pas faire avant, étant donné qu'ils baignaient dans le flou de leur environnement. Avec le projet, ils sont un peu obligés de se mettre dans la gadoue et de s'attacher au moindre détail s'ils doivent arriver à un résultat concret et potable. Et une fois qu'ils se sont bien embourbés, ils commencent à devenir plus exigeants vis-à-vis d'eux-mêmes et surtout des autres. Ils se sentent le droit de réclamer, de refuser les injustices et de revendiquer leur droit, même si cela se fait très timidement. Mais c'est déjà un début.

La deuxième cause de leur joie et de leur satisfaction est le nombre de visiteurs qui effectuent une recherche de loi dans le système. Les membres de mes diverses équipes viennent régulièrement s'enquérir de l'intérêt porté à leur travail à travers le nombre de recherches opérées par les utilisateurs. En effet, le système donne accès à cette information qui est capitale pour la motivation des uns et des autres. Mais aussi un moyen de prouver au bienfaiteur de fonds qu'il y a tout de même un intérêt pour les lois au Gondwana et surtout à partir du moment où elles deviennent accessibles. Depuis 2006, le nombre de visites pour le Gondwana a dépassé les deux millions. Sachant que ce n'est ni un site de divertissement ni un réseau social, style Facebook ou autre, cela prouve bien qu'il y a un réel intérêt et un besoin d'accès aux lois du Gondwana. Quoique, ça peut être un site de divertissement vu les sketchs, dignes de ce nom sur lesquels on peut trébucher parfois. Je vous invite à y faire un tour.

Ils me font part de leur satisfaction, soit par un appel téléphonique pour lequel ils se sont cotisés, soit par courriel de manière spontanée. Et ça me fait chaud au cœur de redécouvrir les messages de gratitude de mes différents élèves. En fait, c'est en les relisant que j'en saisis vraiment la teneur. J'ai moi aussi la satisfaction de voir que ma psychologie à deux balles et ma pédagogie à trois sous ont porté leurs fruits. Mais j'ai aussi la satisfaction de voir qu'à travers ce projet, ma famille s'est élargie. Je ne suis plus seulement une experte qui vient prodiguer des soins, mais je deviens une collègue, amie proche. Je deviens une personne en laquelle on a une confiance aveugle. Et même si mes échanges avec eux, lors de la vérification de la qualité du travail, peuvent être très durs et parfois paraître humiliants vu de l'extérieur, ils n'en font pas une histoire personnelle. Ils savent que je les respecte énormément. Ils savent que je me bats pour eux. Ils savent que c'est pour leur bien. L'ambiance au travail est rigoureuse mais joviale. Tout se passe dans la bonne humeur. Le café, les boissons, le grignotage sont partagés autant que les réprimandes. Et tout cela fonctionne avec une règle de base que j'instaure dès le premier jour : pas de hiérarchie, mais un respect mutuel tacite. Je peux vous assurer que c'est un bol d'air dans leur quotidien et qu'ils ne demandent pas mieux. Ils sont enfin valorisés. Ils existent. La preuve : l'équipe est toujours là au complet et n'est pas prête de baisser les bras aussi facilement. Et ceux qui l'ont fait sont revenus aussi vite. Tout cela mis à part, ils savent pertinemment bien que je suis là pour les accompagner dans les moments difficiles ou douloureux, notamment avec leur hiérarchie. Je suis leur liaison avec la hiérarchie. Ce qu'il faut savoir, c'est que le Gondwanais lambda n'a pas un gramme de confiance en son service public et le fonctionnaire encore moins en son supérieur hiérarchique. Chacun pour soi et Dieu pour tous. Il y a des exceptions mais elles aussi pourraient être cotées en bourse. C'est vous dire combien je suis une privilégiée d'avoir réussi à gagner le cœur et la confiance de ces agents. Et ce privilège, aujourd'hui, j'en suis fière !

Fort heureusement, il y a des moments cruciaux d'encouragement. À défaut de voir son travail reconnu et valorisé par sa propre hiérarchie, celui-ci se voit rehausser par d'autres canaux. L'étranger par exemple. Il arrive que de braves gens qui vivent dans des contrées lointaines civilisées aient la gentillesse de s'intéresser à nos textes. Sauf que, dans bien des cas, ces personnes bienveillantes ne savent même pas à qui s'adresser. Et le système D, passage obligé au Gondwana, ils ne connaissent pas. Que faire ? D'abord entamer une recherche sur Internet. Celle-ci ne va pas donner grand-chose, mais peut-être, et s'ils sont chanceux, une piste. Cette piste va leur faire traverser l'Atlantique jusqu'à chez les Américains, qui eux vont les renvoyer chez la consultante gondwanaise bêta qui, elle aussi, cherche les lois. Et puis *y a* plus qu'à attendre que quelqu'un réagisse. Non seulement il faut vraiment vouloir accéder à un texte mais en plus c'est digne d'un bon film à suspense !

Illustration : une documentaliste dans un bureau d'avocats à Paris cherche, dans l'urgence, une loi. Rien de plus normal jusque-là. Sauf que ça va prendre des mois avant d'aboutir à un résultat concret. Elle va devoir non seulement patienter, mais aussi faire un petit voyage touristique virtuel à Washington, en passant par le Gondwana Ouest avant d'arriver au Gondwana Centre. Je rappelle que c'était quand même urgent. Remarque c'est un voyage très enrichissant ! Sa requête finit par aboutir à son grand soulagement :

Bonjour Madame,

Je viens de lire votre mail et je vous adresse mes plus sincères remerciements. Vous me "sauvez la vie" ! J'attends donc l'ordonnance. En vous remerciant de nouveau.

Je vous souhaite une excellente journée...

En d'autres mots, si vous êtes déprimée, au bord du suicide et qu'un peu de peps ou de suspense dans votre vie est susceptible de vous sauver, décidez-vous à chercher une loi gondwanaise et n'hésitez surtout pas à nous contacter. Je vous garantis un excellent service après-vente à ce niveau !

Ce genre de message a un effet dopant sur mes collègues-amis-élèves qui découvrent que leur travail est utile et concret. Enfin quelqu'un s'intéresse à eux et à ce qu'ils font ! Aucune récompense financière quelle qu'elle soit ne peut se substituer à cela. « Quand je vois un message comme celui de la dame ci-dessus, j'ai véritablement la foi qu'un jour ça paiera... », m'écrit un jour une de mes élèves-collègues et amies.

C'est à la fois un témoignage de satisfaction personnelle très intense qui renforce la détermination à continuer ce combat à l'issue incertaine. Un combat qui mènera d'une manière ou d'une autre à une victoire qui ne se mesure plus uniquement, vous l'avez compris, en termes d'argent.

C'est la raison pour laquelle, je mets un point d'honneur à instaurer une prime de motivation, avant que le projet ne soit clôturé. Mais ça c'est un autre combat. C'est aussi une bonne façon de garantir la continuité. De ce fait, je démarre ce combat en début de projet, parce que croyez-moi, c'est loin d'être évident. Il faut passer au travers des barrières et obstacles administratifs, des querelles, des jalousies internes. C'est d'autant plus exacerbé que les collègues du reste du ministère aspirent à la même chose. En effet, au bout d'un certain temps, ils voient cette fleur éclore, recevoir une attention particulière de la part de cette hiérarchie, qui auparavant ne lui portait aucun intérêt. Et tout le monde veut sa part du gâteau. Mais si c'est possible dans une Direction, pourquoi pas chez nous ?

En plus de la prime et de la satisfaction de voir la portée internationale que ce travail peut avoir, ils apprécient de retrouver une réelle activité professionnelle. Une sorte de « professionnalisation » de leur profession qui, jusque-là n'était que du vent. Leur présence dans cette administration retrouve du sens. En effet, les uns et les autres découvrent la méthodologie dans le travail, la rigueur que cela implique, leurs faiblesses diverses. Ils se découvrent même, pour certains, un goût pour l'apprentissage de l'anglais. Ils se découvrent certaines facilités pour comprendre de nouvelles techniques, notamment l'intérêt d'un dictionnaire et toute la technique qu'il renferme. Ils comprennent aussi la puissance que peut avoir un détail qu'ils pensaient auparavant totalement insignifiant. Eh oui, c'est comme le moustique. Il est tout petit mais il peut apporter des changements au niveau de la qualité de votre sommeil, n'est-ce pas ? Et au-delà de ça, il y a une espèce de prise de conscience qui est cruciale si l'on souhaite vraiment développer le Gondwana. Et tout cela a certainement un effet très positif sur la suite du travail. J'ai vu certains d'entre eux continuer à travailler en dépit de l'absence de cette prime, qui leur avait été octroyée mais qu'ils n'ont jamais reçue. Après, le bienfaiteur de fonds me demande : « Mais comment tu fais pour garantir la pérennité de tes projets ? » Ben, je respecte mon prochain, je désapprouve en étant juste et j'évite les obstacles.

Je leur rappelle, par exemple, que la prime dont je leur ai parlé et pour laquelle je me suis battue ne pourra en aucun cas leur être allouée tant qu'ils sont encore en formation. Pour leur remettre les pieds sur terre, il suffit de leur demander s'ils ont déjà entendu parler d'étudiants qui sont payés pour aller à l'université ? Parce que j'ai fait l'expérience avec une équipe qui, en guise de protestation, avait tout simplement arrêté de travailler sans préavis. Je leur martèle qu'ils travaillent pour eux-mêmes et non pour moi. Et je rappelle que je ne suis qu'un intermédiaire provisoire. Un soutien. Suite à un de mes courriels sur ce thème, j'ai reçu une réponse qui m'a bouleversée :

Bonjour Madame,

(...) Savoir faire des extractions, transformer des textes en PDF, j'ai même renoué avec les règles élémentaires de la grammaire auxquelles on ne prêtait plus attention. Alors là, non on ne travaille pas pour vous mais c'est vous qui travaillez pour nous. Soyez tranquille. À nous de vous remercier de nous avoir si bien ENGUEULÉS ça nous oblige à améliorer nos connaissances. (...)

Je ne vous raconte même pas combien je suis honorée de recevoir des messages pareils. Je considère le message en soi comme une grande réussite du projet. Quant au bienfaiteur de fonds, lui vous dira : « Bof, ça n'a rien à voir avec le résultat. C'est juste une satisfaction personnelle que tu as et qui risque d'être bien éphémère ! Ça ne change rien au développement, voyons ! » Oui, je suis peut-être trop terre à terre. Mais le changement passe par les personnes, non ?

Les projets ont des durées variables qui vont de un an à quatre ans environ. À la fin de chaque projet, j'essaie d'organiser, non sans difficulté, des missions de reconnaissance dans les provinces pour aller constater localement l'ampleur des besoins des administrations gondwanaises. Il est crucial à ce moment de faire participer chaque membre de l'équipe et si possible de les amener dans leur propre région. Ils se rendent alors compte que chaque petit détail que j'exige a un sens. Le fait pour un fonctionnaire lambda de découvrir l'intérêt et l'utilité de son rôle ainsi que l'importance du poste qu'il occupe aussi bas soit-il dans la hiérarchie peut avoir un effet miraculeux. Et franchement, pas besoin d'être particulièrement intelligent pour comprendre que c'est tout bêtement une source de motivation.

Et parfois, c'est au bienfaiteur de fonds que l'équipe s'adresse :

Bonjour,

Nous sommes arrivés en fin de projet, et nous tenons à vous remercier de l'intérêt que vous nous avez porté, malgré certains obstacles nous avons réussi à insérer 916 textes et ceci grâce à une formation continue et un suivi en ligne.

De plus, les missions à l'intérieur du pays nous ont permis de prendre conscience de la précarité des conditions de travail des structures décentralisées et déconcentrées et de l'importance du travail que nous sommes en train d'accomplir. Grâce à toutes ces expériences nous sommes aujourd'hui prêts à continuer le travail de manière efficace et durable.

Encore une fois, merci pour votre soutien.

L'équipe au complet

Et puis toujours dans la phase « remerciements », les vrais. Parce qu'il y a remerciements et remerciements : il y a les « adieu et merci, bon débarras, ouf c'est fini ! ». Ceux-là je les ai sentis de la part de certains directeurs, qui n'ont jamais voulu s'impliquer. Et il y a les vrais « au revoir et merci » qui viennent du cœur. Ceux-là me parviennent encore de temps en temps de membres d'équipes formées il y a plusieurs années. Un des membres de l'équipe, qui a eu l'occasion de faire cette mission de reconnaissance avec moi, a réalisé à quel point, Lui, le petit Lui, pouvait contribuer à améliorer l'outil de travail principal des tribunaux et de l'administrateur régional (objectif dont je ne parle à aucun moment). Et à quel point, Lui, le petit Lui est grand. Comme me disait un collègue un jour, si tu penses que tu es trop petit pour faire la différence, c'est que tu n'as jamais passé la nuit avec un moustique. Ah ce fameux moustique ! Décidément, il me poursuit :

Bonjour Madame,

... Le travail a eu du retard à reprendre cette semaine à cause d'un peu de fatigue. Tout compte fait, nous reprenons timidement et sommes décidés d'ici quelques semaines à atteindre l'objectif. C'est un pari devant toute la nation à respecter.

Je suis personnellement très fier de vous car les compétences acquises jusque-là et la nécessité de les mettre en pratique m'obligent désormais dans toutes mes autres œuvres à être aussi rigoureux et performant qu'auparavant. Pour le moment, je ne puis en dire plus. Gardons le contact, au revoir et à très bientôt.

Ah, cette fameuse formation à Washington dont mes élèves ne bénéficient qu'après un an de formation sur place. Certains, les plus engagés, ont même eu le temps d'apprendre l'anglais, c'est que du bénéfice. Ils sont donc mieux préparés à découvrir l'international. C'est un grand moment que celui d'être présentés aux autres membres et collègues de ce réseau mondial de l'information juridique en ligne pour lequel ils travaillent. C'est le moment de reconnaissance. Ils en profitent doublement avec la validation de leur travail par un diplôme du Congrès américain. C'est la récompense après tant d'années d'abandon, de néant. Tant d'années de désœuvrement, de vie professionnelle dépourvue de débouchés quels qu'ils soient. C'est l'estime de soi retrouvée. Enfin, ils existent non seulement chez eux mais aussi sur la scène internationale ! Et si ça c'est pas du bonheur ?

Bonjour Madame,

(...) Je ne cesserai d'ailleurs de dire que vous êtes d'un grand apport professionnel pour nous, car vos enseignements à ce jour nous ont permis d'être étincelants à Washington dernièrement. Que Dieu vous illumine davantage dans votre profession et vos affaires.

Merci et à très bientôt.

Vous verrez que pour certains, c'est aussi un plaisir de renouer avec les notions de base qu'ils redécouvrent. Ils sont aussi fiers d'avoir le vent en poupe avec les « News techs » et de contribuer à l'amélioration de l'image de marque de leur pays.

Bonjour Madame,

Une chose est sûre avec le projet. La satisfaction d'être à l'ère des News techs. Franchement cela m'a beaucoup apporté et surtout la satisfaction de travailler pour le pays, l'exposer sur une vitrine INTERNATIONALE parmi les grands pays. Merci de nous avoir aidés à nous hisser parmi les grands.

Bonne journée et A+.

Ou encore :

Bonjour,

Nous n'avons pas de vos nouvelles. Nous sommes toujours à Washington et la formation finit demain. On nous a demandé de faire une présentation de nos méthodes de travail car ils ont aimé toutes les petites astuces que nous utilisons pour avoir un texte à insérer dans le site. (...) Ils nous trouvent appliqués ici, fruit de votre travail et de votre passion. Nous sommes fiers de vous et espérons bénéficier encore très prochainement de vos connaissances et de votre formation.

Bonne journée !

Pendant ce temps-là, le bienfaiteur de fonds, lui, a son regard exclusivement figé sur les résultats proprement dits du projet. Et un message comme celui-ci, il ne le verra probablement jamais. Or, encore une fois, c'est ça le véritable résultat du projet, le changement fondamental susceptible de modifier la donne du développement et sans lequel il n'y a pas de pérennité possible.

Et puis il y a ceux qui remercient tout simplement :

Merci pour la patience et le temps.

Pour moi, c'est une énorme source de motivation que de recevoir un message sur Facebook d'un ancien élève que j'ai formé il y a plusieurs années déjà. Ils ont appris à apprendre. N'est-ce pas ce que l'on appelle l'ouverture d'esprit ?

Merci pour tout, nous apprenons encore et encore. (...)

Merci à vous !

Multinationale Halal ! C'est comment ?

Je ne peux pas finir mon témoignage sans évoquer l'une des conséquences indéniables de l'échec du système : le développement des mouvements terroristes dans le désert du Gondwana de l'Ouest et malheureusement aussi du Gondwana de l'Est et pas loin du Gondwana du Centre. En fin de compte, un peu partout. Et les régions non mentionnées où ces mouvements sont en gestation ou se reposent en attendant de meilleurs auspices. C'est la conséquence, en amont comme le choléra ou alors en aval comme le voudrait la logique, de l'échec entre autres, de la lutte contre la pauvreté.

– Au Gondwana, le système-*là*, chose-*là*, ne profite pas forcément à tout le monde. S'il avait été efficace, on n'inventerait pas de nouvelles multinationales halal ! Ce sont ces mouvements terroristes qui sont fondés sur l'amour de la loi divine. Désolé, mais comme la loi artificielle ne marche pas chez nous, on bascule sur la loi divine. Les plus désespérés se créent un monde qui leur est propre pour survivre en interprétant la loi divine *façon-façon* en ce qui concerne le Jihad[37] et l'Ijtihad[38]. Si vous délimitez l'espace qu'occupe cette multinationale sur une carte du Gondwana moderne, vous allez vite discerner la forme d'un grand rhinocéros. C'est bien le cas de le dire

[37] L'effort sur soi, l'autocritique.

[38] Tradition islamique de la réflexion indépendante permise aussi bien aux femmes qu'aux hommes. C'est la possibilité de remettre les pendules à l'heure quant à la pratique de la religion individuelle en fonction de son environnement.

puisqu'ils sont féroces quand ils s'y mettent. Ils ne reculent devant rien. C'est un filet dans lequel des bandes de poissons et crustacés terroristes indépendants au départ, notamment l'Anguille-Qui-Marine-Impunément et les Sardines avec les Bocaux Halal, et plus récemment les Koalas se sont rapprochées au fil du temps. Dans le bien ou dans le mal ? Eh oui, dans les deux éventualités l'union fait la force non ? Et dans ces cas-là, Dieu est grand. Cependant, moi, je n'ai pas encore réussi à bien comprendre tout ce fourbi, ça me donne mal à la tête. Mais ce n'est pas grave. Les autres scientifiques, politiques, géopolitiques, fanatiques, chose-*là*, *spécialistiques* et *quoi-quoi-quoi*, font des recherches pour une compréhension scientifique de la chose même s'ils ne vont rien y changer. Le plus important c'est que ça les rassure et c'est tant mieux. Je n'aime pas les migraines. Et puis, peut-être qu'il vaut mieux ne pas tout saisir. Comme ça, je peux siester tranquille. Il fait chaud au Gondwana !

– De plus en plus, ces groupes de poissons se développent et collaborent pour se protéger les uns les autres. C'est ce que l'on appelle un joint-venture, une coentreprise si vous préférez. C'est un commerce très lucratif ! Si ce n'est que c'est tout de même un peu en contradiction avec la loi divine. Vous voyez ce que je veux dire, assassinats, trafics de drogue, d'armes, d'humains… Et parfois, ils se font la guéguerre, mais c'est de bonne guerre. Mais leur chance, et ils en profitent bien, c'est qu'ils bénéficient d'une publicité gratuite de la part des médias des Blancs qui s'en donnent à cœur joie. Ils ont au fil du temps bénéficié d'une grande notoriété. Ils existent de manière officielle, et se font de l'argent en prenant des otages qu'il faut absolument libérer à travers des négociations.

– C'est vrai. J'ai remarqué qu'ils prennent toujours les Blancs en otage ! On dirait qu'ils ont un faible pour le Blanc. Mais avec le Blanc-*là*, *y'a quoi* ?

– Mon frère avec le Blanc *y'a* toujours l'argent-*là*. Et puis le Blanc il a peur de la mort. Il n'a pas l'habitude de mourir comme ça *dè* ! Même la mort est calculée chez lui. Le système social en Occident fait tout pour empêcher ces *gences*-là de mourir. Même quand tu es mort-*là*, l'hôpital va te garder en vie avec des tuyaux spécialisés.

– Noooon, c'est pas possible ! Le destin c'est le destin ! Ou bien ?

– Ah le Blanc, il rigole pas avec ça *dè !* Bon ça n'empêche pas la multinationale d'élargir sa gamme de produits *kay*. Et parfois, même s'ils n'ont pas la même valeur marchande, des Gondwanais lambda sont aussi pris en otage. Ça arrive aussi, mais ça c'est pas très important ! C'est plutôt par erreur. Et il y a aussi les produits haut de gamme, parce que la multinationale-*là*, elle n'a pas envie de rester dans la chinoiserie. Donc, à présent, même le président de la République française est menacé de mort !

– Ah, c'est pour ça que le Gondwanais n'est jamais pris en otage ?

– Exact. Le Gondwanais, lui, n'a pas de valeur. N'as-tu pas remarqué que quand il est pris en otage, il est très vite libéré car personne ne s'intéresse à lui, à commencer par son propre gouvernement ?

– C'est donc une *quéchion* d'origine.

– Oui, c'est ça. Mieux encore, les terroristes sont devenus tellement célèbres, grâce à la publicité que leur font les Blancs, que bientôt eux aussi vont être cotés en bourse.

– Comment ça cotés en bourse ? Comme la loi-*là* ?

– Oui ! Eux aussi ils se cachent. Donc nous allons aussi pouvoir acheter des actions terroristes comme pour les lois.

– Sous quelle forme ?

– Je ne sais pas encore. Mais dis-moi, tu as avalé combien de piles Duracell ?

– Hé *quitte-là-bas !*

– *Entouka*, ils ont des chefs, des adjoints, des noms et *tout-tout-tout*. On sait même où ils sont, mais on ne les trouve pas.

– Si tu me demandes mon avis, la publicité gratuite-*là*, s'ils la font c'est qu'ils ont un intérêt. *Ouay*, sinon, tu crois que le terroriste pourrait survivre avec tous les moyens-*là* d'espionnage, de force de frappe du Blanc ?

– C'est pour ça qu'ils sont halal officiellement.

– *Ekié* ! Ça c'est délicat *dè* comme sujet.

– Mais elle est où la loi portant « halalisation » des terroristes ?

– En tout cas pas dans les archives ! Enfin, on ne sait jamais au Gondwana. Peut-être qu'elle est cachée elle-aussi, comme tout le reste ! Le problème, c'est que les poissons-là, ils sont à présent aussi connus que Coca-Cola ou Bill Gates. Ils ont une renommée internationale. Le rêve quoi ! Moi aussi je voudrais bien un peu de publicité pour ma friperie ! C'est pas juste quoi.

– Le pire c'est qu'ils sont très admirés par ces jeunes, victimes du système de l'éducation qui est en décrépitude et celui de la santé qui est lamentable, de la pauvreté extrême et *quoi-quoi-quoi*. Le désespoir est total. Les jeunes, et parfois même les vieux et les moins vieux, y trouvent un remède qu'ils pensent durable. Cela dit, c'est vrai qu'avec la publicité qui leur est faite, ils ont peut-être raison de croire ça. D'ailleurs, pourquoi toute cette publicité ? Pour leur donner une légitimité ?

– On dirait qu'il y a anguille sous roche. J'ai comme le sentiment qu'on utilise les plus vulnérables pour créer la zizanie, la peur. Hé, l'islamisme au Gondwana, ça n'existait pas dans notre enfance !

– Oui, c'est exact. Mais aujourd'hui avec la pauvreté, il n'y a pas de raison de se priver d'un travail lucratif alors que le taux de chômage est bientôt à son maximum au Gondwana, et qu'en plus aucun débouché n'est visible à l'horizon ? Comme tu le sais, avant de postuler dans cette multinationale très généreuse, et qui en plus t'assure une Sécurité sociale, même dans l'au-delà, les jeunes recrues ont déjà perdu toute identité, sont tombées dans la délinquance – alcool, drogue, vol, etc. –, et certains ont déjà fait un petit passage en prison style prison gondwanaise. Je ne parle même pas des conditions là-bas. Les plus mauvaises conditions dans le meilleur des mondes, où le suivi *pyssykologique* est zéro, la réinsertion zéro aussi, l'estime de soi est réduite à *plus-moins-zéro*. Et puis s'ils arrivent à sortir de là, ils sont automatiquement rejetés par leur propre famille, parce que, tu comprends, c'est le déshonneur.

– Mais la société tout entière les rejette aussi.

– Oui parce que de toute manière, la société n'a rien de mieux à leur proposer. Donc c'est *plu-pire* encore. Et comme vis-à-vis de la loi divine, on est en tort d'avoir manipulé toutes ces vilaines choses, on a peut-être mauvaise conscience quoi. Au bout du compte, c'est la détresse *pyssykologique*. C'est la détresse, d'autant plus qu'on végète dans une société qui n'a plus de considération pour nous. On a tout le temps pour réfléchir à comment se libérer de son péché. Eh oui, on est mal aimé par ses proches et par Dieu. Dans ce cas, la meilleure solution est de « halaliser » sa situation pour se faire pardonner du Seigneur.

– Et comment tu fais ça ?

– La voie la plus facile pour se faire pardonner du Seigneur et pour retrouver une petite dignité perdue *kay*, c'est d'intégrer la multinationale ! Elle propose une solution deux en un. C'est parfait ! N'oublie pas que c'est le premier employeur de la région. Je cherche du travail et les *gences*-là ils m'en donnent ! Pourquoi je ne serais pas content ? Ils me donnent un CDI[39] sur terre et en plus, en échange de quelques crimes halal, j'ai droit à un CDI dans le ciel : le paradis. Et en plus, quand j'arrive dans l'au-delà, j'ai la possibilité de jouir de soixante-dix vierges. Si ce n'est pas du bon service après-vente ça ? Que du bonheur !

– Mais il paraît que les vierges-*là*, finalement, c'est des raisins blancs.

– Non ça c'est une mauvaise nouvelle quoi ! Comment ça ?

– Il y aurait eu un quiproquo à l'époque, ou une erreur de traduction dans les livres sacrés... Mais ce n'est pas grave, après tout, les raisins-*là*, c'est bon pour la santé aussi. Et puis le système D-*là*, s'il marche ici, il y a des chances qu'il fonctionne là-haut, non ?

– T'inquiète pas, on est des héros, on pourra toujours s'*agencer*. Ça va aller ! Je te dis, retrouver une certaine considération et même une notoriété, exister tout simplement est encore possible. Alors pourquoi chercher midi à quatorze heures ? Midi c'est midi non ? Rien de tel pour se requinquer quand on est désespéré et fâché contre tous les Blancs. Du coup, ce sont les Blancs qui sont la source de tous les problèmes du Gondwanais.

– Eh oui, le mal c'est toujours les autres. C'est chose-*là*... C'est pas... Sartre ou... l'autre-là qui a dit ça ?

– Et d'ailleurs, ce n'est peut-être même pas si faux ?

– Hey ! Faut pas déconner, je ne rentre pas dans ce sujet, c'est trop dangereux *kay !*

– Peu importe. De toute façon, c'est notre réalité. Après tout, les citoyens lambda n'ont plus grand-chose à perdre... C'est malheureux à dire, mais les terroristes sont

---

[39] Contrat de travail à durée indéterminée.

en train de gâter[40] notre nom. On va faire comment avec le tourisme ? Et les investisseurs ? Et *tout-tout-tout* ?

– Effectivement, ça c'est une *quéchion* à laquelle je n'ai pas pensé… La pauvreté-*là* elle risque de durer quoi !

– Mais il y a une solution. C'est l'énergie libre.

– C'est quoi ça encore l'énergie libre ?

– Bon, à ce qu'on dit, le Blanc il a découvert que l'air-*là*, ça peut faire l'électricité, donc c'est l'électricité de Dieu quoi ! C'est cadeau.

– *Ekié* ! C'est comment ?

– Ah ça *kay,* c'est un mystère ! Si j'ai bien compris, avec un gramme de nickel on fait trois mois d'électricité et sans frais. Ouay, le *zour*-là[41] où le Gondwanais découvre ça, il sera très content *dè* !

– Mais au lieu de nous donner l'argent-*là*, il n'a qu'à nous libérer l'énergie de Dieu. Si on nous accorde ça, le Gondwana va décoller *dè* !

– Bon, s'il y a du nouveau, je te tiens au courant. C'est promis.

---

[40] Souiller.

[41] Jour-là

Ça va un peu… malgré tout

Si vous demandez à un Gondwanais comment il va, il vous répondra : « Ça va un peu ! » Vous comprenez à présent pourquoi ?

On le sait, les lois ne sont pas la préoccupation primordiale du citoyen lambda ni celle des citoyens administrateurs qui la fabriquent. Mais bizarrement et comme par enchantement, dès qu'on trouve des lois et qu'on les organise méticuleusement dans un système sophistiqué que l'on met à disposition de tous sur Internet, un nombre impressionnant d'utilisateurs se jette dessus. Peut-être parce qu'il y a des rumeurs qui disent que nos textes sont en voie d'être privatisés et cotés en bourse… C'est d'ailleurs peut-être pour ça qu'on les avait cachés tous ces textes fondateurs et régulateurs, hein ?

Cela dit, le Gondwanais sait que quelque chose ne va pas, puisque le moindre petit service rendu dans un service public est précédé d'un « on fait comment ? ». Pour être honnête, on ne s'encombre même plus avec ça. Le service public, c'est pourtant comme son nom l'indique, un service pour le public, non ? Il doit donc rendre des services au public. N'est-ce pas ? Mais, je crains que le service public ne soit en train, tout doucement, de se privatiser lui aussi. Bon, la privatisation est à la mode, je sais, mais j'ignorais que c'était à ce point-là. Et comme *y'a pas* la loi, on utilise la méthode *débrouiller-débrouiller*, et ça marche *façon-façon*. Mais pour qui et jusqu'à quand ? Y a-t-il un avenir avec ça ?

Il ne faut tout de même pas se fier aux apparences car le citoyen lambda voit bien que les pays gondwanais, quelle que soit leur démocratie ou *démocrature*, sont dans une impasse.

– Eh tu dis quoi ? Laisse-moi *t'espliquer*. Le citoyen lui-même est dans l'impasse ! Il n'y a qu'au Gondwana que l'on se retrouve tout d'un coup avec deux présidents-à-vie élus démocratiquement. Et inversement. Parfois chez le voisin gondwanais, il y a pénurie de présidents-à-vie alors que nous on en a deux. Mais attention, même si le citoyen lambda gondwanais-*là* est poli, il ne faut pas trop le chauffer car s'il se fâche, il va aller dans la rue. Oui, c'est devenu une mode et c'est dans la rue que ça se passe. Et ça marche *ouay* !

– Bien sûr ! Grâce à la télévision qui est accessible à tous. Et puis même sous la dictature et la pauvreté, la révolution est de droit ! Mais, je vous le dis, tant que le Gondwanais va dans la rue en masse pour dire « président-à-vie DÉPART », ça va encore. Mais s'il commence à crier « DÉGAGE », ah, là c'est du sérieux !

– Ah, je te dis, c'est là qu'il faut prendre ses *disposichions*, et vite, car le risque que cela devienne vraiment grave augmente de manière significative. Et puis si on les chauffe trop, ah là chef, je ne vous garantis rien ! Ça va être grave ! Trop même ! Ils risquent de prendre les armes, et là mon frère, ça devient trop dangereux parce qu'on ne saura plus qui est fâché contre qui. Et puis la chaleur-*là*, ce n'est pas bon pour les esprits, non plus... En somme, il ne faut pas nous chercher quoi !

– Mais au fait, je me suis toujours demandé pourquoi le citoyen lambda-*là* n'a pas pensé à crier tout ça en langue nationale ? Peut-être que ça faciliterait les choses... ? Le français-*là*, on ne comprend pas ça tous les jours ! Moi, quand je suis en colère, je ne comprends plus le français. Dans ces moments, il n'y a plus que le dialecte qui déambule dans mes veines. C'est vraisemblablement le signe que le Gondwanais n'est pas encore assez fâché !

– Et fin de compte, si jamais il n'y a pas d'autres solutions et qu'il y a un consensus du peuple sur le départ de son leader, c'est *plu-mieux* un DÉPART volontaire ! Il faut être raisonnable mon ami... Sinon, le DÉPART forcé c'est la honte. La communauté internationale et les journalistes risquent de dire que c'est la Révolution-de-la-petite-pluie-des-mangues gondwanaise ou de ses fleurs ou alors la Révolution du vent de sable. C'est même mauvais pour la souveraineté personnelle. C'est *plu-mieux* d'éviter ce genre d'événement historique. Tant que ça reste dans les archives papier, là ça peut aller, c'est *plus-moins* grave puisque ça reste caché. C'est notre spécialité. Mais si ça reste dans les archives-mémoires gondwanaises imperméables aux virus intraitables qui nous entourent, ah ! Ça c'est moins agréable ! Ça risque de rester gravé longtemps. Culture orale oblige !

– Bon, sinon il y a une autre option qui ne vient pas du peuple mais que le peuple peut apprécier dans certaines situations : c'est le coup d'État. On se croit tous dans une démocratie bien établie et reconnue. Tout va à peu près bien. On n'est pas très content, voire pas du tout, mais bon, « c'est une *quéchion* de temps » se murmurent les *gences* entre eux. La patience du professionnel de la survie a déjà été mise à rude épreuve et ce plus d'une fois. Et le système D ? Il fonctionne pour le mieux. À ce niveau, le citoyen lambda n'a rien à envier aux autres peuples. Il est spécialisé. Donc ça roule jusqu'à nouvel ordre. Et voilà qu'un jour, un officier subalterne de l'armée décide que la démocratie-*là*, telle qu'elle est appliquée, c'est pas ce qu'il attendait. Ça n'a pas réglé les vrais problèmes. Et en l'espace de quelques heures, il s'accapare la radio nationale, parce que ça suffit largement pour changer les choses dans les démocraties gondwanaises. Il se déclare ainsi président de la République pour la restauration de la démocratie. C'est pas beau ça ?

– Donc son programme, c'est de restaurer la démocratie par la force, en jetant le président-à-vie élu démocratiquement dehors ?

– Oui. Et ce que je ne comprends pas du tout c'est que le bienfaiteur de fonds, qui n'octroie des financements que sous condition qu'il y ait démocratie et transparence, accepte sans problème. Ou alors il arrête toutes les activités et quitte le pays pendant quelque temps sachant que sans ses financements le pays va s'écrouler rapidement. Tu te rappelles en 2006 ? Tous les cerveaux qui n'étaient pas déjà en mode fuite, ont fui aussi et avec eux les fonds qui servent à faire vivre tout le monde. Parce que même mal distribués, les fonds-*là* servent quand même. Alors sans les fonds, c'est la descente du Gondwanais aux enfers. La conséquence c'est qu'il n'y a presque plus de têtes bien pensantes dans le pays. C'est la démocratie militaire qui dirige. Et là tout le pays est comme en prison avec le couvre-feu, les frontières qui sont fermées, les aéroports aussi et *quoi-quoi-quoi*.

– Et comme ça ils veulent régler nos problèmes ! Mais la démocratie militaire-*là* c'est quoi exactement ?

– Je crois c'est la souveraineté. Mais la souveraineté-*là*, c'est quoi au juste ?

– C'est une valeur qui se construit, se nourrit et ainsi s'acquiert. Il faut avoir les moyens de sa souveraineté !

– Toi-*là*, mon frère, il faut qu'on parle sérieusement-*là* ! Il faut m'*espliquer* !

– Je n'en sais pas plus. Tout ça pour dire qu'il faut qu'on travaille sur des bases claires. Qu'on arrête de copier-coller les lois. Qu'on crée nous-mêmes nos lois. Il suffit de codifier nos traditions en fonction du contexte, des besoins locaux et des valeurs tout en modernisant. De faire quelque chose qui parle au peuple pour qu'on puisse appliquer mieux et que le peuple puisse comprendre et respecter. Et tout ça en fonction du niveau de vie aussi, parce qu'il est très bas. Qui peut payer une amende de 100 dollars ? Avec un dollar par famille et par jour, qu'est-ce qu'on peut faire ? Nos lois-là fonctionnent avec deux poids deux mesures.

– Donc les citoyens ne sont pas égaux devant la loi ?

– Tout à fait. Avec ça, un pays ne peut pas fonctionner, encore moins se développer.

– Est-ce que par hasard, ce n'est pas plutôt la loi qui n'est pas égale devant les citoyens !

– Oh ! Moi je ne comprends plus rien ! Nous avons les sols les plus riches de la planète et nous sommes les plus pauvres. Comment c'est possible ?

– Hum, moi *kay* je ne peux pas *espliquer* ça. Je sais seulement que le Gondwanais lambda il se débrouille très bien tout seul. Quand le gouvernement-*là* ne donne pas des noms aux rues, c'est le citoyen qui le fait. Et rappelle-toi, lorsque le gouvernement et le bienfaiteur de fonds ont mis en œuvre le projet pour donner des numéros aux rues, ils ont dépensé tellement d'argent pour rien.

– D'ailleurs, pourquoi des numéros ? Pourquoi pas des noms de grands chefs, de poètes ou *quoi-quoi-quoi* ?

– Mais ça n'a pas marché. Les rues sont numérotées. Mais est-ce que tu connais quelqu'un qui se rappelle du nom de sa rue ?

– Moi *kay*, j'ai constaté que les *gences* ne sont même pas au courant.

– Finalement, tout cet argent pour rien. Les *gences* ont tout simplement donné des noms. Et puis même si c'est pas écrit, c'est pas grave. Ce sont ces noms qui restent ! Je te dis, si on nous laisse diriger on va faire ça très bien.

Après un long moment de silence…

– Passe-moi la bouteille de Ndolo[42]. Les Blancs-*là* ils pensent que le Gondwanais n'est pas capable et pourtant, là où le gouvernement a échoué, le Gondwanais a prouvé qu'il sait s'organiser lui-même. Les règles mises en place par les gens de la rue sont tacites mais appliquées et respectées. Et souvent la seule entrave qu'elles rencontrent c'est au niveau du gouvernement. Tu vois non ?

– Tout à fait, c'est le système qui est bizarre. Celui qui est honnête il ne peut rien faire de bon ! Tu vois non ?

---

[42] Bière fabriquée localement.

Pour finir…

Quelques années se sont écoulées depuis la première version de ce livre. Et j'ai gagné en maturité et en compréhension sur l'évolution. J'ai aussi compris, Papa, ce que tu voulais dire quand tu essayais de m'expliquer que la situation actuelle n'était pas le seul fait de l'incapacité des politiques africains mais qu'il y avait toute une stratégie derrière. Voulais-tu dire que la colonisation avait juste changé de forme ?

Je me suis souvent posé la question de savoir pourquoi un continent si riche, le plus riche de cette planète, était finalement le plus pauvre ? Comment un continent dont les entrailles regorgent de toutes les variétés possibles et imaginables de matières premières, et qui en même temps offre des tsunamis d'abondance et de beauté à sa surface, peut-il encore être pauvre aujourd'hui ? Comment se fait-il qu'un continent, qui est, littéralement, un paradis sur terre par ses paysages et sa nature, puisse encore être aussi démuni ? Comment se fait-il qu'un continent qui a abrité les plus anciennes universités du monde avec une culture d'une telle richesse et qui est doté d'une telle sagesse ancestrale puisse encore être à ce jour aussi pauvre ? Comment un continent avec toute cette beauté et toute cette abondance se retrouve-t-il à devoir quémander et à se plier à ceux qui l'aident pour survivre, alors que par ailleurs c'est ce même continent qui déverse toutes ses matières premières à celui à qui il s'adresse pour demander la charité ? Comment se fait-il que d'un côté la croissance économique soit déclarée dans certains pays alors que de l'autre, dans ces mêmes pays, à l'évidence, c'est la pauvreté qui prévaut ? Peut-on m'expliquer pourquoi la valeur monétaire du continent qui détient les plus grandes réserves d'or au monde est cinq fois plus faible que la monnaie de l'Occident, continent bien plus pauvre en matières premières ? Et donc tout simplement, comment se fait-il que l'Afrique soit si pauvre alors qu'elle est à la base la plus riche ? Est-ce une fatalité ? Je ne peux pas y croire car si elle regorge de richesses physiques, elle abrite aussi des millions d'âmes compétentes, créatives et volontaires qui ne demandent qu'à se mettre à l'ouvrage pour avancer. Cette situation est pour le moins consternante et m'interpelle. Les Africains en ont bien conscience, cependant chacun se pense impuissant.

Et en nous mettant dans une posture d'impuissance nous créons notre réalité, à savoir une conscience de la pauvreté et cela est vrai pour toute la planète. Djalal Al Dîn Al Rûmi[43] l'exprime en quelques mots : « *Ce monde est une montagne, et notre action est le cri : c'est à nous que revient l'écho de ce cri.* »

Oui, c'est un sujet qui demande à être développé. D'ailleurs, ça me brûle les doigts… Qui sait ? Peut-être me lancerais-je un jour ?

En attendant, il ne faut pas se leurrer. Si nous attendons l'homme politique charismatique pour nous sortir de là, nous serons comme l'aveugle qui attend la vue pour découvrir le monde et ses couleurs. Une prise de conscience, un éveil profond est nécessaire. L'Afrique foisonne aussi de réussites basées sur la seule créativité. Cependant, ces réussites sont rarement mentionnées, voire totalement oc-

---

[43] Djalal Al Dîn Al Rûmi (1207-1273) est un poète mystique persan, fondateur de l'ordre des derviches tourneurs, qui a profondément influencé le soufisme.

cultées. Et si au lieu de concentrer nos efforts sur les échecs, nous changions de fréquence pour apprécier nos réussites ? Ce serait un passage, ou « pas-sage » dans le langage des oiseaux, que d'apprécier tout ce sur quoi nous nous sommes appuyés pour avancer. Ce serait une innovation, autrement dit le changement qui fait la différence. Tout système est capable de se « trans-former » lui-même. Il suffit de modifier notre état (transe) et de donner une forme (former) à ce que nous souhaitons.

C'est une voie que je propose d'explorer car elle peut s'avérer être un potentiel inestimable. C'est une voie qui pourrait, un jour peut-être, nous permettre non seulement de découvrir toutes nos qualités mais aussi d'honorer notre sagesse ancestrale et pourquoi pas, la mettre au profit de notre propre développement économique et social. Pour cela, il suffit juste de puiser la connaissance infinie qui se trouve tout simplement en nous :

« Nous avons traversé les ténèbres
et l'immensité de la terre.

Nous avons enfin trouvé la Fontaine de jouvence.

Elle nous attendait patiemment au cœur de nous-mêmes. »

(Djalal Al Dîn Al Rûmi)

Voilà, Papa, le fruit de nos échanges lors de mes séjours auprès de toi avant que tu décides de nous quitter. J'ai écrit ce livre en 2012 et le moment est venu de le publier. Je l'ai écrit avec mon cœur. Tu as apparemment suivi toute la démarche de là où tu es au vu du message que tu me transmets à travers Sectou[44] par canalisation, cette voie

[44] Ma sœur jumelle.

de notre culture ancestrale ésotérique qui est encore et toujours bien présente : « Ton livre est un succès en soi. Fais tout avec beaucoup d'amour et de paix. C'est dans cette énergie et avec le détachement par rapport au résultat que l'on obtient le succès. Ce livre est un succès en soi. Je m'en occupe avec tout ce beau monde qui m'entoure et de vous aussi. Je ne vous quitterai jamais jusqu'à votre total envol. Soyez-en certaines. Je vous demande juste d'apprécier ce que vous êtes et rien d'autre. Ainsi tout viendra vers vous comme il se doit. Ouvrez grand cette porte en ne vous préoccupant de rien d'autre que de votre cœur merveilleux. Laissez-le briller autant que possible. Cela suffit. Pas un mot. Juste votre présence dans la joie, dans la satisfaction de qui vous êtes : les petites jumelles de lumière, le plus beau cadeau de ma vie terrestre. »

Ce message me touche profondément. Il est très puissant et en dit long sur ta satisfaction. Je dois avouer que j'étais loin d'imaginer que tu allais me répondre de manière aussi claire et directe au moment où je mettais sur papier, ce qui deviendrait, quelques années plus tard, mon premier livre. Je sais maintenant avec certitude que tu es là avec nous et que ton cœur brille de joie comme une étoile et rayonne d'amour infini comme il l'a toujours fait. Je le sais maintenant plus que jamais.

Papa, merci pour ce magnifique cadeau caché.

Remerciements

Je remercie tous ceux qui m'ont relue et qui ont contribué à enrichir mon projet d'écriture.

En particulier Florent pour sa « patience » et sa « longueur de temps… », ses encouragements et ses innombrables relectures qu'il a eu le courage de faire sans jamais rechigner ainsi que pour sa belle photo qui fait la couverture de ce livre ;

Agnès A. que j'hébergeais et qui a été témoin de mes débuts et de mon élan. Elle m'a accompagnée en faisant, parfois, la saisie pendant que, entre deux fous rires, je lui dictais mes inspirations tout en faisant les cent pas ;

Mon amie Marie W. pour ses encouragements dès l'instant où j'ai commencé ce projet ;

Béatrice M. qui m'a cocoachée pour m'aider à dénouer les nœuds alors que j'étais dans l'impasse ;

Séverine F. pour sa luminosité, ses conseils, son sourire inébranlable et son optimisme implacable ;

Annabel B., mon amie et collègue, qui m'a mise en contact avec Séverine F. et qui m'a donné beaucoup d'espoir au bon moment grâce à son exaltation ;

Hélène B., Brigitte D., Stephan N., Jules S, Hubert B., Céline S., Marie G., Pascal R., Gaby W., Hans-Werner W., Moussa B., Francine G., Marielle et Naoufel, qui ont d'une manière ou d'une autre, et parfois même sans le savoir, contribué à débloquer certains moments cruciaux de l'écriture ;

Ma fille Anna Mayssa et ma nièce Sadia, qui ont eu la gentillesse de me relire même si ce n'était que partiellement et qui avec leurs éclats de rire m'ont confirmé que j'étais sur le bon chemin.

Et enfin, Elisabeth, ma maman, à qui je dois tout et Sectou ma sœur jumelle. Toutes les deux y ont cru dès le début et n'ont jamais cessé de me soutenir

Tous ceux qui ont accepté de me relire et qui, pour une raison ou une autre, n'ont jamais donné de *feed-back*. Je vous rassure, il n'est pas trop tard, vos avis et commentaires m'intéressent toujours et sont encore les bienvenus.

Je dédie ce livre :

à mon Papa qui a su nous transmettre une grande sagesse avec beaucoup de tact et tout en douceur ;

à tous mes collègues et aux politiques (ils se reconnaîtront), avec qui j'ai eu la chance de travailler et de partager des moments incroyables. Ces belles âmes ont prouvé au monde que le développement est possible simplement en se servant des ressources infinies qui se trouvent à l'intérieur de soi.

L'Afrique

aux éditions L'Harmattan

Dernières parutions

L'ÉMERGENCE ÉCONOMIQUE DES NATIONS
Définition et mesure
Lo Moubarack
Le présent ouvrage a pour objet de définir une théorie de l'émergence économique, qui constitue une étape vers la convergence avec les pays développés. Sur la base de la définition produite, il propose une méthode de mesure de l'émergence à travers un ISEME (indice synthétique de l'émergence économique), en la testant avec un échantillon de 115 pays d'Afrique, d'Amérique, d'Asie et d'Europe. L'utilité potentielle de l'indice ISEME est enfin indiquée.
(Harmattan Sénégal, 14.00 euros, 114 p.)
ISBN : 978-2-343-11847-5, ISBN EBOOK : 978-2-14-003394-0

BÂTIR LA NOUVELLE DÉMOCRATIE AFRICAINE
Des réformes inspirées de Solon pour la prospérité
Alagbe Prosper
Les pays occidentaux peuvent-ils encore servir de modèle pour construire la démocratie en Afrique ? Au regard de son histoire et de ses réalités sociales comme culturelles, elle n'a pas besoin d'un système démocratique qui instaure une division des citoyens au sein d'un même pays. Bâtir la nouvelle démocratie, c'est se réapproprier les principes instaurés par Solon, véritable père de la démocratie athénienne et les adapter aux réalités historiques africaines.
(Harmattan Sénégal, 20.50 euros, 200 p.)
ISBN : 978-2-343-11783-6, ISBN EBOOK : 978-2-14-003415-2

ALLIANCES À PLAISANTERIE, PROVERBES ET CONTES EN AFRIQUE DE LA TRADITION
Pour une société d'entraide, de solidarité et de justice
N'Da Paul
Cet ouvrage est une exploration de l'inédit, des espaces où sont produites des images politiques de la société avec des actions et des relations sociales à l'œuvre. Il est un tableau saisissant de cette société éclairée de la lumière de la sociologie doublée de l'anthropologie : les acteurs engagés dans les rapports sociaux et interpersonnels animent le débat de l'ordre et du désordre au sein de celle-ci, ils manifestent l'opposition entre la logique des intérêts et du pouvoir des «grands»

et les résistances éthiques des «petits». L'enjeu de ce livre est le désir d'une société décente, faite de justice sociale, de dignité et de reconnaissance.
(Coll. Culture Africaine, 15.50 euros, 140 p.)
ISBN : 978-2-343-10653-3, ISBN EBOOK : 978-2-14-003399-5

LE SANCTUAIRE DE LA ROSE ET DE L'ESPRIT
Darwiche Haysam
Le sanctuaire de la Rose et de l'Esprit est le temple de l'Amour où se nourrit l'affection pour toutes les créatures de l'univers, l'école intérieure et mystique tendant à éveiller l'énergie divine au sein de l'être psychique en l'Homme. Il contribuera à l'évolution et à l'épanouissement de l'humanité, en servant la glorieuse et divine essence cosmique, et en faisant de la «Loi d'Amour» un idéal humain pour le règne de Dieu dans les profondeurs réelles de l'être intérieur.
(Harmattan Côte-d'Ivoire, 25.50 euros, 256 p.)
ISBN : 978-2-343-11559-7, ISBN EBOOK : 978-2-14-003348-3

L'ACCÈS À L'HABITAT DANS L'AFRIQUE DES VILLES
Un toit pour l'Afrique
Giguère Pierre
Dire qu'un humain sur six vit dans un bidonville ou qu'un humain sur trois habite un logement «informel» privé des standards de base de salubrité, de sécurité et de confort force à se questionner. Pourquoi en est-il encore ainsi après cinq décennies d'aide au développement, et comment y remédier ? Qu'a-t-on appris des modestes succès du passé ? Comment y intéresser les bailleurs de fonds publics comme privés ? C'est à ces questions que cet essai vise à répondre, tout en relatant diverses situations rencontrées sur le continent.
(Coll. Études africaines, 21.50 euros, 214 p.)
ISBN : 978-2-343-11798-0, ISBN EBOOK : 978-2-14-003533-3

L'AFRIQUE NOIRE FACE AUX DÉFIS DE LA GOUVERNANCE DÉMOCRATIQUE
Vers la fin de la Françafrique ?
M'Paka Albert
La volonté de signer l'acte de décès de la Françafrique s'avère une tâche difficile, quasiment impossible en raison de la nature protéiforme et tentaculaire de ce «serpent de mer» et du non-respect des textes constitutionnels. Ce système odieux qui est en partie au cœur de l'échec du développement de l'Afrique sert non seulement les intérêts économiques et financiers des puissances occidentales, mais aussi des politiques et hommes d'affaires tant français qu'africains. Seule la primauté du droit et la bonne gouvernance permettent de relever de nombreux défis.
(Coll. Études africaines, 49.00 euros, 578 p.)
ISBN : 978-2-343-10777-6, ISBN EBOOK : 978-2-14-003127-4

LE DÉFI DE L'AUTODÉTERMINATION AFRICAINE
Problème d'organisation
Bonyanga Bokele Adolphe-Dieumerci
À l'encontre d'une approche afropessimiste, l'auteur de ce livre pense qu'il y aurait plutôt en Afrique noire un grave problème d'organisation à résoudre, dans

le sens de la rationalisation des actions et modes de vie en société. Pour sortir de l'impasse, l'organisation émancipatrice implique qu'au-delà de la logique formelle de l'action rationnelle en vue d'une fin utile ou pratique, les acteurs intéressés soient capables de se libérer des préjugés, habitudes et illusions ancrés dans leur monde vécu socioculturel.
(Coll. Questions contemporaines, 24.50 euros, 240 p.)
ISBN : 978-2-343-11060-8, ISBN EBOOK : 978-2-14-003302-5

LETTRES À LA JEUNESSE AFRICAINE
Développement personnel
Lam Ibrahima Théo
Préface de Reckya Madougou, Postface de Thione Niang
À la manière d'un dialogue informel, ce livre se veut un recueil que l'auteur adresse aux jeunes Africains pour leur prodiguer quelques conseils, en fonction de leur situation. C'est un outil de prise de conscience qui œuvre pour le développement des talents des jeunes Africains car, dans un style simple et direct, il vous donne confiance en votre valeur. De l'étudiant au créateur d'entreprise, tout jeune peut y trouver des outils utiles à son parcours scolaire et professionnel.
(19.00 euros, 182 p.)
ISBN : 978-2-343-11427-9, ISBN EBOOK : 978-2-14-003226-4

AFRIQUE, LE FLEURON DE L'HUMANITÉ ET DU MONDE
Diop Ismaïla
L'Afrique a une histoire très longue et très contrastée à l'image de son destin. Du Paléolithique inférieur à l'âge du bronze, ce continent-mère a été le phare de l'humanité. Après avoir atteint son zénith avec l'Égypte pharaonique, l'Afrique entame une descente aux enfers sous l'influence des civilisations méditerranéennes, atlantiques et pacifiques. Actuellement elle n'arrive pas à amorcer son décollage économique, malgré ses fabuleuses ressources naturelles. Pour comprendre ce paradoxe (continent riche avec une population pauvre), il importe de procéder à un bilan de son évolution.
(29.00 euros, 280 p.)
ISBN : 978-2-343-11302-9, ISBN EBOOK : 978-2-14-003097-0

L'AFRIQUE VUE PAR LES ROMAINS
Les écrits de Salluste et de Lucain
Mambwini Kivuila-Kiaku José, Nsuka Nkoko Jean-Baptiste
Préface de Donatien Manzefo N'kuni
Cet ouvrage écrit par deux latinistes de souche africaine étudie l'image de l'Afrique dans le Bellum Iugurthinum de Salluste et dans la Pharsale de Lucain. À travers leurs représentations de l'Afrique, c'est aussi l'imaginaire latin et l'imagination des Romains sur cet espace que les deux auteurs de cette critique littéraire ont cherché à cerner. Les topiques négatifs auxquels les deux latinistes recourent présentent l'Afrique comme un espace symbolisant la sauvagerie et la barbarie. Cette image se retrouve au cœur du discours colonialiste des XVIIIe-XIXe siècles, et aujourd'hui dans les médias occidentaux.
(18.00 euros, 170 p.)
ISBN : 978-2-343-11301-2, ISBN EBOOK : 978-2-14-003319-3

L'HISTOIRE, NOTRE MÉTIER
Genèse, formation, évolution
Ekanza Simon-Pierre
Les textes, écrits ou prononcés dans des circonstances diverses, et adressés à un public tout aussi divers, n'ont de commun en réalité que le titre d'histoire. Rassemblés pour la formation des étudiants en histoire, ils visent à susciter auprès d'eux, un regard critique sur ce qu'est l'Histoire et ce que faire l'histoire veut dire, renouant ainsi avec l'enseignement d'historiographie ou d'épistémologie, une tradition séculaire de l'université. Ces textes se veulent avant tout une contribution à une réflexion commune à laquelle tous les historiens sont conviés.
(Coll. Études africaines, 27.00 euros, 270 p.)
ISBN : 978-2-343-11375-3, ISBN EBOOK : 978-2-14-003172-4

MÉMOIRES D'UNE AFRIQUE FRANÇAISE
Texte inédit (2 tomes)
Delavignette Robert
Présentation d'Anthony Mangeon avec la collaboration de Roger Little
Voici enfin, mis à la disposition du public, les Mémoires d'un des plus grands acteurs et théoriciens critiques de la colonisation française en Afrique. Ancien administrateur devenu directeur de l'École nationale de la France d'outre-mer (Paris), puis haut-commissaire de la République au Cameroun, et enfin gouverneur général, Robert Delavignette (1897-1976) revient ici sur son parcours, les mutations qu'il imprima à la formation puis à la politique coloniales, et il porte un regard sans concession sur les décolonisations des années 1960.
(Tome I, Coll. Autrement Mêmes, 20.50 euros, 174 p.)
ISBN : 978-2-343-11662-4, ISBN EBOOK : 978-2-14-003252-3
(Tome II, Coll. Autrement Mêmes, 21.50 euros, 212 p.)
ISBN : 978-2-343-11663-1, ISBN EBOOK : 978-2-14-003253-0

MANAGEMENT EN CONTEXTE AFRICAIN
L'ethno-logique en question
Sylla Tijane
Repenser la recherche managériale en contexte africain exige de déconstruire l'image de l'Afrique que véhiculent les catégorisations et les fausses croyances, symboles des obstacles épistémologiques dont parlait Bachelard. La problématique centrale est de comprendre pourquoi, dans le cas spécifique de l'entreprise africaine, l'analyse culturaliste ne produit pas des savoirs actionnables et valables pouvant être mis en action dans la pratique quotidienne.
(Coll. Harmattan Sénégal, 31.00 euros, 310 p.)
ISBN : 978-2-343-11435-4, ISBN EBOOK : 978-2-14-003272-1

L'HARMATTAN ITALIA
Via Degli Artisti 15; 10124 Torino
harmattan.italia@gmail.com

L'HARMATTAN HONGRIE
Könyvesbolt ; Kossuth L. u. 14-16
1053 Budapest

L'HARMATTAN KINSHASA
185, avenue Nyangwe
Commune de Lingwala
Kinshasa, R.D. Congo
(00243) 998697603 ou (00243) 999229662

L'HARMATTAN CONGO
67, av. E. P. Lumumba
Bât. – Congo Pharmacie (Bib. Nat.)
BP2874 Brazzaville
harmattan.congo@yahoo.fr

L'HARMATTAN GUINÉE
Almamya Rue KA 028, en face
du restaurant Le Cèdre
OKB agency BP 3470 Conakry
(00224) 657 20 85 08 / 664 28 91 96
harmattanguinee@yahoo.fr

L'HARMATTAN MALI
Rue 73, Porte 536, Niamakoro,
Cité Unicef, Bamako
Tél. 00 (223) 20205724 / +(223) 76378082
poudiougopaul@yahoo.fr
pp.harmattan@gmail.com

L'HARMATTAN CAMEROUN
TSINGA/FECAFOOT
BP 11486 Yaoundé
699198028/675441949
harmattancam@yahoo.com

L'HARMATTAN CÔTE D'IVOIRE
Résidence Karl / cité des arts
Abidjan-Cocody 03 BP 1588 Abidjan 03
(00225) 05 77 87 31
etien_nda@yahoo.fr

L'HARMATTAN BURKINA
Penou Achille Some
Ouagadougou
(+226) 70 26 88 27

L'HARMATTAN SÉNÉGAL
10 VDN en face Mermoz, après le pont de Fann
BP 45034 Dakar Fann
33 825 98 58 / 33 860 9858
senharmattan@gmail.com / senlibraire@gmail.com
www.harmattansenegal.com

www.ingramcontent.com/pod-product-compliance
Lightning Source LLC
LaVergne TN
LVHW011309061026
849535LV00005B/1470
9782343110455